**AI 혁명
슈퍼 에이전시**

SUPERAGENCY

: What Could Possibly Go Right with Our AI Future

Copyright ⓒ 2025 by Dallepedia, LLC
Korean Translation Copyright ⓒ 2025 by RH Korea Co., Ltd.
Korean edition is published by arrangement with United Talent Agency
through Duran Kim Agency.

이 책의 한국어판 저작권은 듀란킴 에이전시를 통한
United Talent Agency와의 독점계약으로 ㈜알에이치코리아에 있습니다.
저작권법에 의하여 한국 내에서 보호를 받는 저작물이므로 무단전재 및 복제를 금합니다.

인간보다 더 뛰어난 AI의 초지능을 활용하라!

AI 혁명
슈퍼 에이전시

SUPERAGENCY

리드 호프먼 외 지음
이영래 옮김

알에이치코리아

추천사

리드 호프먼은 AI 업계에서 매우 중요한 사상가이자 혁명가 중 한 명이다. 이 분야의 잠재력에 대한 그의 일관된 낙관론은 AI가 가져다줄 수 있는 이점을 쉽게 잊어버리는 세상에 꼭 필요한 균형추다. 그는 이 책에서 인류가 이처럼 중대한 시점에 무엇을 달성할 수 있는지에 대해 설득력 있는 비전을 명확하면서도 매력적으로 제시한다. AI에 관심 있는 사람이라면 반드시 읽어야 할 이 책은 더 나은 미래를 위해 더 노력해야 한다고 우리를 자극한다.

— 무스타파 술레이만 Mustafa Suleyman, 마이크로소프트 AI CEO, 인플렉션AI·딥마인드 공동 창업자

이 책은 AI가 우리 시대의 가장 시급한 글로벌 과제를 해결하는 데 어떻게 기여할 수 있는지 제시하고, 사회의 모든 구성원이 이 기술의 혜택을 누릴 수 있도록 보장하는 데 필수적인 관점을 제공한다. 반드시 읽어 봐야 할 중요한 책!

— 빌 게이츠 Bill Gates, 마이크로소프트 창업자

인류에게 AI 시대의 밝은 비전을 제시하는 흥미롭고 통찰력 있는 책이다. 이 책의 주요 주장 중에는 나와 의견이 다른 부분도 있지만, 나는 그런 주장이 옳기를 바란다. 직접 읽어 보고 판단하시라.

— 유발 하라리 Yuval Harari, 《사피엔스》 저자

리드 호프먼은 오픈AI 초창기부터 훌륭한 파트너였다. 그는 이사회의 일원이자 투자자, 고문으로서 우리가 도전과 기회를 헤쳐 나가는 데 많은 도움을 주었다. 이 책은 AI가 인간의 행위력과 모든 사람의 삶의 질을 부흥하는 르네상스를 끌어내는 미래를 위해 추구해야 할 훌륭한 비전이다.

— 그렉 브로크만 Greg Brockman, 오픈AI 회장이자 공동 창업자

AI는 새로운 초능력을 활용해 개인에게 힘을 실어 주지만, 대중의 담론은 파멸과 디스토피아에 지나치게 집중되었다. 리드 호프먼은 이 책에서 인간의 독창성과 기계 지능이 협력해 놀라운 결과를 달성하는 세상을 만드는 데 모두가 참여해야 한다고 강력히 촉구한다.

— 앤드루 응 Andrew Ng, 스탠퍼드대 교수, 딥러닝닷AI DeepLearning.AI 창업자

스탠퍼드대 인간중심인공지능연구소 자문위원회 의장, 기업가, 투자자, 팟캐스트 진행자, 그리고 작가인 리드 호프먼은 AI가 창의성, 생산성, 문제 해결력의 새로운 차원을 열어 인류가 이례적인 성취에 이르는 데 기여할 미래의 열렬한 옹호자다. 이 책은 우리가 더 밝은 미래를 맞이하는 데 인간 중심 AI가 필수적인 이유를 계속해서 탐구하는 작업에 없어서는 안 될 동반자다.

— 페이페이 리 Fei-Fei Li, AI 개척자, 스탠퍼드대 교수

AI가 단순히 작업을 자동화하는 데 그치지 않고 인간의 잠재력을 극대화하는 미래의 감동적인 그림이라는 비전은 민주적인 학습에 대한 나의 열정과도 일치한다. 이 책은 교육자·기술자·정책 입안자가 AI의 잠재력을 수용하고, 교육을 통해 모든 개인이 잠재력을 최대한 발휘할 수 있는 미래를 함께 만들어 나가도록 촉구하는 행동 개시 명령과 다름없다.

— 살만 칸 Salman Khan, 칸아카데미 설립자

AI는 한평생 만날 수 있는 기술 중 가장 중요한 기술이다. 이 책은 AI가 인류에게 엄청난 혜택을 가져다줄 수 있고, 또 그래야 한다는 중요한 낙관론을 펼치는 몇

안 되는 책 중 하나다. 위험을 헤쳐 나가는 동안 지향해야 할 긍정적인 비전이 필요한 우리에게 리드 호프먼의 책은 어둠을 밝히는 등불이 되어 줄 것이다.

— 에릭 슈미트Eric Schmidt, 전 구글 CEO

AI는 인류가 한 세기에 걸쳐 이룩한 발전을 단 10년으로 단축할 수 있다. 이 책은 우리에게 도전 과제를 안긴다. 이런 급진적인 가능성을 탐구하고 인간의 잠재력을 향상하는 AI 기반의 세상을 만들어 나갈 방안을 고민하라고 말이다.

— 다리오 아모데이Dario Amodei, 앤스로픽 CEO이자 공동 창업자

인공지능AI은 고대부터 인류가 두려움과 설렘의 대상으로 여겨온 일련의 아이디어다. 21세기에 들어 인류는 많은 경험을 디지털화했고, 컴퓨터과학과 컴퓨팅 인프라의 급속한 발전으로 마침내 AI에 대한 오랜 기대와 예측 중 일부를 실현하기 시작했다. 《AI 혁명, 슈퍼 에이전시》는 우리 모두에게 AI의 힘을 활용해 인류를 강화하고 확장하는 방법에 대해 고민하도록 독려하는 중요한 책이다. 이 책은 이 도구를 사용해 더 많은 것을 창조하고 연결하고 발명하여 더 많은 관계를 형성할 방법을 상상하고, 인간이 항상 해 왔던 것처럼 도구를 사용해 인간을 정의하는 핵심적 특성을 더욱 강화하라고 부추긴다. 우리 손으로 구축하는 AI의 미래는 우리가 가진 최고의 집단적 상상력, 이 기술을 통해 해결할 수 있는 문제에 대한 희망과 꿈, 그리고 AI의 막대한 잠재력을 최대한 활용함으로써 자신과 서로를 위해 창출하는 혜택에 전적으로 좌우될 것이다.

— 케빈 스콧Kevin Scoot, 마이크로소프트 최고기술책임자CTO

AI의 미래에 대해 낙관적이며 새롭고 고양된 관점을 담고 있는 책이다. 리드 호프먼은 두려움과 혼란에 초점을 맞추기보다는 자신의 '테크노 휴머니즘 나침반'을 사용해 우리가 더 나은 결정을 내리고, 목표를 달성하고, 공정하고 지속 가능한 세상을 만들어 나가는 데 AI가 어떤 도움을 줄 수 있는지 보여 준다. AI 시대에 번창하고자 한다면 반드시 읽어야 할 책!

— 아리아나 허핑턴Arianna Huffington, 스라이브글로벌 창업자이자 최고경영자CEO

AI가 충분히 이해할 만한 두려움과 흥분을 불러일으키는 지금, 리드 호프먼은 미래를 내다보는 AI의 선구자이자 기술과 인류의 관계에 대한 풍부한 식견을 가진 사상가로 부상했다. 인류의 처지에 대한 깊이 있는 지식을 가진 그는 어떻게 하면 우리가 서로 더 연결되고, 만족감을 느끼는 사회를 만들 수 있는지에 대해 더 대담한 도덕적 상상력을 발휘하기를 갈망한다. 잠재적인 문제와 단점에도 불구하고 이 신기술이 우리 모두에게 서로를 더 배려하고 사랑하고 존중하는 커뮤니티를 만드는 힘을 부여한다고 믿는다면, 리드 호프먼의 지혜를 탐구하고 성찰하는 데 시간을 할애해도 절대 후회하지 않을 것이다.

— 코리 부커 Cory Booker, 미국 상원의원

리드 호프먼은 자신의 초지능을 활용해 우리 삶의 동반자로서 AI가 해낼 수 있는 중추적 역할에 대한 낙관적 주장을 합리적으로 전개한다. 그는 세상에서 가장 섹시한 일은 정말 똑똑해지는 것임을 강조하며, AI가 우리 모두를 더 섹시하게 만들 수 있을지도 모른다고 말한다. 인류가 혁신을 이룬 것은 이번이 처음도 마지막도 아닐 것이다.

— 애슈턴 커쳐 Ashton Kutcher, 배우이자 투자자

시의적절한 책이다. AI에 관심 있고, 소셜미디어에서 벌어지는 비생산적 논쟁을 넘어설 준비가 된 독자에게 가치 있는 자원이 될 것이다. 리드 호프먼은 이 업계에 대한 독보적인 지식과 상식적인 사고방식, 거기에 명쾌하고 재미있게 글을 쓰는 재능까지 겸비하고 있다.

— 닐 스티븐슨 Neal Stephenson, 《크립토노미콘》 저자

2024년, 많은 사람이 AI에 대해 불안해하며 강력한 규제, 개발 유예, 완전한 포기 등을 요구하던 엄청난 공포의 시기에 리드 호프먼을 비롯한 몇몇 사람은 실제로 어떤 일이 일어나고 있는지 현상을 직시하라고 우리를 독려했다. 피해를 포착하고 최소화하며 혜택을 배가하는 게임, 곧 상호 협력으로 양측 모두가 승자가 되는 '포지티브섬 게임'을 추구하라고 말이다. 물론 규제, 미래에 대한 통찰, 경쟁, 협력

의 신속한 혼합은 결코 쉬운 일이 아니다. 하지만 생명을 구하는, 아니 어쩌면 지구 전체를 구하는 무수한 잠재적 혜택은 무시할 수 없다.

— 데이비드 브린David Brin, 《투명한 사회The Transparent Society》 저자

현재의 사고방식을 성찰할 때 반드시 읽어야 할 책이다. 리드 호프먼은 우리 주변에서 일어나고 있는 인간과 기계가 융합하는 물결에서 직접 포착한 긴박하고 깊이 있는 통찰을 전한다. 이 혁명의 최전선이라는 독특한 위치에 있는 그는 우리에게 인간과 기계의 미래에 대한 사색 이상의 것을 전해 준다. 그는 번영하는 방법을 아주 구체적으로 말해 준다.

— 조슈아 쿠퍼 라모Joshua Cooper Ramo, 《제7의 감각, 초연결지능》 저자

AI는 급속한 발전의 시대를 이끌 잠재력을 지니고 있으며, 이 책은 그 방법을 보여 준다. 저자들은 AI의 힘을 활용하여 일, 교육, 의료 체계를 탈바꿈하는 명확한 로드맵을 제시한다. 꼭 읽어야 할 책이다!

— 에릭 브리뇰프슨Erik Brynjolfsson, 스탠퍼드대 교수, 워크헬릭스 공동 창업자

리드 호프먼은 테크노 유토피아주의에 의혹을 품은 몇 안 되는 실리콘밸리 리더 중 한 명이지만, 혁신을 인류 문명에 없어서는 안 될 추진체로 여기고 이를 열정적으로 홍보하는 인물이기도 하다. 그는 이 책에서 우리가 직면할 AI의 미래, 곧 호모 테크네Homo techne가 이 강력하고 새로운 도구를 활용하여 더 의미 있는 삶을 향한 끝없는 탐구를 이어가는 세상을 포용해야 한다는 주장을 설득력 있게 펼친다.

— 델레 올로제데Dele Olojede, 퓰리처상 수상자

리드 호프먼은 10여 년 동안 AI 혁신 물결의 중심에 있었다. 그보다 더 우리 사회를 형성하는 데 도움을 줄 수 있는 친절하고 인정 있는 사람은 없을 것이다. 이 책은 우리가 공유하는 AI의 미래에 관심이 있는 사람이라면 누구나 읽어야 할 도발적인 책이다.

— 낸시 루블린Nancy Lublin, 드레스포석세스 설립자

이 책은 인간의 행위력을 강화하는 AI 기반 미래에 대한 사려 깊은 로드맵을 제시한다. 개인의 자율권과 민주주의 가치를 강화하는 도구로서의 AI에 대한 그들의 낙관적인 비전은 AI를 둘러싼 담론에 새로운 통찰을 보여 준다. 우리 모두를 위한 더 나은 미래를 창조하는 데 AI가 어떤 도움을 줄 수 있는지 희망적이고 균형 잡힌 시각을 원한다면, 이 책이 답이 될 것이다.

— 에단 몰릭 Ethan Molick, 와튼스쿨 부교수, 생성형AI연구소 공동 소장

AI가 위협인지 기회인지는 우리가 그것을 이해하고 사용하는 방식에 달려 있다. 이 책에서는 AI를 우리 모두가 혜택을 누리는 더 나은 미래의 일부로 만드는 방법을 보여 준다.

— 아서 브룩스 Arthur Brooks, 하버드대 교수, 《우리가 결정한 행복》 저자

AI가 우리에게 무엇을 해 줄 수 있고, 어떤 영향을 미칠지에 대한 당대의 격렬한 논쟁의 소용돌이 속에서 리드 호프먼은 깊이 있는 통찰과 현실적인 근거를 바탕으로 낙관적인 이유를 제시한다. 이 책은 회의론자와 낙관론자 모두가 단순히 다음에 일어날 일을 기다리기보다는 번영하는 미래에 대한 비전을 구체화하고 이를 실현하기 위한 지침을 제공한다.

— 조너선 지트레인 Jonathan Zittratin, 하버드대 교수, 《인터넷의 미래》 저자

이 책은 오늘날 우리가 구축하는 AI가 미래에 우리가 접할 세상을 정의할 것이라는 중요한 진실을 일깨워 준다. 저자들은 우리에게 선택권이 있음을 보여 준다. 인간의 잠재력을 확장하고 사람들의 손에 더 많은 힘을 부여하는 AI를 만들 수도, 우리의 선택지를 제한하는 시스템을 구축할 수도 있다. 과거의 기술에서 얻은 교훈에 의지해 개인의 선택권을 제한하기보다는 이를 확대하는 AI에 대해 설득력 있는 주장을 펼친다. 이 책은 지금 올바른 선택을 함으로써 AI를 개인의 역량을 강화하는 디지털 혁신 도구로 만들 수 있다는 확신을 준다.

— 칸준 치우 Kanjun Qiu, 임뷰 Imbue CEO

침묵하는 그림에 대한 소크라테스의 비유와 마찬가지로 《AI 혁명, 슈퍼 에이전시》는 두려움과 타성을 극복하고 AI를 인간 행위력의 새로운 언어로 받아들일 것을 촉구한다.

— 션 화이트Sean White, 인플렉션AIInflection AI CEO

이 시대의 가장 똑똑하고 사려 깊은 기업가 중 한 명이 이 시대의 가장 흥미로운 주제를 분석한다. 이 책이 옳다면 우리는 훨씬 더 나은 세상을 살게 될 것이다.

— 로리 스튜어트Rory Stewart, 예일대 교수, 전 영국 국제개발부 장관

AI는 전 세계를 전례 없는 방식과 속도로 재편성할 수 있는 잠재력을 지니고 있다. 이 책은 인류를 새로운 차원의 개별적 성취와 공동 번영으로 끌어올리기 위한 테크노 휴머니즘 경로를 제안한다.

— 치 루Qi Lu, 미라클플러스MiraclePlus 창업자이자 CEO

AI 혁명이 도래했다. 이제 우리는 AI 혁명이 우리를 어디로 데려갈지 판단해야 한다. 기술계의 선구자인 리드 호프먼은 이 책에서 인류의 발전을 목표로 강력하고 새로운 기술을 활용하여 앞으로 변화할 혁신, 기회, 독창성의 세계를 설득력 있고 사려 깊으며 희망적인 시각으로 조망한다.

— 로린 파월 잡스Laurene Powell Jobs, 에머슨 콜렉티브 회장

저자는 우리 시대의 가장 영향력 있는 기술 기업가이자 투자자일 뿐 아니라 뛰어난 선구안을 가진 미래학자이기도 하다. 그는 이 놀라운 책에서 AI의 발전을 중단하는 일의 위험성을 강조하고, AI가 우리 삶을 바꾸기 위해 어떤 준비를 하고 있는지 밝힌다. 그의 통찰에서 이미 진행 중인 혁명에 대해 더 많은 정보를 얻고 흥분하게 될 것이다.

— 애덤 그랜트Adam Grant, 《싱크 어게인》 저자

리드 호프먼은 이 책에서 그가 자주 하는 일, 즉 도전 과제를 평가하고, 해결책을

제시하며, 공평한 기회를 추구하기 위해 노력하는 일을 훌륭하게 해낸다. 근로자는 개인, 조직, 비즈니스 프로세스, 그리고 조직 간 에이전트를 신뢰할 수 있는 도구로 사용해 자신의 가치를 높이고 복잡한 문제를 해결하게 될 것이다. 저자는 경험, 연구, 유머를 이용해 전기 같은 신기술, 심지어 대량 출판조차 한때는 위협으로 비쳤음을 상기시켜 준다.

― 사티아 나델라 Satya Nadella, 마이크로소프트 CEO

수년 동안 AI를 두려워하는 사람들이 방송을 장악해 왔다. 세상에는 이 강력하고 새로운 기술의 잠재력을 긍정적으로 바라보는 리더들의 목소리가 더 많이 필요하다. 리드 호프먼은 이 책에서 인류에게 꼭 필요한 논의, 곧 AI를 활용해 인류에게 도움이 되는 밝은 미래를 개척할 방법에 대한 논의에 더 많은 사람을 참여시키기 위한 노력을 이어가고 있다. … 뛰어난 지식과 통찰력, 사회의 이익을 생각하는 마음, 대담한 아이디어…. 이 책을 읽어라!

― 반 존스 Van Jones, CNN 진행자, 《지저분한 진실 너머 Beyond The Messy Truth》 저자

프롤로그

신기술은 늘 인간성 말살이나 사회 붕괴가 임박했다는 이야기를 낳곤 했다. 인쇄기, 직조기, 전화기, 카메라, 자동차…. 이 모든 것들은 현대 생활의 주류가 되기 전까지 심각한 회의론에 직면했고 때로는 폭력적인 반대에 부딪히기도 했다.

15세기 운명주의자들은 인쇄기가 이단을 만들고 잘못된 정보를 퍼뜨림으로써, 또한 성직자와 학자의 권위를 훼손함으로써 사회를 극도로 불안하게 만들 것이라고 주장했다. 전화기는 친밀한 대면 접촉을 대체하고 친구끼리 지나치게 사적인 부분을 노출하게 만드는 장치로 간주되었다.[1] 자동차가 보급되던 초기 몇십 년간, 비평가들은 차가 가정을 파괴할 것이라고 주장했다. 미혼 남성은 결혼해서 자녀를 갖는 대신 돈을 모아 차를 사고, 기혼 남성은 자동차가 일조한 소비의 압박

에서 벗어나기 위해 이혼을 택한다는 내용이었다.[2]

1950년대 사회 전반에서 발생한 자동화에도 이런 유의 암울한 전망이 드리워졌다. 점점 더 정교해지는 기계가 공장과 사무실에 거대한 변화를 불러오면서 제빵사, 정육점 직원, 자동차 공장의 근로자부터 미국 인구조사국 통계학자까지 모두가 노동자 감소를 목격했다. 1961년 〈타임*Time*〉은 기업, 노동조합, 정부의 개입이 없다면 자동화로 인해 '영구 실업자'가 계속 늘어날 것이라는 노동 전문가들의 의견을 보도했다.[3] 1960년대 중반까지 의회 소위원회는 정기적으로 청문회를 열었다. 메인프레임 컴퓨터가 개인정보 보호, 자유 의지, 일반 시민이 스스로 삶을 영위하는 능력에 위협을 미치는 문제를 다루기 위해서였다.

현재 미국의 실업률은 1961년보다 낮다. 일반적인 미국 시민은 권위에 순응하거나 인간성의 종말이 도래한 세상이 아니라 컴퓨터, 인터넷, 스마트폰이 선도한 개인주의와 자율성의 새로운 시대에서 살고 있다. 그러나 고도로 발달한 인공지능의 출현과 지속적인 진화 때문에 AI를 향한 기존의 두려움은 점점 커지고 있다. 일부 AI 개발자도 미래의 초지능 AI가 인류에게 멸종 수준의 위협이 될 수 있다고 생각한다. 기계 자체가 인류에 대한 전쟁을 시작하기도 전에 악의적인 의도를 가진 인간이 AI를 사용해 재앙에 가까운 피해를 일으킬 것이라고 말하는 사람들도 있다. 그 외에 일자리가 광범위하게 대체되고, 인간의 노동력이 전혀 쓸모없어지고, 소수의 기술 엘리트 집단이 AI가 제공할 수 있는 모든 혜택을 독점하는 세계가 펼쳐질 것이라는 전망에 대한 우려도 존재한다.

　기술 자체가 달라졌다는 이유로 종말에 관한 경고들을 이전과는 다르게 받아들여야 한다는 관측이 나온다. AI는 이미 인간 지능의 핵심적인 측면을 모방할 수 있다. 많은 연구자는 머지않아 AI가 완벽한 자율성을 발휘할 수 있는 역량을 얻을 것이라고 생각한다. 인간의 가치나 의도와는 맞지 않는 방식으로 말이다.

　로봇을 비롯해 고도의 지능을 갖춘 시스템은 오래전부터 공상과학 소설, 만화, 영화에서 사악한 도플갱어나 적으로 등장했다. 따라서 오늘날의 최첨단 AI가 선의를 가진 차분하고 이성적인 대학원생처럼 의견을 개진하는 것을 보면서도 〈2001: 스페이스 오디세이〉의 우주선 할이나 〈스타 트렉〉의 외계 종족 보그, 자기 존재에 대한 자각은 약하고 공격성은 훨씬 강한 〈터미네이터〉의 살인 로봇을 떠올리는 게 무리는 아니다. 이런 서사들은 꽤 오래전부터 미래를 최악으로 상상하게 만들어 왔다.

　그렇다면 이런 서사들이 모두 적절하고 옳을까? 비관론자든 낙관론자든 미래를 정확하게 예측하기란 쉽지 않다. 우리는 1960년대 초에 노동 전문가들이 예상했던 영구적인 대량 실업을 겪지 않았고 〈우주 가족 젯슨〉의 날아다니는 자동차도 (아직은) 등장하지 않았다.

　미래를 정확하게 예측하기 어렵다면 미래로의 진전을 멈추기는 더 어렵다. 세상은 계속 변한다. 금지하고, 중단하고, 누군가의 행위를 사소한 것까지 관리하여 현재의 상태를 견고히 지킴으로써 역사의 진전을 멈추려 하는 것은 AI가 주는 도전과 기회에 대응하는 데 도움이 되지 않는다.

인간은 본질적으로 협력적이지만 그만큼 경쟁적이기도 하기 때문이다. 우리는 종종 다양한 수준에서 갖가지 집단을 형성하고 집단적인 힘을 모아 다른 팀, 다른 회사, 다른 국가에 맞선다. 같은 뜻을 가진 동맹 내에서도 가치와 목표의 차이로 인해 경쟁 구도가 나타난다. 각 집단과 하위 집단은 대의를 앞세워 이기심을 합리화하는 데 능숙하다.

집단의 차원에서는 새로운 기술을 금지하거나 제한하는 것은 물론이고 그저 억제하는 것조차 쉽지 않다. 주 또는 국가 차원에서는 훨씬 더 어렵다. 전 세계적인 조정은 고양이 떼를 훈련시키려는 시도만큼이나 부질없는 짓이다. 그냥 고양이도 아니고 무장을 하고, 제각기 종족이 있으며, 서로 다른 언어를 사용하고, 서로 다른 신을 섬기고, 다음 끼니에 대한 걱정을 넘어서 미래에 대한 꿈을 가진 똑똑한 고양이 떼 말이다.

한편, 기술의 힘이 커질수록 조정은 더 어려워진다. 이는 원치 않는 미래를 막는 행위만으로는 원하는 미래를 얻을 수 없다는 것을 의미한다. 미래를 형성하는 행위를 적극적으로 거부하는 방법은 효과가 없다. 몇 번의 클릭만으로 지구 반대편과 연결되는 시대에는 더욱 그렇다. 다른 행위자들은 당신의 생각과 다른 미래를 염두에 두고 있다.

그렇다면 어떻게 해야 할까? 바람직하지 못한 미래를 막는 가장 확실한 방법은 더 나은 미래를 향해 나아가는 것이다. 더 나은 미래는 그 존재 자체만으로도 최악의 결과가 발생하는 상황을 막는다.

수천 년에 걸쳐 축적된 경험을 가진 우리는 만들 수 있는 기술이라면 결국 인간에 의해 만들어진다는 점을 알고 있다. 앞서 출간된 나의 책 《인간을 진화시키는 AI》를 비롯한 여러 곳에서 언급했듯, 우리는 지능과 추론 능력으로 정의되는 호모 사피엔스지만 기술에 의해 정의되는 호모 테크네^{Homo techne}이기도 하다. 우리는 능력을 키우고 우리가 선호하는 세상을 만들기 위해 끊임없이 새로운 도구를 개발한다. 이렇게 만든 도구는 다시 우리를 형성한다. 이는 종종 대립적인 힘으로 제시되는 인본주의와 기술이 사실은 통합적인 관계에 있다는 것을 시사한다. 언어부터 책, 휴대전화까지 우리가 발명한 모든 신기술은 인간이라는 개념이 무엇을 의미하는지 정의하고, 재정의하고, 심화시키고, 확장한다.

우리는 스스로 이 과정을 시작했지만, 기술을 완전히 통제할 수는 없다. 신기술들은 일단 한번 작동되기 시작하면 그 자체의 중력을 발휘한다. 증기기관이 존재하는 세계는 이전의 세계와 다르게 움직인다. 금지나 제한만으로는 충분치 않은 것이 바로 이 때문이다. 금지나 제한은 더 밝은 미래를 향해 앞으로 나아가야 할 바로 그 순간에 정체와 저항을 가한다.

이를 기술이 통제하는 기술적 결정론이라고 말하는 사람도 있겠지만, 우리는 이를 테크노 휴머니즘의 나침반과 함께하는 항해라고 생각한다. 나침반은 행동 방침을 선택하는 데 도움을 주되 청사진이나 불변의 성명서처럼 결정적이지 않고 역동적이다. 우리가 방향을 정하고, 이를 바꾸고, 자신의 길을 찾는 데 도움을 준다.

이 나침반이 명확하게 인본주의적이어야 한다는 점도 중요하다. 왜

나하면 궁극적으로 모든 주요한 기술 혁신은 인간의 행위력(살아가면서 선택을 하고 영향력을 행사하는 능력)에 영향을 미치기 때문이다. 테크노 휴머니즘의 나침반은 우리가 만든 기술이 개인과 집단의 행위력을 크게 늘리고 증폭시키는 경로로 우리를 이끄는 것을 목표로 한다.

AI에는 이런 방향성이 특히 중요하다. 왜 그럴까? 이런 시스템과 장치(종종 행위자라고 묘사되는)가 우리를 완전히 대체할 수 있는 상황을 생각해 보자. 그런 순간이 오면 인간의 행위력은 어떻게 될까? 우리는 그런 사태가 일어나는 시기를 가능한 한 늦춰야 하지 않을까? 테크노 휴머니즘의 관점에서는 반대로 생각한다. 우리의 긴박감은 기존의 변화 속도에 부합해야 한다. 우리는 신기술이 정의되고 개발되는 과정에 적극적으로 참여함으로써 인간의 행위력을 우선시할 수 있기 때문이다.

이는 전 세계 수십억 명의 사람이 자신이 선택한 방식으로 이러한 기술을 직접 실험할 수 있도록 공평한 접근권을 갖는 미래를 추구하는 것을 의미한다. 그것은 점점 성장하는 AI의 역량이 핵전쟁, 기후 변화, 전염병, 자원 고갈 등의 위협을 줄이는 데 도움을 주는 미래를 추구하는 것을 의미하기도 한다.

또한 우리를 기다리는 모든 상황과 결과를 예측하거나 통제할 수 없다는 것을 알고 있을지라도 이런 미래를 추구한다는 의미이기도 하다. 아무도 우리가 지나는 여정의 정확한 종착지나 그곳에 존재하는 지형의 구체적인 윤곽을 알지 못한다. 미래는 전문가나 규제 당국이 주도면밀하게 설계할 수 있는 것이 아니다. 미래는 전체로서의 사회가 탐구하고 발견하는 것이다. 진행 과정에서 배우고, 테크노 휴머니즘의 나침반을 사용해 방향을 수정하는 것이 가장 합리적인 이유도 그 때문이다. 이를 한마디로 정의하면 '반복적 배포^{Iterative deployment}'다. 반복적 배포란 챗GPT의 개발사인 오픈AI가 자사 제품을 세상에 내놓는 데 사용한 방법을 묘사하는 용어다. 나와 공저자인 그렉 비토는 이 책에서 그 개념을 탐구하고 강조할 예정이다.

오랫동안 테크 회사를 만들고 투자해 온 나의 관점은 내가 커리어를 쌓는 과정에서 참여했던 기술 주도 발전과 긍정적인 결과에 기반할 수밖에 없다. 나는 페이팔^{PayPal} 창립 당시 이사회의 일원이었고, 2002년에 이베이^{eBay}가 페이팔을 인수할 때는 경영진이었다. 나는 링크드인^{LinkedIn}을 공동 설립했고 마이크로소프트^{Microsoft}에 인수된 뒤에는 2017년부터 마이크로소프트 이사회에 참여하고 있다.

2015년에 비영리 연구소로 출범한 오픈AI 초기의 자선 후원자•들 중 하나이기도 했다. 2019년에 오픈AI의 지속적인 발전을 지원하기 위해 영리 유한 파트너십을 설립했을 때는 첫 번째 투자 라운드를 이끌었다. 2019년에서 2023년 초까지는 오픈AI 이사회에서 일했다. 2022년에는 딥마인드^{DeepMind}의 공동 창업자인 무스타파 술레이만과 함께 자체 대화형 에이전트인 파이^{Pi}를 개발한 공익 법인, 인플렉션AI를 공동 설립했다. 나는 벤처캐피털 회사 그레이록^{Greylock}에서 다른 AI

• 개인의 재정적 이득이 아니라 사회에 이바지하는 목적으로 조직, 프로젝트 또는 대의에 재정을 기부하거나 기타 형태의 지원을 제공하는 사람

기업에도 투자했다. 내가 운영하는 팟캐스트 〈파서블^{Possible}〉에서는 다양한 분야의 혁신가들과 AI가 그들이 몸담은 분야에 미칠 영향을 다루고 있다. 이들과의 대화 역시 테크노 휴머니즘의 나침반이 인도한다. 나는 스탠퍼드대의 인간중심인공지능연구소^{Stanford Institute for Human-Centered Artificial Intelligence, HAI}와 영국 국립데이터과학·인공지능연구소인 앨런튜링연구소^{Alan Turing Institute}에도 자선 후원을 하고 있다.

이런 배경 때문에 나의 관점이 편파적이라고 말하는 사람도 있을 것이다. 나의 낙관주의는 지나치게 과장된 것이며, AI를 사용해 사회 전반에 새로운 혜택을 창출하는 방법에 대한 이상주의로 자신의 경제적 수익을 창출하려는 노력에 불과하다고 말하는 사람도 있을 것이다. AI에 초점을 둔 많은 기업과 기관의 창업자, 투자자, 고문, 자선 후원자로서 나의 역할이 AI의 장점을 과장하고 위험과 단점을 경시하는 지속적인 유인을 만드는 것이라고 말하는 사람도 있다.

하지만 나는 그 반대라고 주장한다. 내가 AI 기술에 깊이 관여하고, AI의 성공을 추구하는 이유는 이 기술이 인류에게 대단히 긍정적인 영향을 미칠 수 있다고 믿기 때문이다. 내가 이 분야와 맺고 있는 관계는 내가 그 발전 과정을 직접 지켜봤다는 사실을 의미한다. 덕분에 나의 결의는 더욱 강해졌고, 다양한 기업과 조직에 대한 투자와 지원을 이어갈 수 있었다. 나는 이 기술이 사회 전반에 혜택이 되는 방식으로 성공하기를 원하기 때문에 잠재적인 위험과 문제점에 대한 경계를 게을리하지 않으며, 필요하다면 언제든 사고방식을 조정할 준비가 되었다.

AI 같은 선구적인 기술에서 반복적 배포가 합리적인 이유 중 하나는 반복적 배포가 거창한 마스터 플랜보다 유연성을 선호하며 속도, 방향, 심지어 전략의 변화를 필요로 하는 새로운 증거가 나타났을 때 쉽게 변화하도록 만들기 때문이다.

여기서 우리는 주장하고 싶은 바를 책의 형식으로 내보이고 있다. 그러나 약 2,400년 전 플라톤의 《파이드로스 Phaedrus》에서 소크라테스는 역동성의 부족과 누구나, 즉 적절한 지침이 없으면 오해할 수 있는 사람들에게까지 지식을 쉽게 전파했다는 이유로 문자를 비판했다.

> 파이드로스, 당신도 알다시피 글은 그림과 이상한 특징을 공유한다. 그림은 마치 살아 있는 것처럼 보이지만, 누군가 그들에게 질문을 던지면 엄숙하게 침묵을 지킨다. 글도 마찬가지다. 우리는 글이 마치 뭔가를 이해하며 그것을 바탕으로 말한다고 생각할 수도 있다. 하지만 더 알고 싶어서 질문을 던져도 글은 영원히 똑같은 내용만 표시한다. 일단 글로 적히면 모든 담론은 온갖 곳으로 퍼지고, 이해력이 있는 사람과 그렇지 않은 사람 모두에게 무차별적으로 전달되고, 말해야 할 사람과 말해서는 안 될 사람을 구분하지 못한다.[4]

소크라테스에게 있어 자신의 생각을 글로 표현하여 확정하는 행위는 행위력 Agency의 상실을 의미했다. 누군가 자신의 가르침을 책이나 당시 유행하던 두루마리로 옮기면 누가 그것을 읽을지 통제할 수 없었을 것이다. 항상 옆에 자리하면서 자신의 생각을 고치고, 문맥의 미묘한 차이를 설명하고, 잘못된 해석을 바로잡지 못했을 것이다. 따라서 소크라테스는 얼굴을 맞대고 생각을 전달하는 문답 방식을 선호했다.

그러나 여러 세대의 작가와 독자는 소크라테스와는 전혀 다르게 생각했다. 왜일까? 글로 적힌 작품은 독자가 다른 방식으로는 결코 만날 수 없었을 작가로부터 아이디어를 배우고, 수정하고, 확장하고, 적절하게 활용할 수 있게 함으로써(물론 잘못 해석하는 경우도 있다) 궁극적으로 작가와 독자의 행위력을 증대했기 때문이다.

인쇄 기술이 발전함에 따라 책은 전 세계에 변혁을 가져올 수 있는 자원으로 발전했다. 전 세계 어디든 가며, 차별 없이 모든 사람에게 이르는 책은 인간의 인지 능력을 뇌로부터 분리하고, 지식을 민주화하고, 인류의 진보를 가속화하고, 개인과 사회 전체가 시공을 초월해 심오하고 영향력 있는 통찰과 혁신으로부터 혜택을 얻는 방법을 제공하면서 아이디어를 전파하는 기계의 기능을 했다.

물론 지금은 정보를 공유하는 방법이 무수히 많다. 우리도 이 책 《AI 혁명, 슈퍼 에이전시》에서 여러 아이디어를 전달하기 위해 다양한 방법을 사용할 것이다. 우리는 여기서 탐구하는 핵심 주제를 증강하고 확대하기 위해 팟캐스트와 소셜미디어 외에도 AI로 생성된 비디오, 오디오, 음악을 실험할 것이다(이는 우리 웹사이트 Superagency.ai에서 확인할 수 있다).

하지만 시작은 책이다. 그 이유 중 하나는 명백한 결함을 가진 것처럼 보이며 처음에는 비인간적으로 보이기까지 했던 기술이 결국에는 정반대의 결과를 낳는다는 대단히 중요한 진실에 경의를 표하기 위해서다.

차례

추천사 4
프롤로그 12

1장 인류, 인공지능과 대화를 시작하다
AI의 시대가 머지 않다 39
인간의 행위력에 관한 우려 42
전속력으로 전진 46
인간을 위해, 인간과 함께 일하는 AI 48

2장 기술 진화는 빅 브라더를 만드는가
빅 비즈니스는 당신을 주인공으로 만든다 71
믿음의 벨트가 도입되다 77
우리는 스스로의 한계를 모른다 84

3장 AI가 만드는 선순환
현상 유지에는 실존적 위협이 뒤따른다 94
의사를 만나고 싶다면 6개월 기다리세요 102
의사, 너 자신을 알라 108
모두 성인군자가 되는 세상 116

4장 디지털 공유재 vs. 사적 공유재

이중사고를 새롭게 생각하라 132
디지털은 모두에게 열려 있다 139
데이터는 공공자원이 되기를 원한다 144
보편적이고 연결된 지능 151

5장 실험하고, 실험하고, 또 실험하다

경쟁은 게임화된 규제다 165
보다 유용한 벤치마크를 찾아서 169
더 큰 규모의 테스트를 구축하라 173
인포테인먼트를 누리고 있는가 182

6장 AI 발전은 정말 위협적일까

빠르게 움직여 제동을 걸 순간인가? 195
자동차의 발전은 AI 발전의 거울 205

7장 슈퍼 에이전시의 시대, 정보 문해력

앞으로의 여정을 위한 새로운 도구 223
무지할수록 AI 발전의 수혜를 본다 229
이제야 내 말을 이해하는군 236
올바른 방향으로 한 걸음 나아가다 245

8장 규칙은 누가 만드는가

누가 책임져야 하는가 256
새로운 사회 계약의 기초 266

9장 인류를 더 자유롭게 만드는 기술

자유의 해방적 한계 278
우리에게는 어떤 이점이 있나 286

10장 모두를 위한 AI

러다이트가 승리한 미래 304
주권 쟁탈전의 중심이 된 AI 309
국민을 위한 정부 315
합리적 결과를 도출하는 대규모 토론장을 여는 법 320

11장 슈퍼 에이전시가 미래를 주도한다

감사의 말 336
참고문헌 340

일러두기

- 이 책은 리드 호프먼과 공저자인 그렉 비토가 공동으로 작업한 결과물이다. 두 사람의 공통적 관점을 나타낼 때 '우리'라는 대명사를 사용한다. 리드 호프먼의 개인적인 삶에 관한 구체적인 내용일 때는 '나'라는 대명사를 사용한다.

- 슈퍼 에이전시란 AI를 사용해 인간이 뇌의 용량을 아득히 웃도는 거대 정보망과 연결되고, 그렇게 얻은 방대한 지식을 통해 과거에는 상상할 수조차 없었던 '초행위력'을 발휘하는 것을 뜻한다. 이 책에서도 Superagency를 의미에 따라 '초행위력'으로 표기했다.

1. 도서는 《 》, 신문이나 잡지, 방송, 영화, 드라마, 팟캐스트, 게임은 〈 〉, 보고서, 법, 정책은 「 」로 구분했다.
2. 지은이 주는 ■, 옮긴이 주는 ●로 표시하고 각주를 달았다.
3. 외래어 표기는 국립국어원 외래어 표기법을 따랐으며, 일부 관례로 굳어진 것은 예외를 두었다.

1장

인류, 인공지능과 대화를 시작하다

Humanity Has
Entered the Chat

2022년이 마무리될 무렵, 세계 전역의 사람들은 팬데믹으로부터의 회복이 시작되는 혼란한 시기를 힘겹게 헤쳐 나가고 있었다. 여론 조사 결과는 인플레이션이 코로나19를 대신해 세상의 최대 관심사가 되었음을 보여 줬다.[1] 식품 가격은 사상 최고치에서 벗어나지 못했다. 하지만 한편에서는 본래의 삶으로 복귀하려는 움직임이 한창이었다. 2022년 11월의 일자리 수와 시간당 평균 임금은 예상치를 훨씬 웃돌 것으로 전망되었다.[2] 테일러 스위프트의 콘서트 티켓은 1,400만 명의 동시 접속으로 티켓마스터˙ 시스템이 다운될 정도의 높은 수요를 보였다.

- 콘서트, 스포츠 경기, 연극, 공연, 기타 엔터테인먼트 이벤트 티켓을 판매하는 회사

하지만 테크 업계는 광고 감소, 투자 성향의 변화, 진화하는 사용자 참여 패턴의 누적된 영향에서 벗어나지 못해 고군분투 중이었다. 11월 9일 메타^{Meta}(과거에는 페이스북으로 알려졌던)는 1만 1,000명의 직원을 해고했다. 회사 역사상 최대의 인원 감축이었다. 이틀 후 바하마 기반의 암호화폐 거래소 FTX가 파산을 선언했고, 직후에는 엄청난 액수의 사기 혐의와 고객 자금 유용 혐의가 뒤따랐다. 이 소식은 암호화폐 생태계 전체를 공포로 몰아넣었으며, 수십억 달러의 시장 가치가 공중분해되었다. 11월 14일, 나쁜 소식은 계속 이어졌다. 아마존이 메타와 마찬가지로 유례없는 규모의 정리해고를 시작하여 몇 주에 걸쳐 1만 명 이상의 직원이 일자리를 잃을 것이란 보도가 나왔다.

이런 부정적인 결과는 어느 정도 팬데믹 시기의 부양책과 억눌린 소비자 수요의 폭발로 테크 산업의 고용, 수익, 시가총액이 급증했던 상황을 조정하는 성격이 짙었다. 그러나 이것은 시장을 완전히 통제하고 소비자 행동을 마음대로 조작할 수 있다고 주장하는 빅테크 기업 서사에 대한 명백한 반박이기도 했다.

이 서사는 사실상 2010년대의 복음이었다. 알파벳^{Alphabet}(구글로 알려진)과 메타 같은 회사들이 중독성 있는 디자인과 사람들의 주의를 끄는 광범위한 전략을 통해 참여도를 극대화하고 수백만 명의 사용자를 나쁜 상황을 다룬 뉴스만 강박적으로 확인하는 둠스크롤링^{Doomscrolling}, 분노를 유발하는 뉴스에 대한 반응으로 화가 나거나 감정적인 트윗을 게시하는 레이지트윗팅^{Ragetweeting}, 다른 사람의 반응을 유발하기 위해 질이 낮거나 말이 안 되거나 도발적인 콘텐츠를 의도적으로 공유하는 싯포스팅Shit-posting, 온라인에서 특정 주제에 몰입하여 토끼굴에 빠지는 것처럼 시간 가는 줄 모르고 링크, 동영상, 스레드 등을 따라가는 래빗홀링Rabbit-holing, 관심이나 칭찬에 대한 욕구로 매력적이거나 암시적인 사진을 게시하는 서스트트래핑Thirst-trapping, 화가 나거나 좌절할 것을 알면서도 자신의 생각에 강렬히 반대하는 기사, 게시물, 댓글을 읽는 헤이트리딩Hate-reading, 온라인에서 그룹을 이뤄 누군가를 공개적으로 비판하거나 모욕하는 그룹셰이밍Group-shaming, 더 많은 관심과 반응을 얻거나 과거에 게시한 내용을 사람들에게 상기시키기 위해 예전 트윗을 공유하는 셀프리트윗Self-retweeting이 가득한 디지털 지옥으로 떠미는 사악한 기술을 거의 마무리했다는 주장이었다.

그러나 불가항력이라고 하는 메타의 전략 중 어떤 것도 메타버스Metaverse로 많은 사람을 끌어들이지 못했다. 사용자들이 몰입형 3D 환경에서 일하고, 놀고, 사교를 즐길 수 있는 거대한 가상 세계를 만들겠다며 메타가 수십억 달러를 들인 사업 말이다. 실리콘밸리의 벤처 캐피털리스트들은 블록체인 스타트업을 비롯한 암호화폐 프로젝트에 수십억 달러를 쏟아붓고 있지만, 개발자들은 주요 사용자가 분산형 금융을 삶의 필수품으로 받아들이게 하는 데 아직 성공하지 못했다. 웹, 검색, 이메일, 모바일, 문자 메시지, 소셜미디어만큼 널리 적용되는 디지털 혁신의 열쇠를 발견하지 못한 것이다.

한 달 내내 테크 산업계에 시련이 이어지던 11월의 마지막 날, 375명의 직원을 보유한 샌프란시스코의 AI 연구소 오픈AI가 사전 예고나 광고 없이 최신 제품 하나를 공개했다. 오전 10시 2분, 연구소의 엑스

(구 트위터) 공식 계정에 이런 글이 올라왔다. "대화에 최적화된 새로운 AI 시스템 챗GPT와 대화해 보세요. 여러분의 피드백은 시스템 개선에 도움이 됩니다."[3]

오픈AI의 공동 창업자이자 CEO인 샘 올트먼 Sam Altman도 챗GPT에 대해 작성한 첫 번째 트윗에서 신중한 접근 방식을 택했다. "언어 인터페이스 Language interface•가 대단히 중요해질 것입니다. 컴퓨터와 대화(음성 또는 텍스트로)하고 원하는 것(점점 복잡해지고 있는)을 얻으세요. 이것은 개발 초기의 데모 버전입니다(아직 제약이 많으며 연구 목적으로 공유하는 버전입니다)."[4]

이름에서 알 수 있듯, 챗GPT는 챗봇이었다. 챗GPT는 포켓몬 고 Pokémon Go나 주세로 Juicero••처럼 사람들의 마음을 단번에 사로잡지는 못했다. 개발 이후 주로 고객 서비스 분야에서 사용되어 온 챗봇의 기능은 형편없었다. 온라인에서 구매한 물건의 환불 방법을 알고 싶은 사람들은 여전히 인간 상담원과의 통화를 선호했다. 잡음이 잔뜩 껴도 어쨌든 인간과 연결되기 위해 기꺼이 20분 동안 전화기를 붙잡고 있었으니 말이다.

하지만 챗GPT는 달랐다. 그것도 무척 달랐다. 공개 즉시 분명한 차이가 드러났다. 지식의 양이 방대하고, 놀라울 정도로 다재다능하며,

---

• 사용자가 코드나 복잡한 명령이 아닌 인간의 언어를 통해 기계와 소통할 수 있게 만들어 주는 시스템
•• 많은 주목을 받은 하이테크 주스 기계로, 과장 광고로 악명을 떨쳤다.

실제 사람처럼 느껴지는 챗GPT는 양자역학에 대해 이해하기 쉬운 설명을 제공할 수 있었다. 원한다면 소비자물가지수에 대한 소네트Sonnet[*]를 작성할 수도 있었다. 파이썬Python 코드의 버그를 잡는 데 도움을 줄 수도(오히려 버그를 만들 수도) 있었다. 챗GPT가 항상 제대로 작동하는 것은 아니었지만, 흔히 '할루시네이션Hallucination(환각)[**]'이라고 묘사되는 실수조차도 놀라움과 흥미를 유발했다.

챗GPT는 마케팅에 한 푼도 들이지 않았지만, 5일 만에 사용자가 100만 명을 돌파했다. 100만 명 중 20만 명은 자신의 경험을 보도하는 기자처럼 굴었고, 그 시점부터 챗GPT에 대한 관심이 급증하기 시작했다. 불과 두 달 만에 사용자는 1억 명으로 증가했고, 테크 업계에서 어찌나 심하게 호들갑을 떨고 포모증후군[***]을 불러일으켰는지 연방거래위원회Federal Trade Commission의 경쟁국이 감사의 표시로 표창을 수여해야 할 지경이었다.[5]

알파벳의 CEO 순다르 피차이Sundar Pichai는 AI가 회사 전체의 최우선 과제라고 선언하면서 구글 전 직원에게 위기 경보를 발령했다. 3년 전 오픈AI에 투자했던 마이크로소프트는 코파일럿Copilot[****]을 항공사

- [*] 각 행이 10개의 음절로 구성되며 일정한 운율로 이어지는 14행시
- [**] 생성형 AI가 사실이 아닌 정보를 사실인 양 생성하거나 학습한 데이터에 존재하지 않는 내용을 만들어 내는 현상
- [***] 'Fear Of Missing Out'의 머리글자를 따서 만든 말로, 대세에서 소외되거나 남들보다 뒤처지는 것에 대해 불안감을 느끼는 현상을 의미
- [****] 마이크로소프트가 개발한 대형언어모델Large Language Model, LLM 기반 챗봇

교육 메뉴얼보다 더 빈번하게 언급하기 시작했다. 마크 저커버그Mark Zuckerberg는 메타가 이 분야의 노력을 '강화'하기 위해 새로운 최상위 생성형 AI 제품군을 만들었다고 발표했다.6 앤스로픽Anthropic, 미드저니Midjourney, 허깅페이스Hugging Face, 레플리카Replika 같은 신생 기업들이 혁신적이고 신속한 방식으로 AI를 발전시킨 결과, 빅테크 기업들이 이들을 따라잡느라 애쓰고 있었다. 심지어「다차원 잠재 공간에서 신경망의 양자 얽힘」이라는 제목의 연구 논문이 엑스에서 예상치 못한 입소문을 타는 상황이 벌어지기도 했다.

이처럼 새로운 상황 앞에서 여론은 180도 바뀌었다. 빅테크 기업 비판자들은 챗GPT가 출시되기 전 수년 동안, 한때 역동적이었던 미국의 기술 분야에 새로운 경쟁력을 불어넣기 위해 반독점 조치가 필요하다고 주장해 왔다. 이제 그들은 혁신이 지나치게 빠른 속도로 전개되어 통제를 벗어났다고 주장하기 시작했다. 2023년 3월, 미래생활연구소Future of Life Institute라는 비영리 단체는 "모든 AI 연구소가 지금 즉시 GPT-4보다 더 강력한 AI 시스템의 개발을 최소 6개월 동안 중단해야 한다"고 주장하는 공개서한을 발표했다.7 AI 업계 리더와 기술자를 비롯해 3만 3,000명이 넘는 사람이 여기에 서명했다. 그들의 절박함에서 뚜렷한 긴장감이 느껴졌다. 이를 알아차린 상원 법사위원회는 일 년 내내 AI 감독에 관한 청문회를 여러 차례 진행했다.

6개월이 지나고, 또다시 6개월이 지났다. 개발자들은 작업을 계속했고 혁신이 이어졌다. 오픈AI는 복잡한 작업과 문제 해결에서 최첨단 성능을 발휘하고, 이미지를 분석하고, 그에 대한 피드백을 제공하는 능력을 추가하는 등 챗GPT의 기반 모델인 GPT-4의 업데이트 내역을 계속해서 발표했다. 앤스로픽의 클로드 2[Claude 2]는 사실에 기반한 정확도에서 새로운 수준에 도달했으며, 문맥을 확장해 최대 약 7만 5,000단어의 텍스트 인풋에서 맥락 추적과 처리가 가능해졌다. 허버트 조지 웰스[Herbert George Wells]의 《우주전쟁》 완전판과 축약판을 20개의 글머리 기호로 요약하고 싶은가? 클로드라면 할 수 있다.

하지만 많은 도전 과제가 남아 있다. 챗GPT나 클로드 같은 대화형 에이전트는 언어 처리 작업을 위해 설계된 특정 유형의 머신러닝 구조, LLM을 기반으로 한다.

GPT-4 같은 LLM은 신경망 아키텍처(여러 레이어의 노드가 상호 연결된 복잡한 계산을 연쇄적으로 수행하는)라고 알려진 기술을 사용해 언어를 처리하고 생성한다. 레이어 내의 각 노드는 이전 레이어로부터 입력을 받아 수치 연산을 적용하고, 그 결과를 다음 레이어로 전달한다. 노드 간 연결의 강도를 결정하는 매개 변수라고 불리는 것들도 이 과정에서 핵심적인 역할을 한다.

사전 훈련이라고 알려진 과정에서 LLM은 방대한 양의 텍스트를 스캔해 토큰(단어 또는 단어의 조각) 간의 연관성과 상관관계를 학습한다. LLM에서 각 매개 변수는 항공기 조종간과 같은 기능을 하며, 오늘날의 가장 큰 모델에는 수천억 개의 매개 변수가 있다. 모델은 네트워크의 모든 노드에 걸쳐 이런 매개 변수를 조정하는 반복적인 과정을 통해 훈련 데이터 내 토큰들 사이의 연결을 강화하거나 약화하고, 언어 속의 복잡한 패턴을 인식하고, 복제하기 시작했다.

이는 LLM이 우리 인간과 같은 방식으로 사실을 알거나 개념을 이해하지 못한다는 것을 의미하기도 한다. LLM에 질문을 하거나 어떤 행동을 취하라고 요청하는 것은 문맥상 당신이 입력한 프롬프트를 구성하는 토큰들을 뒤따를 가능성이 가장 높은 토큰들을 예측하라고 요청하는 것이다. 그들의 예측이 항상 정확하거나 적절한 것도 아니다.

개발자들은 사전 훈련 데이터세트를 확장하고, 더 많은 작업별 데이터세트에서 LLM의 성능을 미세하게 조정하는 등의 조치를 통해서 훨씬 오류가 적고 정확한 LLM을 만들기 위해 애쓰고 있다. 한층 기능이 향상된 LLM들은 세상의 정교한 '인식'을 모방하기 시작했다. 누군가 "너무 배가 고파서 말도 먹을 수 있을 것 같다"라고 말하는 것이 말 요리법을 묻는 의도가 아니라 표현의 효과를 높이기 위한 과장임을 인식하는 식으로 말이다.

얼핏 인간처럼 상식적인 추론을 처리하는 것처럼 보이지만 사실 LLM에게는 그런 능력이 없다. 단지 언어의 패턴을 바탕으로 통계적으로 유력한 예측을 하고 있을 뿐이다. 이는 그들이 때로 실수할 수 있다는 것을 의미한다. 그들은 예측 불가능한 행동을 하기도 한다. LLM이 훈련 데이터에 근거한 사실, 패턴, 연관성을 정확하게 반영하지 않는 오정보나 오해의 소지가 있는 결과를 생성하는 것을 '할루시네이션'이라고 한다. 그들은 실제로 존재하지 않는 것을 '보고' 있는 것이다.[*]

바꿔 말하면 LLM은 정답이 있는 질문에 틀린 답을 제공할 수 있다. 이름, 날짜, 사건 등 현실에 근거하지 않은 완전히 새로운 '사실'을 조작할 수 있다. 정확하더라도 사용자가 입력한 프롬프트와 맥락상 관련이 없는 정보를 제공할 수도 있다. 마지막으로, 논리적으로 일관성이 없거나 앞뒤가 맞지 않는 아웃풋을 생성할 수도 있다.

LLM을 이루는 기반은 데이터와 수치화이기 때문에 객관적이거나 중립적으로 보일 수 있지만, 실제로는 그렇지 않다. 대신, 인간 개발자와 기관이 수집하는 데이터, 그 데이터를 처리하는 방법, LLM을 최적화시키는 목적 또는 특정 기능, 그 기능을 인간의 가치관과 의도에 가장 잘 부합하도록 만드는 방법 등을 선택해 LLM을 만든다.

훈련 데이터에 성차별적·인종차별적 정서가 포함되어 있다면(대량의 텍스트를 인터넷에서 스크랩한 뒤 추가적인 여과, 검증, 개선을 거의 또는 전혀 거치지 않은 경우) LLM은 성차별적·인종차별적 아웃풋을 내놓을 수 있다. 의료 진단을 위한 AI를 만드는 개발자가 특정 실환의 복잡성을 완벽하게 이해하지 못한 경우, 그로 인해 과소 대표된 환자 그룹이나 희귀 질환에 대해서는 제대로 작동하지 않는 모델이 만들어질 수도 있다.

LLM이 작동하는 방식이 종종 불투명하다는 데에서도 문제가 발생한다. 이를 '블랙박스' 현상이라고 한다. 수천억 개의 텍스트 샘플을 매우 세분된 방식으로 처리하는 복잡한 신경망이 인간 감독자가 판별

■ 일부 인공지능 연구자들은 지식의 공백을 메우기 위해 위조된 기억이나 서사를 만들어 내는 것을 의미하는 '컨패뷸레이션Confabulation(작화)'이 존재하지 않는 것을 인식한다는 뜻의 '할루시네이션'보다 더 적절한 표현이라고 주장한다. 두 표현 모두 인간이 아닌 존재에 인간 고유의 속성이 있는 것처럼 생각하는 AI 의인화 사례다. 이 책에서는 해당 현상에 가장 흔하게 사용되는 '할루시네이션'이라는 표현을 사용한다.

하기 어려운 패턴을 찾을 때 이런 현상이 발생한다. 이 경우에는 모델이 내놓는 아웃풋을 설명하거나 의사결정 과정을 추적하는 게 어렵거나 불가능하다. 이 같은 문제 발생 위험을 완화하기 위해 개발자가 다양한 기법을 적용하고 있지만, 기저가 되는 근본적인 한계는 달라지지 않는다. 현재로서 LLM에는 상식적인 추론 능력, 실제 경험, 세상에 대한 근거가 없다. 그들은 훈련 데이터에서 학습한 패턴을 바탕으로 순서에 따라 다음 토큰을 예측할 뿐이다.

따라서 최첨단 언어 모델을 기반으로 한 챗GPT와 유사 제품들도 계속 할루시네이션 현상을 보인다. 인간에게는 비교적 간단한 두뇌 자극 문제를 푸는 과정에서 혼란에 빠질 수 있고, 편향된 아웃풋을 내놓기도 하고, 맥락과 전혀 관련 없는 결과물을 내놓기도 한다.

회의론자들은 LLM의 이런 단점이 절대 해결되지 않을 것이라고 주장한다. 개발자들이 수조 개의 매개 변수로 모델을 훈련시킬 수 있는 더 큰 슈퍼컴퓨터를 구축하고, 이미지·비디오·구조화된 데이터 같은 여러 형태의 인풋을 포함하도록 훈련 데이터세트를 확장하는데도 성능 향상의 속도는 느려지기 시작했고 실수가 이어졌다. 비평가들은 'AI의 성배', 즉 범용인공지능Artificial General Intelligence, AGI에는 절대 이를 수 없을 것이라고 말한다. AGI는 모델이 한 영역(혹은 맥락)의 지식을 완전히 다른 상황에 적용할 수 있고, 인간과 같은 유연성으로 새로운 도전에 적응하고, 다양한 분야에 걸친 추상적인 추론을 하고, 독창적인 아이디어와 해법을 생성하는 등 모든 일을 개별 과업에 대해 명시적으로 프로그래밍하지 않아도 모든 작업을 수행 가능한 인공지능이다.

AI의 시대가 머지 않다

LLM 덕분에 2023년 내내 테크 업계의 가장 큰 화두는 AI였다. 많은 관찰자는 새로운 모델이 모든 것을 긍정적인 방향으로 변화시킬 것이라 믿었다. 반면에 어떤 사람들은 이 모델이 모든 것을 극단적으로 나쁜 방향으로 변화시킬 것이라 생각했다. 또 다른 사람들은 권력, 이익, 세계의 미래가 몇몇 빅테크 기업의 손아귀에 들어간다는 측면에서 모든 것이 그대로 유지될 것이라고, 아니 더 극단적인 방향으로 변할 것이라고 생각했다.

하지만 2024년 여름에 아이러니한 변화가 일어났다. 한때 생성형 AI 비평가들은 재앙 수준의 위험을 우려하며 GPT-4보다 더 강력한 시스템의 개발을 6개월 동안 중단할 것을 요구했다. 그러나 지금은 획기적인 차세대 모델을 내놓는 데에 왜 그렇게 긴 시간이 필요한지 의문을 제기하고 있다. 그리고 LLM이 궁극적으로 얼마나 더 많은 역량을 갖출 수 있을지에 대한 의구심이 커지고 있다. 과거에는 언론의 헤드라인에서 'AI 과대 광고', 'AI 거품', '환멸의 골짜기' 같은 문구로 확산되며 공공의 적 1호로 묘사되었던 것이 지금은 실패작으로 여겨지는 것이다.

나는 기대치에 미치지 못함으로써 발생하는 혼란스러운 변화를 이미 경험해 보았다. 방향은 반대였지만 말이다. 2015년에 내가 처음 오픈AI에 참여했을 때만 해도 AI가 인간과 동일한 수준의 이해와 추론을 달성하거나 달성한 것처럼 보일 수 있다는 관점은 주류에서 배척되었다. 심지어 실리콘밸리에서도 그럴 가능성이 극도로 희박하다고 여겼다. 오픈AI가 비영리 단체로 설립된 데에는 이런 분위기도 한몫 했다. 보통 5~10년의 투자 기간 내에 수익을 기대하는 전통적인 벤처캐피털 회사들은 이렇게 불확실하고 장기적인 사업에 돈을 쓰지 않는다.

2024년에도 2015년처럼 극복해야 하는 거대한 도전 과제들이 있었다. 2018년과 2020년에도 마찬가지였다. 오픈AI를 비롯한 AI 개발 커뮤니티는 어떻게든 다음 단계로 넘어가기 위해 새로운 기술과 돌파구를 찾아냈다.

물론 장기적인 관점으로 보면 낙관주의자가 되기 쉽다. 그리고 내 시간적 전망은 꽤 길다. 사실 나는 인간의 발견과 성장이라는 새로운 국면에서 우리가 아직 극히 초기의 단계에 있다고 생각한다. 슈퍼컴퓨터는 더욱 강력해질 것이고, 개발자들은 계속해서 더욱 효율적인 알고리즘을 만들 것이다. 그들은 LLM을 특징짓는 한계들을 극복하기 위해 새로운 청사진과 기술을 제시하고, 멀티모달 학습과 뉴로심볼릭 AI^Neurosymbolic AI(신경망을 인간이 정의한 명시적 규칙과 논리 기반의 기호적 추론에 통합하는 시스템) 같은 다양한 접근 방식을 통합할 것이다.

이 모든 것은 우리가 이런 시스템이 초래할 실존적 성찰의 초기 단계에 있으며, 온전히 예측할 수 없는 새로운 형태의 지능을 세상에 도입하는 것이 지닌 진정한 의미를 알아내고자 노력하는 중임을 의미한다.

인간처럼 생각할 수 있는 기계, 즉 컴퓨터의 속도와 규모로 전략적·추상적·창의적 사고를 할 수 있는 기계는 분명 혁명적일 것이다.

지구상의 모든 어린이가 레오나르도 다 빈치처럼 똑똑하고 빅 버드• 처럼 이해심 많은 AI 교사를 둘 수 있다면 어떨까? 전 세계 수십억 명의 인구가 지식이 풍부하고 믿을 수 있는 주치의를 항상 주머니에 넣고 다닐 수 있다면 어떨까?

물론 모든 사람이 AI의 긍정적 가능성에 초점을 맞추는 것은 아니다. 사람들이 이 기술에 대해 한결같이 높은 수준의 우려를 표하는 미국에서는 특히 더 그렇다. 글로벌 분석업체 입소스 Ipsos가 2022년에 실시한 설문 조사에 따르면 "AI를 사용하는 제품과 서비스에 단점보다 장점이 많다"는 의견에 동의한 응답자 비율은 표본이 된 미국인 중 35%로 조사 대상 국가 중 가장 낮았다.[8] 퓨리서치센터 Pew Research Center의 유사한 설문 조사에서는 미국 성인의 15%만이 "일상생활에서 AI 사용이 늘어나는 것에 대해 우려보다 기대가 더 크다"고 생각하는 것으로 나타났다.[9] 몬머스대학의 또 다른 연구에서는 연구 대상자의 56%가 "인공지능 기계가 인간의 전반적인 삶의 질을 저해할 것"이라고 답했다.[10]

충분히 이해할 수 있는 우려다. 우리는 지금 세상이 변화하는 순간을 경험하고 있으며, 이는 심각한 불확실성을 초래하고 있다. 이런 시스템이 얼마나 좋아지고, 얼마나 빨리 발전할지 정확히 예측하기란 쉽지 않다. AI가 계속 발전하면 인간에게는 어떤 종류의 일자리가 남을까? AI 기술 덕분에 현실을 대규모로 시뮬레이션하는 것이 더 저렴

• 미국의 TV 프로그램 <세서미 스트리트 Sesame Street>에 나오는 크고 노란 새 캐릭터

하고 쉬워진다면, 이미 심각한 도전에 직면한 신뢰와 공공 토론은 어떻게 될까? 수십억 개의 시스템, 장치, 로봇이 인간에게 필적하거나 능가하는 성과를 낼 수 있고, 우리의 선택과 욕구를 침해하는 행동을 취할 수 있는 고도로 기계화된 세상에서 개인의 사생활과 자율성은 어떻게 될까? 우리는 계속해서 삶을 통제하고, 자신의 운명을 성공적으로 계획할 수 있을까?

인간의 행위력에 관한 우려

위의 마지막 질문이 이 책의 주제다. 우리는 계속해서 삶을 통제하고, 자신의 운명을 성공적으로 계획할 수 있을까? 일자리 대체에 관한 질문은 궁극적으로 인간의 행위력에 관한 질문이다. 나는 먹고살 만한 경제적 수단을 가질 수 있을까? 의미 있는 활동에 참여할 기회가 있을까? 허위 정보와 역정보에 관한 질문 역시 인간의 행위력에 관한 질문이다. 내 인생에 영향을 주는 결정을 내릴 때 누구를, 무엇을 믿어야 할지 어떻게 알 수 있을까? 사생활에 관한 질문도 인간의 행위력에 관한 질문이다. 어떻게 하면 내 정체성과 세상에 알려진 내 모습을 온전하게 유지하고 진정한 자아를 지킬 수 있을까?

인간의 행위력은 철학, 사회학, 심리학의 핵심적인 개념이다. 개인으로서의 당신은 스스로 선택하고, 독립적으로 행동하며, 따라서 자신의 삶에 영향을 미칠 수 있는 능력을 가지고 있다고 여겨진다. 외부 상황과 조건이 당신이 겪는 결과에 상당한 영향을 미친다고 생각할 수도 있지만 의도를 형성하고, 목표를 정하고, 결과를 달성하기 위한 행동을 취하게 만드는 것은 당신의 행위력이다. 따라서 행위력은 당신의 삶에 목적과 의미를 부여한다.

AI 시스템이 진화하면서 인간이 끊임없이 감독하지 않아도 자기 주도 학습, 문제 해결을 비롯한 일련의 복잡한 작업을 할 수 있는 기계의 능력은 강화되고 있다. 자율주행차는 인간처럼 자신의 행위력을 의식하지 않지만, 자신의 운영 영역 내에서 자율적으로 결정을 내리고, 행동을 취하고, 목표를 추구하는 역량을 가지고 있다.

이는 시간이 지나면서 점점 더 다양한 시스템, 장치, 기계가 전통적으로 인간의 행위력이 지배하던 영역을 인간이 못마땅하게 여기는 방식으로 잠식할 수 있음을 의미한다. 인간이 이런 인지 분담을 환영하는 경우에도 문제가 발생한다. 기계의 힘과 역량에 과도하게 의존함으로써 시간이 지날수록 우리 자신의 기량과 행위력이 위축되면 어떻게 될까? 우리를 대신해 작동하고, 우리가 승인하는 결과를 제공해야 하는 시스템이 우리가 명시적으로 동의하지 않은 방식으로 행동과 선택에 영향을 미친다면 어떻게 될까?

사실 이것은 지금까지 인류가 겪어 왔던 일이다. 호모 테크네인 인간을 특별하게 만든 것은 도구를 만들어 새로운 방식을 창조하는 능력과 거기에 헌신하는 태도다. 이것이 지구상의 다른 모든 생명체, 원시적인 도구를 만들 줄 아는 다른 생명체와 우리 인간을 구분하는 요소다. 침팬지들은 몇 세대를 거치든 여전히 석기를 사용해 견과류를 깨지만, 우리는 끊임없이 새로운 기술을 만들어 내고, 그 기술을 사용해 점점 더 새롭고 생산적인 방식으로 행위력을 발휘한다. 석기에서 스마트폰에 이르기까지, 시간이 흐르는 동안 이런 혁신의 선순환은 인간이라는 개념이 의미하는 바를 확장하고 복잡하게 만들었다.

이제 우리에게는 더 새롭고 강력한 도구를 개발할 수 있는 기회가 주어졌다. 이 도구는 우리의 행위력을 크게 향상시켜, 우리가 산업혁명과 유사한 시대의 한가운데에 들어서게 만들 것이다. 이 주장이 암시하는 바는 광범위하다. 하지만 이렇게도 생각해 볼 수 있다. 지능과 에너지가 협력해서 인간의 행위력에 동력을 공급하고, 그 결과 인간이 진보한다고 말이다. 지능은 우리에게 선택지들을 저울질할 수 있는 능력, 다양한 잠재적 시나리오를 구상하고 계획하는 능력을 선사한다. 에너지는 우리가 달성하고자 하는 바에 따라 행동을 취할 동력을 준다. 우리를 대신할 지능과 에너지가 많을수록 개인적으로나 집단적으로 혁명을 일으키는 능력이 향상된다.

말, 불, 바퀴, 글은 모두 우리 조상들이 인간의 지능과 에너지를 증강하고 확대하는 데 사용했던 중추적인 기술들이다. 우리는 계속해서 새로운 혁신을 일으키면서 이 과정을 이어갔다. 20세기 초, 내연식 엔진을 이용하는 자동차는 수백만 명의 사람이 불과 수십 년 전까지만 해도 초인적인 업적으로 여겼을 일을 일상적으로 해낼 수 있게 만들었다. 최근 수십 년 동안 개인용 컴퓨터, 인터넷, 스마트폰이 인간의 지능을 증강하고 확대하는 방식에서 그와 비슷한 변혁적 힘을 발휘했다.

인공지능은 차세대가 거대한 도약을 이룩할 수 있도록 만들 것이다. AI는 책이나 유튜브의 학습용 영상 등이 일으킨 혁신과는 달리 단순히 지식을 만들고 배포하는 데서 그치지 않는다. AI는 스스로 목표를 설정하고 이를 달성하기 위해 행동하는 능력이 있으므로 우리는 이것을 두 가지 영역에서 활용할 수 있다. 새로운 언어를 배우거나 마음챙김 기술을 연습할 때처럼 AI와 긴밀하게 협력해야 하는 영역이 있는가 하면, 실시간 유가와 일기예보에 기반하여 가정의 에너지 소비를 최적화하는 것처럼 AI 스스로 처리하는 편이 나은 영역이 있다.

어느 쪽이든 우리의 행위력을 강화할 수 있다. 우리가 원하는 결과에 이를 수 있도록 설계된 방법을 제시하며 돕기 때문이다. 그리고 어느 쪽이든 새롭고 변혁적인 일이 일어나고 있다. 1700년대에 증기기관이 등장한 이래 합성 에너지를 유연하게 활용할 수 있게 된 것처럼 사상 처음으로 합성 지능Synthetic intelligence을 유연하게 활용하는 것이 가능해졌다. 이제는 지능 자체가 도구이다. 확장 가능하고, 수월하게 조정할 수 있고, 스스로 성장하는 진보의 엔진이다.

이를 올바르게 활용한다면 우리는 '초행위력Superagency'이라는 새로운 상태에 도달할 수 있다. 이는 AI를 통해 개인적인 힘을 얻은 사람들이 사회 전반에 증폭된 효과를 내기 시작할 때 발생하는 현상이다. 그 결과는 일부 사람들이 AI를 통해 더 많은 정보를 얻고 준비를 더 잘 갖추는 데에서 그치지 않는다. AI를 직접 사용하는 일이 드물거나 아예 없는 사람들도 동일한 혜택을 누릴 수 있다. 통증 사이에 연관성이 없어 보여서 인간 의사는 판단하지 못하는 병을 AI의 정확성을 활용하여 진단할 수 있기 때문이다. 자동차 정비공은 AI 덕분에 더운 날 신호등에서 가속할 때 트렁크에서 나는 이상한 소음이 뭘 의미하는지 정확히 알 수 있다. 심지어 ATM, 주차 미터기, 자판기까지 당신의 요구를 바로 이해하고 선호도에 맞춰 바뀌는 다국어 천재로 변한다. 이런 것이 바로 초행위력의 세상이다.

전속력으로 전진

산업화 시대 이전에는 사회 전반의 생산성이 대단히 제한적이었다. 에너지라는 자원이 매우 희소했기 때문이다. 밭을 갈고, 터널을 파고, 도르래를 작동시키는 등 모든 것에 인간과 동물의 노동력이 광범위하게 필요했으므로 규모와 효율성이 제한되었고, 거시적으로는 인간의 번영도 제한되었다. 사람도 말과 다름없이 짐을 싣는 짐승의 기능을 해야 했으니 말이다. 자연이 허락하는 일부 지역에서는 풍차와 수력 방앗간 덕분에 곡물과 직물을 훨씬 효율적으로 생산할 수 있었다. 강 가까이에서 태어난 사람은 삶이 조금 더 유복했을 것이고 자기표현의 기회를 훨씬 더 많이 얻었을 것이다. 그렇지 않다면 쟁기질에서 즐거움을 찾기를 바라는 수밖에 없었다. 하지만 1700년대 중반, 증기기관의 등장으로 상황이 바뀌기 시작했다.

돌이켜 보면, 우리는 산업혁명을 그것이 불러 온 가장 나쁜 영향들로만 평가하는 때가 많았다. 증기기관의 동력을 얻기 위해 석탄을 태워 검은 연기를 뒤집어쓴 도시, 노동자의 권리 같은 것은 찾기 힘든 위험한 공장에서의 혹독한 노동, 아동 노동, 개인주의적이며 제약이 많은 생활 방식, 빈민가의 과밀한 환경과 사회적 무질서 같은 것 말이다.

당시는 폭력적이고 비인간적인 시대라 할 만한 때였다. 공장의 시계와 가로등이 자연의 고유한 리듬을 대체했다. 사람들은 기계처럼 움직여야 했다. 점점 더 상업화되는 세상에서 소비자 거래 방식은 상호 호혜와 개인적 신뢰를 바탕으로 하는 기회가 설 자리를 밀어냈다. 성장과 번영은 균등하지 않았고, 천연자원에 대한 새로운 수요는 이미 착취적인 식민지 관계를 강화하고 완전히 새로운 불평등을 만들어 냈다.

하지만 증기기관과 산업혁명에 이런 부정적인 진실만 있는 것은 아니다. 합성 에너지와 산업화는 수 세기에 걸친 빠른 인간성 회복의 동력이었다. 증기기관을 통한 기계화는 전례 없는 수준으로 생산 규모를 확대할 수 있는 기회를 창출했다. 생산 규모 확대의 추구는 새로운 수준의 협력과 협업을 요구했다. 생산량이 원하는 만큼 확대되자 새로운 수준의 풍요와 다양성이 창출되었다.

기술 주도 사회는 교육을 받은 대중을 더 많이 필요로 했다. 다양한 기술과 전문 지식을 보유한 사람들이 많아지면서 추가적인 혁신이 이어졌고, 이는 다시 새로운 가능성과 기회를 만들었다. 식품, 모든 종류의 상품, 정보 생산의 효율성은 결국 더 공정한 법, 더 큰 경제적·문화적 이동성, 더 견고한 사회복지 시스템, 개인의 권리와 자유에 대한 강조 등 번영과 풍요가 함께하는 사회적 진보를 창출하는 데 도움을 줬다. 인류의 거의 모든 활동이 식량을 재배하고 가축을 기르는 데 집중되어 있던 시기였다. 증기기관은 문자 그대로의 인력을 합성 인력으로 증대함으로써 인간으로서의 가능성을 기하급수적으로 확장했다. 증기기관은 더 풍요롭고, 다채롭고, 품위 있고, 인간다운 삶으로 나아가는 길을 닦았다.

이제 AI을 통해 이런 일이 다시 펼쳐질 수 있다. 합성 에너지가 1700년대에 미친 영향을 합성 지능이 21세기에 미치면서 우리는 기하급수적인 도약을 이룰 것이다. 산업혁명이 협업의 새로운 기회와 혁신, 창의성, 생산성에서 새로운 역량을 창출했듯이, 이러한 인지혁명도 유사한 변화를 일으킬 것이다. 이 변화가 일어나면 교육과 기술 개발이 더욱 중요해지고, 지식과 능력을 갖춘 대중이 더 많아질 것이다. 궁극적으로 합성 지능은 합성 에너지와 같은 방식으로 인간의 잠재력을 키우고 행위력을 강화할 것이다. 그것은 훨씬 큰 성취감을 주는 인간다운 삶을 향한 길이다.

인간을 위해, 인간과 함께 일하는 AI

그렇다면 개인의 행위력이 중심이 되는 풍부하고 윤택한 지능이라는 긍정적인 비전을 추구할 최선의 방법은 무엇일까? 오픈AI는 2015년에 출범할 당시에 염두에 둔 구체적인 제품이나 서비스는커녕 비즈니스 모델이나 시장 진출 전략도 없었다. 오픈AI 공동 창업자인 그렉 브로크만과 일리야 수츠케버 Ilya Sutskever는 당시 발표한 글에서 "인류 전체에 혜택을 줄 가능성이 가장 높은 방식으로 디지털 지능을 발전시키는 것"이 오픈AI의 1차적인 사명이라고 밝혔다.[11]

브로크만과 수츠케버는 이처럼 야심 차지만 상당히 추상적인 목표를 달성하기 위해 오픈AI가 변혁적이라고 입증될 지침을 따를 것이라고 말했다. "우리는 AI가 개인 의지의 연장선상이 되어야 하며, 자유 정신에 따라 최대한 광범위하고 고르게 배포되어야 한다고 믿는다."

왜 이런 관점이 중요했을까? 2015년에도 특정 유형의 AI 기술은 이미 널리 배포되어 있었다. 대부분의 인터넷 사용자는 이미 추천 시스템, 뉴스 피드 조정, 자동 완성 기능 등의 형태로 AI를 사용하고 있었던 것이다. 논란이 많은 다른 사례들도 있었다. 2016년에 〈프로퍼블리카 ProPublica〉는 미국의 형사 사법 시스템 전반에서 사용되고 있는 알고리즘에 대해 보도했다. 이 알고리즘은 "특히 흑인 피고인을 미래의 범죄자로 잘못 특정할 가능성이 높으며, 이런 식의 잘못된 분류 비율이 백인 피고인의 2배에 이른다"라고 했다.[12]

같은 해, 17개 시민권 단체 연합은 알고리즘과 과거의 범죄 신고 데이터를 사용해 언제 어디에서 범죄가 발생할 가능성이 높은지 예상하는 치안 도구를 규탄하는 성명을 발표했다.[13] 몇 년 후인 2019년, 샌프란시스코는 경찰서와 기타 공공기관의 안면 인식 시스템 사용을 금지한 최초의 도시가 되었다.[14]

이 모든 AI 사용 사례에는 공통된 맥락이 있다. AI의 영향을 받는 사람들 중 누구도 AI 사용을 명시적으로 선택하지 않았다는 점이다.

추천 서비스와 뉴스 피드 조정의 경우에도 AI 사용을 명시적으로 선택하지 않은 경우가 많다. 그저 개발자가 제시한 길을 따라갔을 뿐이다. 아마존에서 어떤 것을 구매하면 아마존은 내가 이런 물건에 관심이 있을 것이라고 말해 주고, 나는 그 제안을 살펴본다.

2020년에 오픈AI가 GPT-2라는 초기 LLM을 시작으로 일반에 공개한 새로운 AI 모델들은 완전히 달랐다. 그들은 다른 시스템에 내장되어 있지도, 사용자 모르게 활성화되지도 않는다. 사용자가 확정적으로 선택해야 사용할 수 있고, 일단 선택을 마치고 나면 개방적이고 자기 결정적인 방식으로 사용할 수 있다.

2022년 11월에 챗GPT의 출시로 이 접근 방식은 유용성과 유연성의 측면에서 더 진보된 상태에 도달했다. 에세이를 작성해 달라고 요청할 수 있으며, 당신이 작성한 에세이를 평가해 달라고 요청할 수도 있다. 곧 있을 면접의 예상 질문을 만들어 달라고 요청할 수도 있다. 아파트에서 할 수 있으며 룸메이트를 깨우지 않을 만큼 조용하면서도 재밌는 운동 루틴을 제안해 달라고 요청할 수도 있다.

마지막으로 명시적으로 사용자와 함께 있고, 사용자를 위해 작동하며, 접근성이 뛰어나고, 사용하기 쉬운 AI 도구가 존재하게 되었다. 이것은 AI 개발과 인적 권한 부여에서 중요한 변곡점이라 할 수 있었다. 이것이 중요한 이유는 개인 사용자를 경험의 중심에 두기 때문이다. 사용자가 원하거나 설계한 경험을 시도할 기회를 제공한다는 점도 중요하다. 오픈AI는 이 새로운 기술을 소수의 전문가들이 충분히 효과적이며 완벽하게 안전한 방식으로 작동한다고 판단할 때까지 비밀리에 개발하기보다는 개발 과정에 대중의 참여를 유도했다. 그들은 이 접근 방식을 반복적 배포라고 묘사했다.

반복적 배포는 기술, 규제, 사회 측면에서 강력한 접근 방식이다. 전통적인 실리콘밸리 스타일은 사용자 경험과 명시적인 사용자 피드백을 통해 개발 활동이 지속된다. 즉, 반복적 배포도 기술적 측면에서는 이런 방식으로 작동한다. 규제가 필요한지 고려하며 변화를 점진적으로 도입함으로써 잠재적 부작용을 방지한다. 사회 측면에서는 개인과 사회 모두에게 변화에 적응할 시간을 제공해 저항과 잠재적 혼란을 줄인다.

반복적 배포는 본질적으로 로마가 하루아침에 만들어지지 않았다는 것을, 로마 시민들도 하루아침에 만들어지지 않았다는 것을 인식한다. 새로운 세계의 윤곽과 그 안에서 기능하는 방법을 이해하는 데에는 시간이 필요하다. 신뢰는 노출에서 시작되며 사용을 통해 진화한다. 특정한 기술이 어떻게 기능하는지 알면 그것을 향한 신뢰가 시작된다. 신뢰는 오랜 시간에 걸친 일관성과 다르지 않다.

AI의 맥락에서 우리는 먼저 기술 자체에 대한 신뢰를 키워야 한다. 기술이 예측 불가능하고 오류를 낼 수 있다면 신뢰를 키우기란 쉽지 않다. 그러나 도구에 대한 접근권이 있다면 나름의 판단을 내릴 수 있다. 내가 원하는 일을 할 수 있을 만큼 신뢰할 수 있는가? 진정한 가치를 제공하는가, 아니면 그저 새로운 것일 뿐인가? 내게 권한을 부여하는가, 아니면 내가 지나치게 의존하게 만드는가?

하지만 기술에 대한 신뢰는 시작일 뿐이다. 기술 개발자, 기술 규제 기관, 그리고 무엇보다도 다른 사용자들에 대한 신뢰를 키워야 한다.

왜 다른 사람들이 긍정적인 방식으로 AI를 사용한다고 믿어야 할까? 왜 자국 정부(혹은 다른 나라의 정부)가 긍정적인 방식으로 AI를 사용한다고 믿어야 할까? 왜 AI 개발자가 유능하며 책임감 있게 자신의 일을 한다고 믿어야 할까?

이 질문들에는 한마디로 답할 수 없다. 인류가 변혁적인 신기술을 내놓을 때마다 늘 그래왔듯이, 그 대답은 계속 이어지며 종종 논란을 초래한다. AI에 대한 토론은 지금까지 수년 동안 지속되는 중이지만, 대개 컴퓨터과학자, 고등교육기관의 연구원, 상용 개발자, 투자자, 윤리학자, 기술 저널리스트, 정책 입안자, 법률 전문가, SF 소설가 사이에서 벌어지고 있다. 지금까지 이 담론에 영향을 미친 네 가지 주요 집단은 두머Doomer, 글루머Gloomer, 주머Zoomer, 블루머Bloomer로 나눌 수 있다.

이는 대략적인 분류이긴 하지만 기저가 되는 관점의 복잡성을 축소하려는 의도는 아니다. 우리의 목표는 AI를 둘러싼 논쟁을 불러일으켜 온 기본적인 입장들을 요약하려는 것일 뿐이다. 이 모든 관점은 독특하고 가치 있는 식견을 제공하고, 가정에 도전하고, 집단적 이해의 한계를 확장한다.

AI 비관론자인 두머는 최악의 시나리오에서 초지능, 더 이상 인간 가치관과 부합하지 않는 완전히 독자적인 AI가 로봇 청소기 대신 복수를 하기 위해 청소를 맡길 소수의 기술 전문가들을 제외하고 인류를 완전히 파괴하기로 결정한 미래를 향해 나아가고 있다고 믿는다.

AI 회의론자인 글루머는 AI에 대해 매우 비판적이며, 두머에 대해서도 대단히 비판적이다. 그들은 두머의 전망이 두 가지 목적을 담고 있다고 생각한다. 첫째, AI의 성능을 암묵적으로 보증한다. "AI는 너무 강력해서 우리를 파괴할 수도 있다!"라고 성능을 인정하는 식이다. 둘째, 장기적이고 추상적인 성격 때문에 우리의 진정한 우선순위인 잠재적인 일자리 손실, 대규모 허위 정보의 확산, 기존의 시스템적 편견의 강화, 개인의 자율성 훼손 같은 단기적인 AI 위험과 피해가 관심을 미래로 분산시킨다. 일반적으로 글루머는 하향식 접근 방식을 선호한다. 공식적인 규제·감독 기관이 개발과 배치를 면밀히 감시하고 통제해야 한다고 생각하는 것이다.

반면 AI 혁신 지지자인 주머는 AI가 내놓을 생산성 향상과 혁신이 부정적인 영향을 훨씬 능가할 것이라고 주장한다. 그들은 보통 실제 배치가 이뤄지기 전에 위험이나 피해 가능성을 제거하는 예방적 규제라는 아이디어에 회의적이다. 그보다는 개발자들에게 그들이 적합하다고 생각하는 방식으로 운영할 수 있는 여지를 주는 편이 최상의 결과를 가장 빨리 도출할 것이라고 주장한다. 그들은 정부의 규제도 지원도 원치 않는다. 단지 혁신을 향한 명확한 활주로와 완전한 자율성을 원할 뿐이다.

마지막으로 AI 낙관론자인 블루머는 주머처럼 근본적으로 희망적인 관점을 견지한다. 그들은 AI가 수없이 많은 영역에서 인간의 진보를 가속시킬 수 있다고 믿는다. 동시에 AI처럼 변혁적이고 다재다능한 기술은 일방적인 방식으로 개발하거나 배치할 수 없으며, 그렇게 되어서도 안 된다고 믿는다. AI는 다양한 면에서 많은 사람의 삶에 영향을 미치기 때문이다. 그래서 블루머는 실제 상황에서 대중의 참여를 추구한다. 이는 반복적 배포를 통해 얻을 수 있는 것이다. 그들은 정부 규제에 무조건 반대하지는 않지만 더 안전하고, 더 공정하고, 더 유용한 AI 도구들을 개발하는 가장 빠르고 효과적인 길은 다양한 가치관과 의도를 가진 다양한 사용자에게 접근권을 주는 것이라고 믿는다.

근본적으로 블루머들은 AI 개발을 채굴 산업보다는 농업에 더 가깝다고 생각한다. 씨앗을 뿌리고, 싹이 트는 것을 지켜보면서 주어진 조건에 맞춰 나간다. 어떤 작물이 어디에서 가장 잘 자라는지 배우고, 당면한 문제와 도전 과제를 해결하고, 잠재적인 문제를 완화할 수 있는 해결책에 대해 배운 모든 것을 기반으로 개입을 시작한다. 위험성이 전혀 없다고 할 수는 없지만, 시간이 흐르면서 지식이 늘고, 기법이 개선되고, 수확량은 증가한다.

아직 짐작하지 못한 독자를 위해 밝히자면 나는 블루머의 진영에 자리하고 있다. 링크드인을 시작으로 지난 25년 동안 수백 개의 인터넷 스타트업에 투자해 오면서 나는 네트워크 내의 피드백 순환과 실사용이 기반이 되는 학습과 개선을 원칙으로 경력을 쌓아 왔다.

나를 블루머의 관점으로 이끈 것은 자기 주도적 방식의 폭넓은 참여를 강조하는 자세였다. 참여는 개인의 행위력을 요구하는 것과 동시에 강화하는 보상을 주기 때문이다. 반대로 두머와 글루머는 AI를 금지하거나 제한함으로써 인간의 행위력을 보호한다고 믿는다. 하지만 이는 사실 인간 스스로가 AI에 대해 평가할 수 있는 능력을 빼앗는 것이다. 주머의 경우는 그 반대다. 그들은 궁극적으로 인간의 행위력을 강화할 것이라는 가정하에 절대적인 자유를 기반으로 AI를 개발하기를 원한다. 하지만 이런 관점은 종종 그들이 선호하는 위험할 정도로 빠른 속도 때문에 일반인들이 그 과정에서 소외감을 느낄 수 있다는 점을 고려하지 않는다.

오픈AI는 사람들이 AI 도구를 직접 사용함으로써 AI의 잠재적인 미래를 둘러싼 대화를 활성화하고 많은 사람이 거기에 참여하도록 만들었다. 이 접근 방식은 AI 도구가 만드는 기회와 과제를 평가하는 데 필요한 더 많은 정보를 더 많은 사람에게 제공한다.

지난 몇 년 동안 AI를 추진한 기술적 혁신만큼 접근권의 민주화도 흥미진진했으며, 어떤 면에서는 이 부분이 더 중요하다고 할 수 있다. 우리가 정말 증기기관의 출현에 비견되는 변곡점에 있는 것이라면, 지금 우리가 내리는 결정들은 향후 몇 년이 아니라 다음 수십 년, 심지어는 몇 세기에 영향을 줄 것이다. 네트워크와 디지털 권한 부여의 시대에 자신의 미래를 만들어 나가는 데 있어서는 누구도 NPC^{Non playing Character}•로 강등되어서는 안 된다. 책임감을 가지고 민주적·윤리적·효율적으로 AI를 개발하기 위해서는 대중의 광범위한 참여와 지속적인 피드백이 통합되어야 한다. 인류는 AI와의 대화를 시작했고, 그것은 꼭 필요한 전개다.

AI의 민주화와 대중의 참여를 보장하는 부분은 전 세계에 영향을 미치며, 이는 다시 개인의 행위력과 연관된다. 궁극적으로 AI의 긍정

• 게임 내 플레이가 불가능한 캐릭터

적인 미래는 단순히 어떤 기업이나 국가가 기술을 가장 빨리 개발하는지에 달린 게 아니다. 결과 또한 어떤 개인, 기업, 국가가 AI를 가장 생산적으로 사용하는지에 달려 있다. 이는 곧 여기에서 가장 핵심이 되는 요소가 신뢰라는 뜻이다.

개발자들이 더 유능한 모델, 특히 인간의 감독이나 인간과의 상호작용을 최소로 하고 더 자율적으로 기능할 수 있는 모델을 도입하면 AI가 이미 불러일으키고 있는 문화적 충돌은 심화될 것이다. 따라서 이를 선제적으로 규제하고, 더 나아가 금지하려는 욕구가 더욱 강해질 것이다. 그러나 이 모든 일은 전 세계적인 규모로 일어나고 있다. 미국이나 다른 나라가 내리는 규제 결정은 외부의 영향이 없는 진공 상태에서 이뤄지지 않는다. 미국의 AI의 미래는 부분적으로 중국, 유럽연합, 인도, 그리고 수십 개의 다른 나라가 내리는 결정에 영향받으며, 그 반대도 마찬가지다. 이는 여러 사람이 함께하는 멀티플레이어 게임이므로 AI 채택에 대한 논의는 보통 규제가 중심이 된다. 주머는 혁신을 위한 자유를 요구한다. 글루머는 일시 정지, 금지, 하향식 허가 체제를 옹호한다. 블루머는 혁신을 위한 자유와 규제 의무 모두 중요하며, 둘 사이의 적절한 균형을 찾아야 한다고 믿는다. 부분적으로 이는 사람들이 AI에 대해 매우 다양한 견해를 가지고 있으며, 우리의 주된 목표가 광범위한 합의와 신뢰라는 점을 인정해야 한다는 의미다. 그리고 AI에 대한 접근과 사용 측면에서 등장할 가능성이 가장 높은 문제다. 따라서 AI에 관한 규칙을 만드는 것만으로는 부족하며 신념, 규범, 공유하는 가치관도 중요하다.

이후 살펴볼 내용처럼 AI는 개인 사용자에게 엄청난 권한을 부여할 수 있는 기술일 뿐만 아니라 사회적 수준에서도 매우 광범위하게 기능하는 기술이다. 이런 면에서 AI는 인터넷, 도로와 고속도로, 전력망, 수도 시스템과 유사하다. 정도와 이유는 다르지만, 이런 시스템 전체를 거부하거나 아예 없이 살아가는 사람들도 있다. 이런 상상을 해 보자. 일반 대중의 30%가 전력선에 대해 심각한 의문을 품었다거나 인구의 20%가 신호등을 지키는 것을 단호하게 거부한다고 말이다. 또는 대중의 극히 일부인 수천 명, 아니 수백 명의 사람이 저수지를 혐오해서 이를 적극적으로 파괴하거나 훼손하는 데 상당한 시간을 할애한다고 상상해 보라.

이런 행동들이 21세기의 만족스러운 삶을 지탱하는 공익 서비스와 인프라에 대한 투자와 의존을 막을 수 없을 것이다. 그러나 국가가 대내외적으로 얼마나 원활하고 생산적으로 기능하는지에는 영향을 미칠 수 있다. 그렇기 때문에 자동차와 인터넷을 개발할 때처럼 AI를 개발하는 과정에서도 대중에게 실질적인 역할을 맡기는 것이 중요하다. 완전한 합의는 가능성도 희박하고, 필요하지도 않다. 그러나 많은 것이 걸려 있는 상황에서는 성공 가능성이 가장 높은 방식으로 접근하는 것이 타당하다.

디지털 네트워크 시대의 거버넌스에는 민주적 참여가 가장 광범위하게 이뤄지는 사회가 변화가 가장 어려운 사회라는 역설적 측면이 있기 때문이다. 불협화음은 공동체와의 합의를 넘어선다. 이것이 바로 지금 미국과 다른 민주주의 국가들이 직면한 특별한 도전이다. 우리가 머뭇거린다면, 더 독재적이지는 않더라도 최소한 사회적 응집력이 더 큰 국가들이 우리보다 더 효과적으로 AI 기술을 채택하고 배치할 가능성이 매우 높다.

개인의 행위력을 약화시킬 수 있는 모든 방법을 생각해 보라. 우리는 AI 도구들이 민주주의 국가에서조차 사용자를 위하거나 사용자와 함께 작동하는 대신 그들에게 영향을 미치고, 조종하고, 통제하는 방식으로 설계될 수 있다는 사실을 이미 알고 있다. 독재 국가에서는 그 가능성이 더 크다. 또한 국가 번영과 안보를 고려해 보라. 보호주의를 택한 나라는 고도로 지능적인 수백만 명의 로봇 노동자, 과학자, 엔지니어로 기능하는 훨씬 더 많은 수의 AI 시스템을 갖춘 국가들과 경제적으로 경쟁할 수 없다. 고립주의를 택한 나라는 외국의 로봇 과학자와 엔지니어가 새로 고안한 자율 살상 무기로부터 스스로를 보호할 수 없다.

이 모든 것은 21세기에는 개인의 행위력이 국가의 행위력과 그 어느 때보다 밀접하게 연관되어 있음을 의미한다. AI가 '개인 의지의 연장선'으로 기능하는 미래를 보장하려면 민주주의가 이 활동을 주도해야 한다. 이는 야심 찬 혁신의 사고방식, 실험과 적응에 대한 투자, 그리고 그 과정에서 합의를 이루기 위한 대중의 광범위한 참여를 통한 개발을 의미한다.

이 같은 점을 염두에 두고 한 걸음 물러서서 컴퓨터가 모든 것을 변화시키기 직전의 시기를 살펴보기로 하자.

2장

기술 진화는 빅 브라더를 만드는가

Big Knowledge

1949년에 조지 오웰 George Orwell이《1984》를 출간했을 때, 전 세계에 있는 컴퓨터의 수는 오늘날 손님으로 가득 찬 스타벅스 매장 한 곳에 있는 노트북의 수보다 적었다. 심지어 TV 네트워크도 아직 초창기였다. 따라서 시청각 네트워크가 우리 삶에 얼마나 큰 영향을 미칠지에 대한 오웰의 상상은 대단한 선견지명이었다. 이는《1984》가 몇 년마다 아마존 베스트셀러 목록에 꾸준히 등장하는 이유도 설명해 준다.

《1984》는 과거 영국으로 알려진 나라, 지금은 제1공대라고 불리는 곳이 무대다. 제1공대는 오직 당이라는 정권과 어디에나 있는 정권의 최고 권위자 빅 브라더 Big Brother 또는 딥페이크 Deepfake •의 지배를 받

- 딥러닝 기술을 사용한 인간 이미지 합성 기술 또는 그 기술로 만들어진 이미지

는 초국가 오세아니아에서 세 번째로 인구가 많은 주다. 당은 끊임없는 감시, 잦은 고문, 그리고 논리나 존엄, 희망에 대한 충동을 절멸시킬 정도로 터무니없는 선전의 조합으로 국민을 철저한 지배하에 둔다. "무지는 힘", "자유는 예속"이라는 표어를 아무런 의문 없이 받아들인다면 완전한 복종 외에 남는 것이 없다.

오세아니아에서는 모든 게 암울하고 불분명하다. 거리, 하늘, 과거, 미래, 심지어 진실 그 자체까지도 말이다. 콧수염을 기른 지도자의 모습을 담은 포스터들이 약간의 활력과 생동감을 불어넣지만, 그조차도 불길한 느낌을 준다. 그들은 "빅 브라더가 당신을 지켜보고 있다"라고 말한다. "내가 힘이 되어 주겠다"라며 안심시키려는 의미가 아닌 것만은 확실하다.

국가의 편재성은 포괄적인 '텔레스크린' 네트워크를 통해 이뤄진다. 텔레스크린은 공적 공간과 사적 공간 양쪽에 설치되어 끊임없이 국가 선전 방송을 하는 동시에 오세아니아 시민들을 감시한다. 텔레스크린 네트워크는 빅 브라더나 당에 대한 불충의 징후와 인간의 감정, 내면, 규범으로부터의 일탈을 부지런히 살피는 사상경찰이라는 기관이 감독한다. 오세아니아에서는 당의 경계를 넘어서는 사소한 관심의 징후조차 불복종으로 간주한다.

오웰은 《1984》에서 신의 수준에 이른 기술적 감시와 잊기 힘들 만큼 비인간적인 영향에 대한 끔찍한 예측을 내놓았다. 여러 세대의 글루머들은 《1984》의 출간 이래 75년이 넘도록 종말이 임박했다고 예언하고 있다.

1960년대 초에 메인프레임 컴퓨터로 알려진 강력하고 거대한 기계의 중요성이 커지자, 이런 암울한 예측이 급증했다. 1963년까지 미국의 컴퓨터 업계에서는 약 1만 5,500대의 컴퓨터를 만들어 냈다.[1] 그중 약 1,000대는 미국 정부가 임대 또는 소유했고, 나머지는 대기업과 대학에 배치되어 획기적인 속도로 데이터를 처리하면서 이전까지는 불가능했던 인식과 식견을 제공했다.

1963년, 미국 국세청이 그해 세금 신고서 처리와 확인 작업에 120만 달러 상당의 IBM 7074를 투입한다고 발표하자, 납세자들이 걱정된 나머지 미납금을 상환하기 위해 국세청 사무실로 몰려들었다. 한 국세청 관계자는 과학잡지 〈파퓰러사이언스Popular Science〉에 국세청이 징수한 미납금이 전부 70만 달러에 달한다고 이야기했다.[2]

개발 초기 단계임에도 불구하고, 컴퓨터가 이룬 업적은 놀라울 정도로 광범위했다. 언론사는 컴퓨터를 사용해 선거 결과를 예측했고, 아이스크림 제조업체는 원료 혼합 작업을 정밀하게 통제했으며, 뉴욕시는 교통 신호의 패턴을 관리했다. 스웨덴의 공공도서관 시스템은 동화 《말괄량이 삐삐》의 작가 아스트리드 린드그렌Astrid Lindgren에게 로열티 9,000크로나(2024년 기준으로 약 1만 1,700달러)를 추가 지급했다.[3] 1954년부터 공공대출에 대한 작가 보상 체제가 시행된 덕분이었다. D. S. 할라시 주니어Daniel Stephen Halacy Jr.는 1962년에 출간한 책 《컴퓨터는 어떻게 우리의 생각 도구가 되었나Computers: The Machines We Think With》에서 이렇게 말했다. "이 '지급금'은 그녀의 책이 수천 개의 학교와 도서관에서 총 85만 회 대출된 것을 근거로 지급되었다. 이는 전자 컴퓨터를 통해서만 확인 가능한 자료였다."

물론 모든 기관이 메인프레임 컴퓨터를 활용해 더 많은 데이터를 수집하고, 운영에 새로운 명확성을 확보하고, 보다 포괄적인 지식을 기반으로 조치를 취하는 시대, 즉 희망찬 신시대라고 묘사해도 될 만한 시기에도 어두운 측면은 존재했다. 당시에 많은 독자를 거느리고 있던 작가 중 하나인 밴스 패커드 Vance Packard는 1964년에 출간한 베스트셀러 《벌거벗은 사회 The Naked Society》에서 이렇게 말했다. "거대한 기억 기계들의 저장고가 있다. 이 기계들은 실패, 굴욕, 또는 잠재적으로 범죄와 관련된 행위까지 이론적으로 개별 시민의 삶에서 일어난 모든 중요한 행동을 단 몇 초 만에 불러올 수 있을 것이다. 뇌 연구는 놀라울 정도로 발전해서 빅 브라더가 아기들이 태어날 때마다 뇌에 전극을 심고, 이후 원격 조종을 통해 최소한 성격이 형성될 때까지 그들의 감정과 행동을 일정 수준 통제하는 것도 가능하다."[4]

사실 더 그럴듯한(분명 덜 놀랍겠지만) 시나리오는 거대한 기억 기계가 경제학자들이 대중의 의료 데이터를 분석해 경제 요인, 의료 서비스 이용률, 다양한 인구의 건강 상태 사이의 복잡한 관계를 밝히는 데 도움을 주는 것이었다. 연방 정부의 요청으로 수년간 활동해 온 사회과학자들로 구성된 '경제 데이터 보존 및 사용 위원회 The Committee on the Preservation and Use of Economic Data'는 1965년 4월, 다양한 정부기관에 축적되는 데이터에 대한 중앙집중적이고 편리한 접근 서비스를 제공하는 '연방데이터센터 Federal Data Center'의 설립을 제안하는 보고서를 발표했다.

기본적인 아이디어는 20개 연방 기관이 수집해 온 광범위한 데이터를 한곳에 모아 연구자들이 더 쉽게 접근하고 이용할 수 있도록 만들자는 것이었다. 이는 린든 B. 존슨Lyndon B. Johnson 대통령이 주창한 '위대한 사회Great Society'라는 비전의 일환으로 사회 프로그램의 확대를 시작하던 시기에 연방 정책 입안에 정보를 제공함으로써 도움을 줄 수 있었다.

하지만 연방 정부가 축적해 온 데이터는 600개가 넘는 데이터세트에 나눠져 있었다. 거기다 이들 데이터세트는 대단히 분산적이고 일부는 호환되지 않는 방식으로 1억 개 이상의 펀치 카드와 3만 개의 자기 테이프에 저장되어 있었다. 사회과학자들은 이 데이터들을 하나의 물리적 장소, 곧 연방데이터센터에 통합하면 그 유용성이 커지고 데이터 수집에 돈을 댄 납세자들에게 더 유익한 일을 할 수 있으리라고 생각했다.[5]

위원회는 최악의 타이밍을 택했다. 메인프레임 컴퓨터 보급이 늘어나면서 트랜지스터와 인쇄 회로Printed-circuit• 설계 기술의 혁신 덕분에 제조업체들은 더 작으면서도 더 강력한 전자 장치를 만들 수 있게 되었다. 남성 잡지 〈어드벤처Adventure〉에 광고가 게재된 우편 주문 카탈로그에는 각설탕 크기의 마이크와 조끼 주머니에 숨길 수 있는 감시 카메라가 등장했다. 사립 탐정, 산업 스파이 지망생, 단순히 호기심을 가진 사람들은 한 블록 떨어진 곳에서 대화를 엿들을 수 있는 포물선

• 도선을 사용하지 않고 사진 인쇄 기술로 배선을 인쇄한 전자 회로

형 마이크^Parabolic microphone •, 음성 인식 테이프 레코더, 깜깜한 곳에서도 사진을 찍을 수 있는 적외선 카메라를 구입할 수 있었다.

20세기 중반의 두머와 글루머가 상정했듯이 이 모든 것은 도구의 개입이 과잉된 세계, 제1공대와 오세아니아를 가리키고 있었다. 마이런 브랜튼^Myron Brenton 은 《사생활을 침해하는 것들^The Privacy Invaders》에서 이렇게 말했다. "미래에 관한 가장 섬뜩한 아이디어는 내장형 감시 시스템, 즉 신식 호텔, 학교, 교도소, 사무실, 기타 구조물에 내장된 감시 시스템이라는 개념이다. 이 오웰적 악몽 속에서 감시 시스템 회로는 중앙통제실로 이어진다."[6]

새로운 종류의 염탐에 대한 대중의 우려가 커지면서 경제 데이터 보존 및 사용 위원회도 그리즈월드 대 코네티컷 사건^Griswold v. Connecticut 이 낳은 상황과 씨름하게 되었다. 이 사회과학자 위원회가 보고서를 발표하고 두 달이 지나자, 대법원은 피임법 사용을 금지하는 코네티컷주의 규정을 무효화했다. 역사학자 사라 이고^Sarah Igo 가 《알려진 시민^The Known Citizen》에서 언급했듯 그리즈월드 대 코네티컷의 법원 판결은 "미국 역사상 최초로 '사생활 보호권'이라는 헌법적 권리를 인정"했다.[7] 또한 "사생활 보호권을 확대하는 선례를 남긴 것과 동시에 다른 부분에서는 선택적 적용의 여지를 남겼다"라고 말했다.[8]

따라서 미국 정부가 "세계에서 가장 포괄적인 통계 프로그램"을 만들었고, 모든 정보를 인텔리 기술 관료들이 더 쉽게 이용할 수 있도록

- 포물선형 반사경을 사용해 음파를 수집하고 트랜스듀서에 집중시키는 마이크

만들겠다는 야심 찬 계획을 알리기에 좋은 시기는 결코 아니었다.[9] 존슨 행정부가 이 위대한 사회와 선의의 거버넌스라는 이상을 실천에 옮기겠다고 발표하자 의회는 "신속하고 강력하게" 반발했다.[10] 여러 상·하원의원은 패커드와 브랜튼의 책에서 제기되었던 사생활 보호 관련 문제를 다루는 청문회를 이미 개최하고 있었다. 그들은 재빨리 일정 하나를 추가했다.

1966년 7월, 의원들은 "컴퓨터와 사생활 침해"라는 주제를 다룬 소위원회 청문회에서 연방데이터센터가 의도한 바(실제 데이터를 사용해 정부 정책과 법률 제정에 도움이 되는 정보를 제공하는 것)를 반대하는 것은 아니지만, 그런 센터가 의도치 않은 결과로 이어질 것을 우려하고 있다고 인정했다. 뉴저지 13지구의 민주당 의원 코넬리우스 갤러거 Cornelius Gallagher는 "이런 시설에 안전장치가 없다면, '컴퓨터화된 인간 The Computerized Man'의 창출로 이어질 수 있다"라고 경고했다. "내가 생각하는 컴퓨터화된 인간은 개성과 사생활을 박탈당한 존재다. 기술 발전으로 표준화가 이뤄지면서 그는 컴퓨터에 의해 사회적 지위가 측정되고, 개인의 독자성을 잃게 될 것이다. 그의 삶, 재능, 그리고 수익력은 선택권이 거의 없는 플라스틱 테이프로 격하될 것이다."[11]

뉴욕의 공화당 의원 프랭크 호튼 Frank Horton은 "컴퓨터는 기계이기 때문에 우리도 기계처럼 취급할 위험이 있다"라고 말했다. "그들은 대량의 정보를 제공하고 처리할 수 있으며, 사실상 태어나는 순간부터 죽는 순간까지 우리의 생애를 통제할 수 있다. 그들은 우리의 고유성을 고려하지 않고 그들의 플라스틱 테이프에 기록된 정보에 따라 엄격한 방식으로 우리를 분류해 우리가 받는 교육, 우리가 하는 일, 우리가 벌 수 있는 돈, 심지어 우리가 결혼할 여자까지 제한할 수 있다."[12] 패커드는 워싱턴D.C.의 캐피톨힐에 새로 완공된 레이번 하우스 오피스 빌딩Rayburn House Office Building을 직접 방문해 소위원회에 정부와 민간 부문의 '파일 관리자'들이 수백만 명의 미국 시민에 대한 수십억 건의 기록을 축적해 왔으며, 이 기록에는 그들의 삶 모든 측면에 대한 '이런저런 종류의 비방적 정보'로 가득 차 있었다는 점을 알렸다.[13]

패커드는 당국이 세금 신고, 직업 관련 성격 평가, 거짓말 탐지기 검사, 의료 기록, 신용 보고서, 보험 조사, 경찰 기록, 심지어 이사업체의 물품 목록까지 동원해 심신의 건강 상태, 성생활, 결혼 상태, 법적 문제, 연관된 사람이나 조직에 대한 정보가 담긴 서류를 만들 수 있다고 말했다.

패커드는 "여러 위치에서 정보를 삽입하거나 검색할 목적으로 활성화할 수 있는 거대한 시스템"의 창안은 궁극적으로 "미국인의 생활 방식을 비인격화"할 것이며 "정부가 만물을 꿰뚫어 보는 눈을 개발하고 있다는 것을 인식한 대중은 숨 막히는 감시를 받고 있다고 느낄 것"이라고 말했다.[14]

패커드는 청문회의 증언을 이렇게 마무리했다. "1984년이 18년밖에 남지 않았다는 것을 잊지 맙시다. 나는 미국에 나타날 빅 브라더는 권력을 탐하는 자가 아니라 효율성에 집착하는 가차없는 관료이지 않을까 생각합니다. 그리고 그는 단순한 권력 추구를 넘어서 우리를 극단의 공포, 즉 플라스틱 테이프에 발이 묶인 인류로 전락시키는 결과를 이끌어 낼 수 있습니다."

연방데이터센터 설립 제안과 청문회에 대한 언론 보도는 이런 정서를 반영했다. 〈찰스턴포스트Charleston Post〉는 크게 증가한 정부 기록물이 '히틀러의 게슈타포'가 만든 것과 같은 서류, 아니 그보다 더 나쁠 수 있다고 걱정했다. 〈벤턴하버뉴스팔라듐Benton Harbor News Palladium〉은 선출직 공무원이 이를 사용해 개별 시민의 선거 기부를 강제하거나 정치적 라이벌을 협박할 수 있다고 말했다. 〈뉴욕타임스〉는 사설에서 "엄청난 기술 발전의 과정에서 개인정보와 사생활이 살아남을 수 있을까?"라고 한탄하면서 "의회가 20개 연방 기관에 데이터의 효율적인 조직화를 허용한다면 '오웰적 악몽'이 미국을 덮칠 것"이라고 말했다.[15]

의원들은 수년간 청문회와 보고서에서 연방데이터센터라는 아이디어를 이념적 공격 대상으로 계속 사용했다. 이후 1969년에 린든 존슨의 임기가 끝나고 미국의 데이터 관리 권한이 리처드 닉슨에게 넘어가면서 개각이 단행된 결과, 마침내 이 계획은 중단되었다. 그러나 알다시피 닉슨은 이후에 은밀한 파일 관리자로 밝혀져 악명을 떨친다.

지금은 밴스 패커드를 기억하는 사람이 많지 않다. 연방데이터센터와 그것이 촉발한 의회, 칼럼니스트, 대중의 항의의 역사는 거의 알려지지 않았다. 연방데이터센터 설립의 실패가 단기적으로는 기술 혁신의 속도를 억제하는 데 거의 영향을 미치지 않았던 것도 부분적인 이유다. 일단 하드 디스크 드라이브가 20세기 중반의 메인프레임 컴퓨터에 사용되던 느리고 용량이 제한된 자기 테이프를 대체했다. 이후에는 시분할 시스템 Time-sharing system *, 미니컴퓨터, 근거리 통신망, PC 혁명, 비디오 카메라, 월드와이드웹, 소셜미디어, 클라우드, 휴대전화, 피트니스 트래커가 등장했다. 모션 센서, 안면 인식 시스템, 지문 스캐너, 홍채 인식 장치, 스마트 온도 조절기, 수면 추적기, 무선 주파수 식별로 불리는 RFID Radio Frequency Identification 임플란트**, 디지털 문신***, 그리고 잠재적으로 인구 통계, 건강 상태, 재정 상태, 성적 취향, 정치적 성향, 심지어 미래 행동을 예측하는 수천 개의 데이터 포인트가 담긴 디지털 프로필을 수집하는(이 모든 것은 사용자의 직접적인 인지나 동의 없이 수집된다) 데이터 브로커도 있다.

여러 측면에서 20세기 중반에 두머와 글루머가 밝힌 개인의 행위력, 사생활, 그리고 기술의 모든 것을 꿰뚫어 보는 능력에 대한 우려는 여전히 잔재하고 있다. 지금이라면 패커드는 개인의 심리 프로파일을 악용하기 위해 설계된 콘텐츠를 대량 생산함으로써 대중의 행동을 조작할 수 있는 LLM의 능력을 우려하는 글을 자신의 서브스택 Substack ****에 올렸을 것이다. 아니면 국회의사당 로툰다의 웜홀을 통해 1966년

- · 단일 메인프레임이나 컴퓨터의 컴퓨팅 리소스를 동시에 공유할 수 있는 유형의 컴퓨터 처리 시스템
- ·· RFID를 이용해 데이터를 전송하고 저장하는 소형 내장 장치
- ··· 전통적인 타투나 접착 패치처럼 피부에 붙일 수 있는 착용형 기술, 스마트폰이나 컴퓨터와 같은 전자 기기와 상호 작용해 데이터를 전송할 수 있는 내장 센서나 회로가 포함되어 있다.
- ···· 뉴스레터 구독을 지원하기 위한 출판, 결제, 분석 및 디자인 인프라를 제공하는 미국의 온라인 플랫폼

에서 현재로 시간 여행을 온 갤러거가 구글의 순다르 피차이를 불러내 알고리즘 의사결정에 대해 추궁할 수도 있다.

그러나 패커드와 그 일행이 미래에 대해 얼마나 잘못 생각하고 있었는지에도 주목해야 한다.

빅 비즈니스는 당신을 주인공으로 만든다

패커드가 의회에서 기술 발전이 "인류의 발을 묶는" 세상에 대해 경고하던 시기에 미국의 많은 주에는 다른 인종 간의 결혼을 제한하는 법이 있었다. 동성 결혼은 상상조차 할 수 없는 일이어서 어떤 주도 이를 명시적으로 금지하는 법을 제정하려는 생각을 하지 않을 정도였다. 그리즈월드 대 코네티컷 사건은 피임법을 사용하고자 하는 모든 사람에게 사생활 보호권을 부여한 것이 아니었다. 윌리엄 더글라스 William Douglas 판사의 다수 의견은 법원의 판결이 구체적으로 "결혼 생활의 사생활권"만을 보호한다고 거듭 언급했다. 아서 골드버그 Arthur Goldberg 판사는 보충 의견으로 법원의 결정이 "성적 방종에 대한 국가의 적절한 규제를 침해하거나 혼외 성행위를 금지하고 결혼이 허용되는 자를 정하는 국가의 권한을 부정하려는 의도가 아니었다"라는 점을 분명히 했다.[16] 따라서 연방데이터센터 프로젝트의 반대론자들은 자신들이 미국의 자유와 해방을 위한 원칙적인 입장이라고 믿었지만,

사실 많은 국민은 다양한 입법의 사슬에 발이 묶여 있었다.

그러나 문화적 규범이 계속 변한다는 것도 사실이다. 그리고 컴퓨터 시스템이 확산되면서 우리는 이전보다 훨씬 자유로운 세상을 얻었다. 새로운 세계는 창의적인 탐구, 순응에 대한 반항, 대안적인 생활 방식과 가치를 옹호했다. 또한 여성, 유색 인종, 성소수자 커뮤니티 등 전통적으로 소외되었던 집단의 행위력과 자율성을 확대했다.

많은 요인, 특히 새로운 법률과 규정을 이끈 풀뿌리 조직화와 행동주의가 이런 변화를 주도했다. 그러나 기술 혁신도 중요한 역할을 했다. 초소형 마이크와 적외선 몰래카메라에 대한 많은 광고에도 불구하고, 20세기 후반에 더 많은 영향을 미친 것은 리모컨, 케이블 TV, VCR, 소니 워크맨, 휴대용 비디오 카메라 등 약간 다른 장치들이었다. 이 각각의 장치들은 사람들이 대중매체 시대의 획일성에서 조금씩 벗어나도록 만들면서 보다 개인화되고, 조정이 가능하며, 자아실현이 가능한 미래를 이끄는 데 도움을 줬다.

가장 주목할 만한 부분은 전체주의의 침투를 상징하는 무서운 장치인 메인프레임 컴퓨터의 대부분이 패커드라면 받아들이기 어려울 정도의 모순적인 이름의 기계, 즉 개인용 컴퓨터로 대체되었다는 점이다.

애플은 초기 광고에서 이런 질문을 던졌다. "자신만의 컴퓨터를 갖고 있는 사람은 어떤 사람일까?" 광고는 창조의 아이콘이자 자기계발과 개인적 자율성의 표본이라 할 수 있는 벤저민 프랭클린 Benjamin Franklin 일러스트로 대답을 대신한다. 그리고 이런 문장을 덧붙인다.

"자신의 개인용 컴퓨터를 소유한다는 아이디어가 혁신적이라고 생각하시나요? 외교관이자 인쇄업자, 과학자, 발명가, 뇌우 속에서 연을 날리는 사람*은 그것을 놀라운 일로 받아들이지 않겠죠. 오늘날 당신에게는 애플 컴퓨터가 있습니다. 애플 컴퓨터는 개인용 컴퓨터로 설계되었습니다. 삶의 복잡함을 해결할 수 있도록, 당신을 더 효율적으로 만들도록 설계되었습니다."[17]

그러나 컴퓨터 같은 새로운 도구가 개인 생활과 업무에서 새로운 능력과 새로운 수준의 행위력을 부여하기만 하는 것은 아니었다. 기업과 정부가 개인에 대한 정보를 축적하기 시작한다는 패커드의 선견지명이 옳기는 했지만, 이런 관행은 그를 비롯한 몇몇 사람이 우려했던 것처럼 대중의 선택지를 극적으로 제한하지는 않았다.

패커드가 경고했던 거대한 데이터 저장 기계는 미국의 미래 세대를 억압하는 대신, 그들을 해방시키는 데 일조했다. 방대한 양의 소비자 데이터를 집계하고 분석할 수 있는 새로운 역량은 제조업체, 마케팅 담당자, 콘텐츠 크리에이터에게 시장을 나누고 훨씬 세분화된 인구 계층을 표적으로 삼음으로써 특정 하위문화, 생활 양식, 관심사에 컴퓨터가 발명되기 전에는 불가능했던 방식으로 부응할 수 있는 힘을 줬다. 여러 영역에 걸친 개인화가 20세기 산업주의의 획일적인 접근법을 대체하기 시작했다.

포괄적인 지식에 기반을 둔 더 다양하고 포용적인 세상의 시작이었

---

* 벤저민 프랭클린을 뜻한다.

다. 빅 브라더 또는 더 적절하게 표현하여 빅 비즈니스라고 할 수 있는 것은 감시당하고 있다는 느낌보다는 주목받고 있다는 느낌을 줬다. 기업들은 대중이 구매하는 것이 무엇인지, 소비하는 정보는 어떤 것인지, 보통 어떤 삶을 살고 있는지 더 잘 알게 됨으로써 더 효과적인 서비스를 제공할 수 있게 되었다.

고도로 디지털화되고 네트워크화된 오늘날의 세상에서는 한때 이해하기 힘들었던 것도 분석할 수 있다는 점에 의문의 여지가 없다. 그렇다면 어디까지가 개성이고, 어디부터가 사생활 침해일까? 새로운 지식의 생산과 보급이 개인의 행위력을 강화하는 때는 언제이고, 약화하는 때는 언제일까? 개인정보를 지키려는 의지, 즉 정보 공개에 신중해지려는 태도는 지식을 공유하고, 새로운 것을 배우고, 성장할 기회를 얼마나 감소시킬까?

이후 대법원 판사가 되는 루이스 브랜다이스 Louis Brandeis는 1890년 〈하버드로리뷰 Harvard Law Review〉에 기고한 글에서 모든 사람은 '혼자 남겨질 권리'를 가진다고 말했다.[18] 이것은 20세기의 개인정보 보호의 개념을 형성하는 데 일조했다. 그러나 사회 구성원, 특히 네트워크화된 사회 구성원에게는 개인정보를 중시하는 것이 가장 유익하거나 효과적인 삶의 방식이 아닐 수도 있다.

1960년대에는 《1984》가 여전히 긴 그림자를 드리웠고, 가속화하는 변화의 속도가 혼란을 초래했기 때문에 정보를 포착·분석·공유하는 장치가 인간의 행위력을 증가시키는 세상을 그리는 것은 불가능해 보였다.

여전히 그렇게 생각하는 사람들도 있다. 그리 멀리까지 가지 않아도 온라인에서 벌어지는 빅테크 기업의 도를 넘는 권한 남용과 사생활, 개인의 자율성, 그리고 21세기 문화 전반에 미치는 압도적 영향력에 대해 한탄하는 우파 음모론자들을 소셜미디어 플랫폼에서 쉽게 찾아볼 수 있다. 그러나 정말로 자신을 표현하고, 자신의 가치관을 우선하며, 자신이 원하는 삶을 추구하는 과정에서 1960년대, 1980년대, 2000년대보다 선택지가 줄어든 사람이 있을까?

사실상 빅 브라더는 수십 년 전에 죽은 거나 마찬가지다. 과장처럼 들린다면 《1984》의 주인공 윈스턴 스미스가 현대 맨해튼 거리에 떨어졌을 때 경험할 압도적 충격을 상상해 보라. 만화경 같은 상점들의 모습만으로도 그는 충격을 받아 어리둥절할 것이다. 여기에 자기 자신을 아찔하게 표현하고, 집권당과는 전혀 상관없는 개인적 친밀감과 열정을 대담하게 과시하는 행위까지 더해지면 어떨까? 빅 브라더가 아닌 사람들의 이미지로 가득 찬 거대한 광고판, 사람들이 소중한 부적처럼 움켜쥐고 다니는 스마트폰은 또 어떤가?

오늘날 미국의 환경은 자기표현, 다양성, 비관습에 지나치게 초점이 맞춰진 나머지 많은 사람이 다원적이고 분열된 사회에 절대적인 충성심을 품게 만들고 사회적 응집력을 회복시킬 수 있는 빅 브라더 같은 독재자의 부활을 바랄 지경이다.

한편으로 많은 비평가는 AI와 방대한 데이터 수집 때문에 패커드가 60년 전에 예언한 대로 '플라스틱 테이프의 족쇄'가 결국 우리의 발목을 잡을 것이라고 확신한다. 물론 이것은 가볍게 무시해서는 안 될 가능성이다. 과거의 성과가 미래의 성과를 보장하는 것은 아니며, 혁신 비즈니스에서는 특히 더 그렇기 때문이다. 그러나 과거에 실패한 예측을 무시해 버려서는 안 되는 것처럼 과거가 실제로 가르쳐 준 것도 무시해서는 안 된다. 지난 60년 동안 역사가 거듭해서 보여 준 것은 다양한 방식으로 광범위하게 공유·수집·분석·배치되는 정보가 놀라울 정도로 힘을 실어 주고 희망을 줬다는 점이다. 그것은 발목을 잡는 플라스틱 테이프라기보다는 더 높은 곳으로 오르고 새로운 차원의 의미와 충족감을 얻는 데 사용되는 등반용 로프에 가까웠다.

그렇다고 해서 사생활과 개인정보가 중요치 않다는 뜻은 아니다. 특히 도시화가 본격적으로 시작되고 많은 사람이 낯선 사람들과 인접해서 살게 된 이래로 지난 300년 동안, 우리는 사생활을 점점 더 신성시하게 되었다. 사생활은 공공생활의 압박, 사회적 기대, 제한적인 규범을 벗어난, 솔직한 자아성찰과 자기평가의 공간을 제공한다. 사생활은 우리가 진정한 자아를 발견하고 정의할 수 있게 만든다. 그 결과, 우리는 더 주체적이고 자율적으로 행동하는 것이다.

하지만 사생활이 목적을 달성하는 유일한 방법은 아니다. 특히 네트워크로 연결된 세상에서는 강력한 공적 정체성 역시 자율성과 행위력을 낳는다. 가명, 가상 사설 네트워크Virtual Private Network, VPN나 암호화를 통해 디지털 생활의 끊임없는 노출에서 벗어나 비밀스러운 피난처를 찾을 때도 있지만, 한편으로는 공적 정체성이 촉진하는 인정, 수용, 개인 주권을 원하기도 한다. 디지털 시대의 대표적인 염원이 타인에게 주목받는 일인 것도 그 때문이다.

공적 정체성은 발견 가능성, 신뢰성, 영향력, 권력, 행위력과 같다. 세상을 보다 생산적으로 움직이는 데 도움이 되는 사회적 자본의 한 형태이며, 때로는 재정적 자본이기도 하다.

이것은 60년 전 연방데이터센터 프로젝트 반대론자들이 생각하지 못했던 부분이다. 현대의 글루머 역시 이런 이점을 보지 못하기 때문에 명맥을 유지하고, 늘 그렇듯 우리가 오웰적 디스토피아에 치달을 것이라고 주장한다. 기술 혁신이 더 의미 있고, 더 큰 충족감을 주는 삶으로 인도하는 새로운 힘을 지속적으로 부여하는데도 말이다.

믿음의 벨트가 도입되다

'개인의 의지 확장'이라는 오픈AI의 창업 비전이 내게 깊은 인상을 준 이유가 있다. 사람들이 삶에서 더 많은 행위력을 갖는 것, 즉 신중하게 선택을 하고 이를 생산적으로 실행하는 힘을 얻는 새로운 방법을 만들겠다는 바람은 초기 링크드인에 영감을 준 생각이기도 했다. 링크드인이 출범한 2003년 무렵, 웹사이트에서 링크드인을 이렇게 설명했다. "당신은 기존 인맥을 통해 비즈니스 목표를 달성하는 데 필요한 사람들과 연결될 수 있습니다. 신뢰할 수 있는 접점을 통해 수천 명의 전문가와 접촉하고, 당신과 동료들이 목표를 달성할 수 있도록 서로 도웁시다."[19]

하지만 초기에는 링크드인을 단순히 '이력서 사이트'나 '구인 사이트'라고 묘사하는 경우가 많았다. 사실 20년이 지난 지금도 그렇게 생각하는 사람들이 있다. 하지만 나는 처음부터 링크드인을 그보다 더 기초적인 곳이라고 생각했다.

내가 생각하는 링크드인은 직업적 정체성을 바탕으로 신뢰를 쌓음으로써 네트워크를 이용해 새로운 방식으로 정보를 공유하고 발견하는 곳이었다. 목표로 삼는 직업과 경력에 대한 실질적인 정보가 담긴 공개 프로필을 만드는 일은 지금은 당연한 것으로 보이지만, 2000년대 초반에는 드문 일이었다. 사실 10년 전에 월드와이드웹의 도입으로 인터넷이 주류로 자리 잡기 시작했을 때는 익명성이 인터넷의 큰 장점 중 하나로 여겨졌다. 1993년에 피터 슈타이너 Peter Steiner가 〈뉴욕타임스〉 만평에서 표현한 것과 같다. "인터넷에서는 아무도 당신이 개라는 사실을 모른다." ▪

그런데 사람들이 당신이 개라는 사실을 알길 바라는 경우라면 어떨까? 지금의 주제에 맞춰 보자면, 사람들이 당신이 마이SQL MySQL과 SQL 서버를 잘 다루는 데이터베이스 엔지니어라는 사실을 알게 되길 바라는 경우라면 어떨까? 그리고 그 점을 쉽게 알아낼 수 있고, 그 사실을 쉽게 믿을 수 있다면?

인터넷이 등장하기 전에는 〈포춘〉이나 〈뉴욕타임스〉 경제면에 실

▪ 슈타이너의 시사만평은 1993년 7월 5일에 <더 뉴요커 The New Yorker>에 처음 실렸고, 해당 시사만평이 게재된 호를 <더 뉴요커> 역사상 가장 많이 재인쇄된 호로 만들었다. 2023년 10월, 슈타이너의 원화가 처음으로 경매에 나왔고 익명(당연히!)의 낙찰자가 17만 5,000달러를 지불하고 샀다. 시사만평으로서는 사상 최고가였다.

릴 만큼 유명한 사람들만이 동료 혹은 비즈니스적으로 직접 만나는 사람들을 넘어서는 직업적 정체성을 가질 수 있었다.

그러나 인터넷의 등장으로 누구나 직업적 정체성을 구축하고 홍보할 수 있게 되었다. 이는 많은 잠재적 장점을 가진 큰 변화였지만, 한편으로는 신뢰 문제도 야기했다. 자신에 관한 주장을 증명할 수 있는 〈포춘Fortune〉이나 〈뉴욕타임스〉가 없다면 당신은 자신이 마이SQL에 전문성을 갖춘 데이터베이스 엔지니어인 척하는 개가 아니라 진짜 그런 사람이 맞다는 사실을 어떻게 증명할 수 있을까? 더 넓은 비즈니스 인맥 내에서 자신의 위치를 보여 주는 게 하나의 방법이 될 수 있다. 당신은 마크를 모르지만 린다를 알고, 당신이 아는 린다가 마크를 안다면 마크의 신뢰도는 바로 올라갈 것이다.

따라서 본질적으로 링크드인과 다르면서도 성공적인 인터넷 플랫폼이 하는 일은 신뢰의 규모를 확장하는 것이다. 이베이, 페이팔, 에어비앤비Airbnb, 우버Uber, 리프트Lyft 등이 어떻게 다양한 혁신적 신뢰 메커니즘을 사용해 전 세계적으로 새로운 형태의 상호 작용, 거래 등을 가능하게 만들었는지 생각해 보라.

인터넷이 사기나 허위 정보의 새로운 장을 만들어 낸 것은 분명한 사실이다. 하지만 더 중요한 이야기는 인터넷이 전례 없는 신뢰의 기계로 기능했다는 것이다. 1995년에 우리는 가명으로 인터넷 서핑을 했다.

1999년에는 이베이모터스eBay Motors에서 직접 보지 않고도 중고차를 구입했다. 2012년에는 밤늦게 시내에서 집으로 안전하게 돌아가기 위해 그릴에 분홍색 콧수염이 그려진˚ 도요타 코롤라에 올라탔다. 놀랍지 않은가?

링크드인의 경우, 사용자 기반이 확대되며 사람들의 인맥이 넓어지고 촘촘하게 연결되면서 플랫폼의 신뢰도가 점점 올라갔다. 이는 모든 사용자가 실제 정체성에 뿌리를 둔 새로운 유형의 분산형 신뢰 플랫폼에서 다른 사용자들을 효과적으로 보증했기에 가능했던 일이다.

하지만 우리는 이 새로운 종류의 신뢰 플랫폼이 작동하도록 만들기 위해 사람들이 지금까지 온라인에서 공유하던 것보다 더 많은 정보를 공유하도록 설득해야 했다. 그것은 단지 사용자에게 실명을 사용해 자신의 프로필을 만들도록 요청하는 일에서 그치지 않았다. 그 자체가 당시로서는 상당히 드문 관행이었는데도 말이다. 우리는 사람들에게 자신의 직책, 회사, 커리어, 인맥을 공유하도록 부추겼다. 물론 우리는 정보를 볼 수 있는 사람과 정보를 공유하는 방법을 통제할 수 있는 명시적인 권한을 사용자에게 부여했다. 하지만 다른 링크드인 회원들에게 부분적으로나마 정보를 노출함으로써 지인을 넘어 새로운 인맥을 구축하도록 유도하는 것이 우리의 전반적인 목표였다.

2003년 당시에는 이게 흔한 일이 아니었다. 사실 많은 개인과 기업이 논란의 여지가 있는 일이라고 생각했다. 2025년을 살아가는 당신은 "링크드인 시스템에 논란의 여지가 있다고?"라고 생각할 것이다.

현재 링크드인에는 10억 명 이상의 글로벌 회원이 있다. 자신의 비

- 승차공유업체 리프트는 차량에 분홍색 콧수염을 부착했다.

즈니스 포부와 성과를 자세히 기록한 프로필 페이지를 만드는 것은 당연한 일이 되었다. 인터넷이 존재하기 전, 사람들이 자신의 상세한 커리어를 더 널리 공유하지 않은 이유 중 하나는 그렇게 할 방법이 거의 없었기 때문이다. 새로운 일자리를 적극적으로 찾거나 탑승을 기다리면서 공항 라운지에서 낯선 사람과 대화를 나눌 때에나 사람들에게 자신의 경험과 전문 지식에 대해 이야기했다. 보통은 회사 인사팀, 전문 리크루터, 헤드헌팅 업체에 직접 이력서를 보냈다.

1980년대와 1990년대 초의 데스크톱 PC 시대에는 ACT! 컨택트 매니저 ACT! Contact Manager*와 사이드킥 Sidekick** 같은 애플리케이션을 사용해 쉽게 네트워크를 추적하는 사람들이 있었다. 하지만 이는 지금의 우리가 생각하는 네트워크와는 달랐다. 자신의 컴퓨터에 지인들의 이름, 전화번호, 이메일, 고용주, 그 밖의 모든 정보를 데이터베이스로 관리하는 것뿐이었다. 변경된 정보가 있으면 자신의 파일에서 수동으로 업데이트해야 했다. 그것도 변경 사실을 알고 있는 경우에나 말이다.

2000년대 초반에 일부 개발자들은 웹 기반 연락처 관리 애플리케이션을 만들었다. 그러나 이런 시스템들은 데스크톱 애플리케이션이 사용했던 접근 방식을 복제한 것에 불과했다. 사용자는 인터넷에 연

- * 사용자가 연락처 정보, 메모, 고객 또는 동료와의 상호 작용을 저장할 수 있는 고객 관리 소프트웨어
- ** 캘린더, 주소록, 메모 기능이 포함된 개인정보 관리 소프트웨어

결되기만 하면 어떤 컴퓨터에서든 자신의 연락처 목록에 액세스할 수 있었지만, 이 모든 건 결국 다른 사람과는 연결되지 않은 자신만의 작은 데이터 섬에 불과했다. 이 접근 방식은 의도치 않게 개인정보 보호를 극대화했지만, 네트워크가 제공할 수 있는 유용한 신기능을 모두 활용하지 못했다.

그게 바로 링크드인이 한 일이다. 사용자들은 이제 우리 플랫폼에서 다른 사용자들과 연결되고 자신의 프로필을 만들어서 관리한다. 이제 전 직장의 상사에게 연락해 그녀의 연락처가 최신 상태인지 확인하고, 어떤 식으로든 변경이 있으면 당신의 데이터베이스에 있는 그녀의 기록을 업데이트하는 과정이 필요치 않다. 변경 사항이 있을 때마다 그녀가 직접 링크드인 프로필을 업데이트하면 그녀와 연결된 사람들은 즉시 최신 정보를 확인할 수 있으니까 말이다.

업데이트 문제의 해결은 이런 공개적인 공유 방식이 가진 이점 중 아주 작은 부분에 불과하다. 가장 중요한 것은 정체성에 대한 책임이 온전히 자신에게 있다는 점이다. 다른 사용자가 자신의 연락처 목록에서 당신을 선택하고 자신이 알고 있는 정보를 입력하는 대신, 당신이 직접 다른 사람들이 알았으면 하는 정보를 내보이는 것이다. 자신을 정의하는 일이 오롯이 당신의 몫이 되었다.

어떤 사람과 연결되면 그들이 가진 인맥도 확인할 수 있다. 데스크톱 시대에는 불가능했던 일이다. 이제 새로운 연줄을 찾는 일, 다른 사람들이 자신을 찾을 수 있도록 만드는 일이 훨씬 쉬워졌다.

우리가 직면한 문제는 이 모든 것이 완전히 새로운 시스템이라는 점이었다. 링크드인이 출시되었을 때는 실생활과 '사이버 공간'이 점점 더 다양한 방식으로 융합되기 시작하던 시기였지만, 인터넷상의 공개적 상호 작용에서는 여전히 익명성이 가장 지배적인 방식이었다. 그리고 사람들은 자신의 세부적인 커리어를 공유하는 것을 극도로 경계했다.

사실 링크드인 초창기에는, 아니 소셜 네트워크가 인기를 끌기 시작하던 때에도 많은 사람은 링크드인에 프로필을 만들 필요를 못 느꼈다. 링크드인 회원은 실명을 사용해야 했기 때문이다. 상사가 자신이 기존 직장에 만족하지 못하고 이직할 궁리를 하고 있다고 생각하는 상황을 원치 않는 사람도 있었다. 일자리를 찾고 있거나 다른 단기적인 보상을 원하는 것이 아니라면 자신의 실제 정보를 공개할 이유가 없다고 생각하는 사람도 있었다.

마지막으로, 비즈니스 인맥을 적극적으로 구축하는 사람이라면(당시로서는 영업 분야에서 일하는 사람일 가능성이 상당히 높다는 의미였다) 자신이 소유한 인맥은 경쟁력 중 하나였다. 왜 그것을 잠재적 경쟁자들과 공유해야 한단 말인가? 왜 자신의 소중한 인맥을 제 손으로 내보여야 한단 말인가?

고용주들도 이 플랫폼에 열광하는 입장은 아니었다. 직원들이 네트워크를 형성하는 이유가 기존 업무를 더 잘 해내기 위해서라도, 리크루터나 경쟁사의 눈에 띄게 만들 이유가 없기 때문이다. 게다가 단순히 눈에 띄기만 하는 것이 아니라 자신의 업무 능력을 설명하기까지 한다. 이는 고용주들이 원하는 방향과 다를 수 있다.

다행히 충분한 수의 얼리어답터들이 우리 플랫폼이 줄 수 있는 많은 잠재적 이점을 고려하면 위험을 감수하고 참여해 볼 가치가 있다고 생각했다. 그들은 자신의 정보를 공유함으로써 비즈니스 인맥의 유용성과 범위를 확장할 수 있었다. 직업적 정체성을 개발할 수 있는 새로운 기회, 새로운 정보원, 다양한 방식으로 협력할 수 있는 잠재적 파트너 등 혜택의 범위는 시간이 흐르면서 더 넓어졌다.

우리는 스스로의 한계를 모른다

1960년대에 링크드인 같은 서비스가 존재했다면 밴스 패커드는 아마 불안해했을 것이다. 연방데이터센터에서 한 발 더 나아간 세계데이터센터와 다를 바 없으니 말이다. 엄청난 양의 정보를 단일 저장소에 모아 쉽게 검색할 수 있도록 만든 것이 아닌가! 대부분의 정보는 패커드가 근본적으로 '사적'이라고 생각하는 것이므로 문제의 소지가 있다. 당사자가 자발적으로 게시한 정보라도 말이다(1960년대 정부와 민간 부문에서 집계한 데이터의 대부분은 자발적으로 공개한 것이다).

하지만 이렇게 기꺼이 정보를 공개하면 엄청난 집단적 가치가 창출된다. 많은 사람이 자신의 업무 이력과 포부를 상세히 게시하고 있으므로 사람들은 자신이 원하는 직업을 갖고 있는 이들로부터 그 직업에서 중요한 기량이 어떤 것인지 배울 수 있고, 다른 지원자들에게 인기 있는 회사가 어디인지 알 수 있게 되었다.

이전까지는 격리되었던 정보에 쉽게 접근할 수 있다면 개인과 기업 등 플랫폼에 참여하고 있는 모든 사람이 더 많은 지식을 기반으로 일할 수 있다. 1분마다 7명, 즉 연간 367만 명이 링크드인을 통해 고용되고 있는 것이 그 증거다.[20]

물론 이런 공개적인 삶이 항상 더 유익하지는 않다. 페이스북이나 엑스에서 무심하고 (그리고 아마도) 단기적으로 이뤄지는 교류는 아마 영원히 공개된 상태로 남을 것이다. 화면 캡처나 리트윗, 즉흥적인 발언은 발언자가 의도한 것보다 훨씬 더 많은 사람에게 공개될 수 있다. 이런 새로운 현실에서는 사생활이 제공하는 피난처가 더 가치 있다고 느껴지는 것이 당연하다.

하지만 사회(특히 민주주의 사회)는 사생활만큼이나 정보의 자유로운 흐름에 의존해 왔다. 인터넷 이론가인 앤드리아 벨리거Andréa Belliger와 데이비드 크리거David Krieger는 2018년에 출간한 공저서 《네트워크 시대의 공개 정보 거버넌스Network Publicy Governance》에서 이렇게 말했다. "21세기에 접어드는 지금의 사회는 가능한 한 많은 정보가 모든 영역과 모든 수준에서 공유되어야 한다고 믿는 사람들과 인간의 자유, 행위력, 심지어 존엄성까지 비밀 유지와 가능한 한 많은 정보의 비공개에 달려 있다고 믿는 사람들로 나눠진 것 같다."[21]

어떻게 하면 이 두 가지 관점 사이에서 적절한 균형을 찾을 수 있을까? 1960년대에 두드러진 컴퓨팅 혁신에 직면한 미국의 입법자들과 전문가들은 거의 전적으로 단점에 집중했다. 적어도 연방데이터센터의 경우에는 그랬다. 그들은 이 프로젝트를 막는 데 성공했지만, 그 과정에서 연구자들과 정책 입안자들이 연방 정부의 데이터센터에 더 쉽게 접근할 수 있도록 허가함으로써 얻을 수 있는 모든 이득도 차단해 버렸다.

뭐가 그렇게 급했을까? 우리가 AI를 더 많이 받아들일수록 우리가 이미 생성하고 있는 데이터와 정보를 더 효과적으로 활용할 수 있다. 우리가 인간으로서 하는 거의 모든 일에서 우리의 행위력을 높이는 방식으로 말이다. 인류는 이미 자신들이 효과적으로 활용할 수 있는 것보다 더 많은 정보를 만들어 내는 지점에 도달했기 때문이다. 경제학자이자 UC버클리 정보대학원의 교수였던(이후 구글의 수석 이코노미스트가 되었다) 할 베리언 Hal Varian은 1998년에 발표한 글에서 세계가 생산하는 정보의 양 대비 실제로 소비되는 양이 "0에 수렴하고 있다"라고 말했다.[22]

베리언은 이 주장을 뒷받침하기 위해 매사추세츠공과대학 MIT 정치학자 이티엘 드 솔라 풀 Ithiel de Sola Pool이 1984년에 출간한 공저서 《커뮤니케이션 흐름 Communications Flows》을 인용했다. 이 책에서 풀과 공저자들은 '정보 폭발 Information explosion'의 기초를 이루는 실제 데이터의 정량화를 시도했다. 이를 위해 그들은 특정 연도에 매일 미국과 일본의 라디오, TV, 책, 신문, 잡지, 그리고 당시에 빠르게 성장하는 새로운 분야였던 '데이터 통신'을 비롯한 18개의 매체에서 '공급된 단어'와 '소비된 단어'의 총개수를 표로 만들었다. 그들은 미국에서 공급된 단어가 1975년에는 하루 870만 개에서 1980년에는 하루 1,100만 개로 증가했다고 추정했다. 반면, 같은 기간 동안 매일 소비된 단어는 하루

4만 5,000개에서 4만 8,000개로 증가했다.[23]

시간이 지나면서 상황이 어떻게 흘러갔는지 짐작할 수 있었다. 장부의 한쪽에서는 매일 수백만 개의 단어를 공급하는 라디오 방송국, 케이블 채널, 온라인 카탈로그 기반의 소매업체, CD-ROM 콘텐츠 배포업체, 인터넷 뉴스 그룹, 스팸 메일 발송자, 스트리밍 비디오 플랫폼, 팟캐스트 호스트, 틱톡TikTok 인플루언서 등이 계속 늘어나고 있었다. 그리고 장부의 다른 쪽에는 느리고, 쉽게 주의를 빼앗기고, 시간 제약이 있는 우리의 뇌가 1990년대 초에 소비할 수 있는 단어의 최대치에 달하고 있었다.

풀의 추정에 따르면 1980년 당시에는 평균적인 미국 국민이 매일 이용 가능한 정보의 0.004%만을 소비하고 있었다. 그렇다면 현재는 어떨까? 이 글을 읽는 동안 세상은 230억 권의 전자책을 채울 수 있는 데이터와 정보를 생성한다.■ 그중 일부는 엑스 게시물, 위키피디아 항목, 소프트웨어 개발 프로젝트를 호스팅하고 협업하는 플랫폼인 깃허브GitHub 저장소, 수학·물리학·천문학·전산과학·계량생물학·통계학 분야의 논문을 공식적으로 발행하기 전에 게시하는 사이트인 아카이

■ 시장분석업체 IDC가 내놓은 2023~2027년 세계 IDC 데이터스피어 예측에 따르면, 2024년 전 세계 데이터 생산량은 147ZB(제타바이트, 하루 약 4,020억 GB)로 추정된다. 전형적인 전자책이 2MB의 용량을 필요로 한다는 것을 고려하면, 이는 하루에 약 201조 권(분당 1,390억 권, 초당 23억 권)의 전자책을 채울 수 있는 데이터에 해당한다. 이 문장을 읽는 데 10초가 걸린다면, 그동안 전 세계에서는 230억 권의 전자책을 채울 수 있는 데이터가 생성된다(John Rydning, Worldwide IDC Global DataSphere Forecast, International Data Corporation, 2023 참조).

브닷오알쥐arXiv.org에 게시된 백서, 미국 국세청의 지침, 틱톡 댄스 등의 형태로 인간으로부터 나온다. 일부는 스마트폰, 스마트 온도 조절기, 보안 카메라, 그 외의 GPS 데이터, 온도 측정값, 비디오 영상 등의 형태를 취한 사물인터넷 인포스트럭처Infostructure [•]에서 생성된다. 이는 미국의 저널리스트 카라 스위셔Kara Swisher가 진행하는 팟캐스트의 모든 에피소드를 듣고, 정치·경제 분야를 다루는 블로거이자 저널리스트 맷 이글레시아스Matt Yglesias의 트윗 대부분을 읽는 사람도 사실상 모든 글로벌 지식에 대해 무지한 채 암흑 시대에 살고 있다는 의미다.

이것이 바로 개인과 집단으로서 우리의 미래에 AI가 대단히 중요한 이유다. 인간의 행위력을 증폭시키기 위해 증기기관과 여러 합성 에너지를 사용해 왔듯, 지금 우리는 AI를 사용해야 한다. 지식을 널리 퍼트리고 개인 의지를 확장하는 AI 도구를 활용해 사람들에게 권한을 부여함으로써 빅 데이터를 '빅 날리지'라는 거대 정보망으로 전환하면, 데이터가 주도하는 명확성과 새로운 성장이 함께하는 빛의 시대를 달성할 수 있다.

• '정보Information'와 '기반 시설Infrastructure'의 합성어로, 대규모 컴퓨터 시스템이나 네트워크의 기반이 되는 하드웨어 및 소프트웨어

3장

AI가 만드는 선순환

What Could Possibly Go Right?

새로운 빛의 시대가 뭘까? 요즘은 실시간 코칭으로 양치질을 최적화하는 AI 칫솔까지 살 수 있다. 그래서 빛의 시대라고 하는 것인가? 많은 실리콘밸리 창업자와 투자자가 그렇듯 나는 '해결주의Solutionism'라는 비난을 받곤 한다. 해결주의는 심각한 정치적·경제적·문화적 불평등을 비롯하여 사회에서 가장 골치 아픈 문제조차 단순한 기술적 해법으로 해결할 수 있다는 믿음이다.

앞서 1960년대와 이후 수십 년간 일어난 문화적 변화에 대해 논의하면서 언급했듯, 사회 발전은 보통 정부의 입법과 집단행동이 주도한다. 우리가 AI 개발의 기본 전략으로 반복적 배포라는 오픈AI의 접근 방식을 강조하는 부분적 이유가 여기에 있다. 반복적 배포는 의도적으로 제품 버전을 하나씩 발표해 나가면서 대중이 지속적으로 의견을 제공하게 만드는 공동 실행 계획의 한 형태다.

기술은 그 자체가 인류에게 있어 대규모의 긍정적 변화를 창출하는 가장 검증된 지렛대다. 그런 면에서 해결주의의 반대인 '문제주의Problemism'야말로 우리가 직면한 진정한 문제다. 문제주의는 기술을 자본주의의 기미를 풍기는 반인간적이고 반인류적인 의심스러운 힘으로 보는 글루머의 습관적 사고방식이다.

골수 글루머들은 일반적으로 자신을 공익을 지키는 감시자이자 부유층에서 서민층으로의 빈곤 확산에 맞서는 해결주의의 윤리적 반대 세력으로 여긴다. 이 과정에서 그들은 실제로 빅테크 기업을 비롯한 막강한 이해관계자들이 사회에 해로운 결과를 초래하는 실수나 기타 실패를 저지르거나 감독을 소홀히 했을 때 책임을 지도록 만드는 가치 있는 일을 할 수도 있다.

그러나 행동보다는 비판을, 혁신보다는 예방과 금지를 강조하는 문제주의는 사회에 실질적인 해를 끼칠 수도 있다. 악영향에만 집중하다 보면 미래에 얻을 수 있는 이득은 무시하게 된다. AI에 해를 끼칠 수 있는 요소, 고쳐야 할 결함, 경계해야 할 불확실성이 존재하는 것은 부정할 수 없는 사실이다.

하지만 AI가 가장 시급한 글로벌 과제를 해결하는 데 도움이 될 수도 있다. 지속 가능한 에너지 생산, 의료, 교육, 사이버 보안 등 우리가 진전을 원하는 어떤 분야에서든 기술은 효과적인 솔루션의 30~80%를 차지한다. 여기에는 AI 자체에서 발생하는 문제도 포함된다. 딥페이크와 역정보에 대처하기 위해서는 플랫폼을 대규모로 모니터링하며, 오도하려는 의도가 있는 콘텐츠를 생성하는 시스템만큼 빠르게 새로운 문제에 적응할 수 있는 AI 탐지 시스템을 사용해야 한다.

따라서 우리가 혁신의 잠재적이며 부정적인 결과를 방지하기 위해 기울이는 모든 노력은 완전히 새로운 기능의 형태든, 기존의 문제와 불평등에 대한 해법의 형태든 혁신이 가져오는 잠재적이며 긍정적인 결과도 막는다. 동물의 울음소리를 해석하고 번역하는 방법을 학습하는 AI 시스템을 생각해 보라. 이 시스템은 인간이 멸종 위기에 처한 동물의 요구를 이전에는 불가능했던 방식으로 이해할 수 있게 만듦으로써 생물 다양성을 보호하는 데 훨씬 효과적인 개입을 가능케 한다. 식량 유통을 위한 공급망을 최적화해 낭비를 대폭 줄이고 식량이 부족한 지역의 영양 접근성을 개선하여 연간 수백만 명의 건강을 개선하는 훨씬 더 효율적인 방법을 고안하는 AI 시스템을 생각해 보라.

전 세계의 똑똑한 과학자들을 지원하고 그들의 능력을 증폭시키는 도구의 사용을 제지하는 것이 타당한 일일까? 소외된 사람들에게 행동력을 부여할 수 있는 다양한 AI 과학 교사, AI 건강 상담사, AI 법률 보조원 육성을 미루는 것이 도덕적으로 정당화할 수 있는 일일까? 미국과 민주주의가 세계 기술의 미래를 창조하는 과정에서 선도적 역할을 포기하는 것이 옳은 일일까?

AI 개발의 맥락에는 신중함, 심사숙고, 심지어는 회의주의까지도 반드시 필요하다. 하지만 궁극적인 목표는 진전이다. 그것은 어느 정도의 위험과 불확실성은 받아들여야 행동하고 앞으로 나아갈 수 있다는 의미다. 혁신은 탐구를 필요로 한다. 그렇지 않다고 말하는 사람은 권위에 맞서는 것이 아니라 고착된 이해관계와 불평등에 찬성표를 던지는 것이다. 대개 문제주의자의 사고방식으로 움직이는 글루머는 무사안일주의의 옹호자와 다를 바 없다.

부작용을 두려워하기보다 긍정적인 면모에 초점을 맞추는 사고방식을 받아들이는 이유는 긍정적인 변화를 일으키기 위해서다. 미래에 얻을 수 있는 이득을 최우선으로 생각한다는 것은 잠재적인 역효과를 무시한다는 뜻이 아니다. 원하는 미래를 그리고, 그것을 향해 나아감으로써 부정적인 결과를 피하는 것을 의미한다.

현상 유지에는 실존적 위협이 뒤따른다

문제주의자의 관점에서 볼 때, 정신건강의학과 치료에 적용되는 AI는 초강력 등급의 해법주의에 해당한다. 테크브로 Tech-bro•의 얄팍한 생각에서 나온 시속 250km의 알고리즘 태풍이 재앙을 향해 돌진하는 상황인 것이다. 할루시네이션을 일으키는 시스템으로 심각한 정신질환이 있는 사람들을 치료한다고? 분명 큰 문제가 생길 것이다!

하지만 전설적인 SF 작가 윌리엄 깁슨 William Gibson이 1982년에 발표한 단편 소설 《버닝 크롬 Burning Chrome》에서 말한 것처럼, 일반 대중

• 기술을 과신하는 실리콘밸리 기업가나 개발자를 지칭하는 속어

은 그 나름의 용도를 찾는다.

챗봇이 출시된 직후인 2022년 11월, 한 엑스 사용자는 이런 글을 남겼다. "챗GPT와 대화할 수 있는데 왜 상담치료를 가나요?" 또 다른 사용자는 "남자친구가 상담사 대신 챗GPT한테 연애 조언을 받고 있어요. 하지만 난 문제가 있다고 생각하지 않아요"라고 썼다. "모두가 챗GPT 때문에 구글이 타격을 입을 것이라는 이야기를 하고 있어요. 상담치료는 어떨까요? 항상 당신 곁에 있으면서도 판단하지 않고 오로지 공감만 하는 의사를 원하지 않는 사람이 있을까요?"라는 글을 올린 사용자도 있었다.

이런 낙관적인 견해조차 그 긍정적인 잠재력을 과소평가할 수 있다. 물론 정신건강의학과 치료에 LLM을 사용하는 데에는 결코 무신경하게 넘겨서는 안 될 위험이 수반된다. 그러나 정신질환을 치료하는 문제는 전 세계의 건강과 안녕에 엄청나게 큰 영향을 미친다. 지속적으로 제기되는 정신건강의학과 전문의 부족은 수억 명의 사람들이 치료받지 못하고 있다는 것을 의미한다. 더 많은 자동화 서비스가 이들의 치료에 대한 접근권을 대폭 확대할 수 있다. 게다가 정신질환 치료는 증거기반치료Evidence Based Practice, EBP에 뿌리를 둔다. 엄격하게 설계된 임상시험에서 효과적이라고 입증된 접근 방법에 근거하는 것이다. 하지만 데이터를 수집하고 분석하는 전통적인 방법은 노동 집약적이고 주관적이며 규모를 확장하기가 무척 어렵다.

많은 임상의와 의사가 '심리치료의 블랙박스'라고 부르는 것에 거대 정보망을 끌어들일 수 있다. AI는 수천 시간 분량의 대화 기록에 포함된 수백만 개의 상호 작용을 평가함으로써 실제 상황에서 어떤 증거기반치료가 가장 효과적인지, 그리고 어떤 변화 기제가 실제로 긍정적인 임상 결과를 끌어내는지 확인할 수 있다. 치료 제공자에게 새로운 도구를 공급하는 식으로 지원하고 지도함으로써 그들의 행위력을 강화할 수도 있다. 정신건강의학적 측면의 지원에 쉽게 접근할 수 있도록 돕고, 그런 지원을 보다 개인화함으로써 환자의 행위력을 강화할 수도 있다.

그러나 이런 가능성에까지 문제주의의 렌즈를 들이대는 것은 신대륙을 개척하려고 시도할 때, 앞으로 솟아날 푸른 새싹이 아니라 숨어있는 지뢰를 볼 준비를 하는 것과 같다. 기술 개발자 롭 모리스Rob Morris와 그가 속한 비영리 단체가 애플리케이션에 잠시 GPT-3 기능을 추가한 후 엑스에 글을 올렸을 때, 바로 그런 일이 일어났다. 챗GPT에 대한 기대, 과장, 경고가 절정으로 치달았던 2023년 1월, 모리스는 자신의 팀이 동료 기반˙ 정신건강 메시징 서비스 코코Koko에 GPT-3 기반의 문장 생성 기능을 추가했다고 설명했다.

모리스는 여러 개의 트윗이 이어진 타래에서 사용자들이 GPT-3가 단독으로 또는 인간과 공동 작성한 메시지를 코코의 인간 사용자들이 작성한 메시지보다 훨씬 높게 평가했다고 지적했다. 그러나 모리스의 팀은 해당 옵션을 서비스에서 신속히 제거하기로 결정했다. "메시지가

- 면허를 소지한 의사나 의료 전문가로부터 지침을 받는 대신 일반인들이 조언과 격려를 제공하거나 경험을 공유하는 방식

기계에 의해 공동 창작되었다는 사실이 알려지면서 치료 효과가 사라졌습니다. 가상의 공감은 기이하고 공허하게 느껴집니다."[1]

모리스는 AI의 가상 공감의 본질에 대해 몇 가지 생각을 덧붙였지만, 그의 이전 트윗 타래가 입소문을 탄 것은 바로 이 트윗 때문이었다. 그 이유는 쉽게 알 수 있다. "메시지가 기계에 의해 공동으로 창작되었다는 사실이 사람들에게 알려지면서"라는 문구가 겉으로는 다른 인간이 보낸 것처럼 보이는 응원 메시지가 사실은 인간적인 감정을 느낄 수 없는 수학적 계산에 의해 만들어졌다는 사실을 코코가 사용자에게 고지하지 않았다는 인상을 주기 때문이다.

그 뒤에 일어날 일은 데이터 과학자가 아니어도 충분히 짐작할 수 있을 것이다. "당신들은 쓰레기야" "당신들의 인간성을 확인하는 실험이 필요해" "테크브로가 이런 유형의 파렴치한 짓을 인정하려면 엄청나게 많은 조사를 해야 하는데, 당신들은 그걸 그냥 인정해 버렸군" 등의 비난이 쏟아졌다.

분노한 엑스 사용자들이 비슷한 판단을 내리고, 뉴스 매체들이 이 이야기를 다루기 시작하자 모리스는 원래의 트윗 타래에 올린 자신의 발언을 분명히 설명하려 애썼다. 모리스는 기술 전문 매체 〈기즈모도 Gizmodo〉에서 그의 트윗에서 언급한 '사람들'은 코코의 사용자가 아니라 모리스 자신과 그의 팀이었다고 해명했다.[2] 며칠이 지나자 그들은 어떤 답글이 사용자의 개입 없이 GPT-3가 단독으로 만들어 낸 것인지 감지하기 시작했고, 해당 답글이 "건조하고 독창성이 없다"라고 생각하게 되었다고도 말했다.

또한 모리스는 〈기즈모도〉와 바이스닷컴 Vice.com에서 코코의 사용자들이 GPT-3가 지원한 메시지를 접했던 기간 동안에는 코코봇 Kokobot이 작성하거나 인간과 공동으로 작성한 모든 메시지에 '코코봇과 공저했다'는 단서가 명시되었다고 말했다(코코봇은 코코의 메시징 서비스 내에서 일종의 다목적 호스트 또는 가이드 기능을 하는 AI 기반 챗봇으로, 더 자세한 이야기는 다음에 나온다).[3]

모리스의 글이 불러일으킨 반발에 근거가 전혀 없지는 않았다. 코코는 원래 취약 계층, 곧 정신적 문제로 어려움을 겪는 젊은 세대를 대상으로 제공하는 서비스다. 모리스의 트윗 타래는 코코가 비윤리적이고 불투명한 방식으로 운영되었던 것처럼 보이게 만들어 혼란을 조장했다.

하지만 모리스와 코코를 매도한 사람들 대부분은 코코가 어떻게 작동하는지 이해하지 못하고 있었으며, 더 알아보려고 하지도 않았다. 그들은 단지 코코가 사용자를 오도하고 배신했으며, 그로 인해 사용자가 실질적인 피해를 입었으니 코코가 법적·도덕적으로 엄중한 심판을 받아야 한다고 생각했다.

격분한 문제주의자들 중 누구든 실제로 코코의 서비스를 사용해 보면, 이 서비스가 인지적 재평가 Cognitive reappraisal라 불리는 동료 지원의, 매우 구조화되고, 증거기반실천에 참여할 수 있는 편리한 인터페이스를 제공한다는 점을 알 수 있을 것이다. 코코는 원래 10년 전쯤에 독립형 아이폰 애플리케이션 Stand-alone iPhone app•으로 출시되었지만, 현재는 디스코드 Discord, 왓츠앱 WhatsApp, 텔레그램 Telegram에서 서비스

된다. 불안하거나 스트레스를 받을 때 코코를 사용해 익명으로 질문하면 다른 사용자가 이를 공유한다. 이후 또 다른 사용자들이 당신의 게시글에 짧은 답글을 단다.

인지행동치료 Cognitive Behavioral Therapy, CBT의 구성 요소인 인지적 재평가는 특정 사건이나 상태에 대한 생각을 재구성해 부정적인 감정 반응을 수정하도록 가르친다. 예를 들어, 일에 압도당하는 느낌을 받고 있다면 '직장에서의 모든 도전은 기술을 배우고 내 기량을 향상시킬 기회다'라고 생각함으로써 불안을 덜기 위해 노력하는 것이다.

코코봇이라는 챗봇은 서비스 사용자를 인지적 재평가의 원칙을 적용한 메시지를 작성하는 과정으로 인도한다. 지원과 인정을 구하는 사용자(도움 요청자)에게 이는 그들이 겪고 있는 구체적인 문제를 명확하고 서술적인 방식으로 진술하게끔 유도하는 것을 의미한다. 지원을 제공하는 사람(도움 제공자)라면 이는 답글로 "저도 겪어 봤어요" 또는 "그런 이야기를 들으니 마음 아프네요" 같은 공감 문구를 작성하도록 유도하는 것을 의미한다.

코코봇은 이런 지침을 제공하는 것 외에도 서비스 플랫폼 내에서 발생하는 모든 사용자 간 상호 작용의 중재자 역할을 한다. 사용자는 다른 참여자의 사용자 이름을 실제로 보거나 그들과 직접적으로 상호 작용을 하지 않으며, 오로지 코코봇하고만 상호 작용한다. 코코봇은

- 더 큰 시스템이나 플랫폼의 일부가 될 필요 없이 아이폰에서 독립적으로 작동하는 애플리케이션

메시지 내용을 실시간으로 분석하고 조정한다. 자신이나 타인에게 위험할 수 있는 내용을 입력하면, 코코봇은 그 사용자를 위기 핫라인 Crisis Text Line•이나 988 자살·위기 핫라인 988 Suicide&Crisis Lifeline 같은 전화로 안내한다. 사용자의 도움 요청과 관련 없거나 부적절한 답글을 쓰면 코코봇이 그 답글을 도움을 요청한 사용자에게 보이지 않게 처리한다.

코코봇은 AI를 통해 이런 능력을 얻지만, 이것은 생성형 AI가 아니다. 코코봇은 전통적인 자연어 처리와 머신러닝 기술에 의존해 사용자의 입력을 분석해서 응답하는 작업만 수행했다. 적어도 2022년 가을에 개발자들이 일시적으로 코코봇에 새로운 기능을 추가하기 전까지는 그랬다. 새로 추가된 기능을 활용해 사용자는 다른 사용자에게 보낼 답글 전체를 코코봇이 작성하도록 만들 수 있었다. 이 기능은 GPT-3에 의해 구동되었다.

"다정한 말을 전하고 싶나요? 코코와 함께 작성하겠습니까? 혼자 작성하겠습니까?" 새로운 버전의 서비스는 이런 질문을 했다. 그 뒤의 선택 메뉴 중 하나인 옵션 B에는 로봇 이모티콘과 더불어 '코코와 함께'라고 적혀 있었다. 사용자가 해당 옵션을 선택하면 코코봇이 도움을 요청한 사람에게 보낼 답글을 작성하고, 도움을 제공하는 사람은 이를 편집하거나 또는 편집하지 않고 그대로 보낼 수 있었다. 코코봇이 답글에 기여한 경우에는 그 사실을 명시했다. 달리 말해 이는 AI에 대한 상당히 직관적인 '코파일럿' 접근 방식이었다. 그 과정에서 코코

- 위기에 처한 사람들이 문자로 상담을 요청하는 서비스

봇의 기여는 단계마다 명시적으로 전달되었다.

따라서 모든 논란은 모리스의 모호한 표현 때문이라고 볼 수 있지만, 실은 코코봇에게도 책임이 있었다. 엑스에서 수백 명의 사람이 코코봇에 의해 오도되고 잠재적인 피해를 입을 수도 있는 사용자들을 대신해 분노했다. 여러 뉴스 매체에서 이 이야기를 자세히 다뤘지만, 코코 사용자나 그들이 소셜미디어에 올린 불만을 인용한 기사는 없었다. 우리는 모리스에게 코코가 이 기능에 대해 사용자로부터 불만을 접수했거나 작동 방식에 관한 질문이나 피드백을 받은 적이 있는지 직접 물었는데, 그는 그런 적이 없다고 답했다.

결국 법적 책임을 져야 한다고 주장하며 코코봇에 대하 일종의 제재를 요구했던 모든 엑스 사용자는 오로지 코코 사용자가 받을 가능성이 있는 가상의 피해에 반응한 것이다. 이는 전형적인 문제주의 사례였다.

반면, 모리스는 현상 유지에 따르는 실존적 위협에 초점을 맞추고 있었다. 거시적으로 볼 때, 이는 너무 오랫동안 존재한 나머지 거의 눈에 띄지 않게 된 모든 결점, 피해, 비효율성, 불공평을 말한다. 위의 사례에서 구체적인 위협은 오랫동안 충족되지 못한 심리상담에 대한 수요였다. 코코봇을 개발하기 위해 노력하는 동안, 모리스는 심리상담 지원에 대한 접근권을 확대하고 치료 제공 방식에 변화를 줌으로써 현재의 상태를 해결하는 일을 하고 있었다.

그렇다고 해서 모리스나 코코가 철저한 조사, 비판, 책임으로부터 자유롭다는 뜻은 아니다. 오히려 그 반대다. 향후에 얻을 수 있는 이득이 무엇인지 질문한다는 것은 행동에 전념한 다음에 성공, 실패, 비판을 반복하면서 배움을 얻는 것을 의미한다. 또한 심리상담은 사생활, 환자의 자율성과 형평성을 종합적으로 숙고해야 하는 영역인 만큼 적절한 보호 장치와 투명한 정책이 필요하다.

그러나 이 경우에 코코는 AI가 보조하는 동료 지원을 모색하고, 사람들에게 쉽게 접근 가능하고 효과적인 치료 옵션을 개선하기 위해 신중한 설계를 바탕으로 확실한 조치를 취했다. 비평가들은 가상의 위험에 비난의 목소리를 냈지만, 코코는 증거기반해법을 테스트하고 개선하는 데 전념했다.

의사를 만나고 싶다면 6개월 기다리세요

지난 20여 년 동안 미국에서 암과 심장병 같은 질환의 치료 효과는 개선되는 반면에 우울증, 불안, 자살의 치료 비용은 급격히 상승했다.[4] 2022년에는 5만 명에 가까운 미국인이 자살했으며, 이는 1941년 이후 가장 높은 자살률이었다.[5] 약물 과다 복용으로 인한 사망자는 10만 명이 넘었는데,[6] 이는 정신질환과 밀접한 관련이 있었다.[7]

이 같은 통계는 현대인이 얼마나 정신적으로 불안정한지를 나타내는 지표지만, 사실 정신적 문제의 극히 일부분에 불과하다. 여러 연구가 정신질환이 자살뿐만 아니라 모든 종류의 사망 위험을 높였고, 그로 인해 기대 수명이 10~20년 단축되었다는 결과를 보여 준다.[8] 또한 정신질환은 대학생의 낮은 학점 및 중퇴율과도 연관된다.[9]

자신의 정신건강 상태를 보통 또는 나쁨으로 평가한 직원은 좋음, 매우 좋음, 우수로 평가한 직원보다 정신질환에 의한 무단결근이 4배 더 많았다.[10] 정신질환으로 일자리를 지속적으로 잃는 사람들은 기량·인맥·자신감의 상실, 커리어 공백, 예비 고용주의 편견으로 새로운 일자리를 찾고 유지하는 것이 점점 더 어려워지면서 장기적인 실직의 악순환에 빠질 수 있다. 세계경제포럼 World Economic Forum 의 2011년 보고서는 2030년까지 정신질환 치료의 부진으로 인한 직간접적 비용이 연간 6조 달러에 달할 것으로 예상했다.[11]

〈워싱턴포스트 The Washington Post 〉는 1억 2,900만 명의 미국인이 정신건강의학과 치료를 위한 전문 인력이 부족한 지역에 살고 있다고 보도했다. 정신건강의학과 전문의에 대한 접근권이 수요를 충족할 수 있는 지역에 사는 미국인은 전체 인구의 3분의 1 미만에 불과하다. 그 결과 자격을 갖춘 전문가로부터 치료를 받기까지 3~6개월이 걸리는 경우가 많다.[12]

기술과 자동화를 활용해 정신질환 치료에 대한 접근권을 전형적인 50분짜리 대면 진료 이상으로 확대하는 것은 이미 오랫동안 지속된 관행이다. 위기 핫라인은 1950년대부터 존재해 왔다.[13] 원격 치료, 온라인 지원 그룹, 정신질환 자가치료 애플리케이션, 베러헬프 BetterHelp 나 토크스페이스 Talkspace 같은 온라인 상담 플랫폼은 코로나19 팬데믹 동안 널리 보급되었다. 현재는 자가치료, 마음챙김, 명상, 기분 추

적, 인지행동치료 등을 제공하는 1만 개 이상의 정신건강 관리 애플리케이션이 있다.[14]

그러나 여전히 많은 사람이 치료를 받기 힘든 상황에 처해 있다. 2008년과 2010년에 의료보험사의 정신건강의학과 서비스에 대한 보장 확대를 촉구하는 연방법이 통과되었지만, 의료 공백은 사라지지 않았다.[15] 미시간대학 공중보건대학원이 2018년에 발표한 보고서는 미국 내 3,135개 카운티 중 아동 및 청소년 정신건강의학과 의사가 한 명도 없는 지역이 73%에 달한다고 밝혔다.[16] 카이저패밀리재단 Kaiser Family Foundation이 2019년에 실시한 설문 조사에서는 "캘리포니아 주민의 절반 가까이(52%)가 지역 사회에서 정신건강의학과 서비스를 받지 못하고 있다"라고 응답했다.[17] 2023년 10월, 〈ABC 뉴스 ABC News〉는 988 자살·위기 핫라인에 걸려 오는 전화량이 크게 증가하여 일부 콜센터가 한 통화당 20분씩 시간 제한을 두기 시작했다고 보도했다. 일정 기간 동안 한 사람에게 허용되는 통화 횟수를 최대 세 번으로 제한한 콜센터도 있다.

많은 사람이 심각한 문제나 고통을 경험할 때가 되어서야 정신건강의학과 서비스를 찾는다는 점을 고려하면, 기존의 자원 부족이 더 크게 부각된다. 지속적인 정신건강 관리를 건강의 구성 요소로 보는 선제적인 접근 방식을 취한다면, 치료 접근성과 잠재적 수요 사이의 격차는 우리가 일반적으로 인식하는 것보다 훨씬 클 것이다.

또한 수천 개의 정신건강 관리 애플리케이션의 존재만으로는 실제 효과를 보장할 수 없다. 디지털과 아날로그를 막론하고 모든 종류의 의료 개입이 그렇듯, 환자 상태의 두드러진 개선을 위한 첫 번째 핵심 단계는 무작위 대조 시험을 통한 임상 검증이다. 사용자가 특정 정신건강 관리 애플리케이션을 일정 기간 동안 사용한 후에 범불안장애-7 Generalized Anxiety Disorder-7 같은 표준화된 도구를 활용한 평가에서 불안 점수가 낮아지는지 시험할 수 있다.

하지만 접근성이 개선되고 효능이 입증되었더라도 사람들이 제품을 사용하지 않거나, 시작은 했더라도 꾸준히 사용하지 않으면 큰 의미가 없다. 정말로 중요한 것은 의료 종사자들이 '흡수Uptake'와 '참여Engagement'라고 말하는 행동이다. 지난 20년 동안 많은 정신건강의학과 치료 연구에서 애플리케이션은 자기 지시적 특성 때문에 참여도가 낮고 이탈률이 높다는 점이 드러났다.[18] 2019년 발표된 애플리케이션에 대한 한 연구에서는 사용 후 15일 만에 유지율의 평균값이 3.9%로 떨어진 것으로 나타났다.

정신건강 관리 애플리케이션 참여율과 유지율을 높이는 방법은 애플리케이션을 비롯한 개입에 대화 같은 사회적 요소를 더 많이 추가하는 것이다. 전통적인 대화치료가 심리치료의 중심이 되는 이유 중 하나는 사람들이 다른 사람과의 대화에서 흥미를 느낀다는 데 있다. 인간은 사회적 동물이다. 모리스가 코코의 동료 지원 시스템으로 달성하려던 목표가 바로 여기에 있다. 워봇Woebot과 와이사Wysa 같은 애플리케이션 개발자들이 사용자와 지속적으로 대화하는 방식으로 전통적인 심리상담을 대체하는 챗봇을 통해 하고 있는 일도 바로 이것이다.

워봇과 와이사 같은 심리상담 전문 챗봇은 고급 자연어 처리 기능을 갖고 있지만, GPT-4 같은 범용적인 기초 모델 방식의 생성형 모델이 아니다. 대신에 '프레임Frame'이라고 불리는 미리 정의된 구조에 의존한다. 프레임에 의존하는 전통적인 챗봇은 여러 경로로 나뉜 스크립트에 따라 일하는 유능한 텔레마케터처럼 다소 경직되고 예측하기 쉽다.

따라서 이런 심리상담 전문 챗봇은 공감하는 반응을 보이고 상담치료를 모방하는 능력은 있지만, 결정적으로 사용자의 인풋에 반응하는 방식이 상당히 제한적이다. 하지만 이들은 챗GPT나 유사 모델들처럼 할루시네이션을 일으키지 않는다. 그들의 원천 콘텐츠는 정신건강의학과 전문가들이 검증한 증거기반치료 기법을 바탕으로 삼기 때문이다. 하지만 인간 의사나 더 발전된 AI 모델만큼 주어진 맥락이나 사용자가 입력하는 내용에 따라 적절하고 정교하게 반응할 능력이 없다는 단점이 있다.

2023년 6월, 정신건강의학 학술지 〈프런트 사이카이어트리Front Psychiatry〉에 게재된 한 연구에 따르면 "사용자가 정해진 스크립트에 없는 자연어를 입력할 때마다 챗봇은 이를 대략적으로 구분 가능한 수준의 범주 중 하나로 분류"한다.[19] 다음은 이 연구자들이 만든 사례다. 사용자가 미묘하지만 임상적으로 유의미한 정서적 고통의 징후를 표현하지만, 그것이 챗봇이 인식할 수 있는 프로그래밍 언어에 포함되지 않으면 어떤 일이 일어나는지 보여 준다.

워봇   좋습니다, 무슨 일이 일어나고 있는지 더 자세히 말씀해 주

시겠습니까?

사용자 기분이 묘해요. 속이 텅 비어 있는 것 같아요. 친구와 가족의 얼굴을 보면 그들도 그런 것 같다는 느낌이 들어요. 그래서 서로 교감할 수 없는 거죠. 의지할 수 있는 상대가 전혀 없어요.

워봇 우울감을 경험하고 있는 것 같군요.

사용자가 자신에게 귀를 기울이고 있다고 느낄 수 있도록 깊이 공감해야 하는 상황에서 워봇은 자동 응답기 같은 대답을 내놓는다. 사용자가 공황 발작이나 자해 충동을 경험하고 있다고 상상해 보라. 이런 심각한 상황이라면 호텔 예약용 챗봇 수준의 감성 지능을 가진 상담원과 대화하고 싶지 않을 것이다. 마음챙김 명상 계획표도 원하지 않을 것이다. 2주 후에 통화 할당량이 갱신되면 다시 전화하라는 말을 듣고 싶지도 않을 것이다.

당신이 원하는 것은 필요하다면 언제든지 얻을 수 있고 원하는 만큼 지속할 수 있는 상호 작용, 즉 당신의 말을 이해하고 정서적으로 반응하는 상호 작용이다. 이런 경우에 이상적인 상대는 실제 인간이다. 그러나 도움을 줄 사람이 없거나, 있더라도 당신이 필요한 만큼 오래 함께할 수 없는 경우라면 어떻게 해야 할까? 당신이 밝힌 이야기에 부주의하게 놀란 반응을 보이거나, 부적절한 때에 하품을 하는 일이 절대 없는 대화 상대를 원한다면 어떻게 해야 할까?

최첨단 LLM이 인간 의사들을 대체하는 일이 단기간 내에 일어나지는 않을 것이다. 다음 절에서 자세히 다루겠지만, 그보다는 인간 의사가 LLM을 다양한 방식으로 활용해 영향력을 증대하고 일의 가치를 향상하는 편이 나을 것이다. 하지만 LLM은 그 외에도 폭넓은 가능성을 창출할 수 있다. 인간 의사의 기술과 접근 방식을 복제하는 데 그치지 않고 고성능 AI가 정신질환 치료의 표준이 되는 세상에서 치료법을 개발·시험·배포하는 방법을 재구성하는 식으로 말이다. 그러면 우리는 현상 유지에 따르는 실질적인 위협에서 벗어나 진보를 이룰 수 있을 것이다.

의사, 너 자신을 알라

안과 의사가 백내장이 있는 수정체를 인공 수정체로 대체하면 환자의 삶은 30분 만에 뒤바뀐다. 다양한 의료 분야 종사자들은 혈액 검사, 뼈 스캔, 기타 생리학적 표지자와 같은 명확한 지표를 사용해 유형적인 방식으로 치료의 효과를 평가한다.

정신건강 관리 분야에서 진단과 치료 방법에 대한 정보를 제공하는 데이터는 대부분 점진적으로 축적되는 언어로 이루어져 있다. 표준화된 설문과 평가 척도가 몇 가지 정량적 기준을 제공하지만, 그 역시 자체적인 보고나 의사의 판단에 의존한다. 이로 인해 이야기의 간극, 오해, 인지 왜곡 등이 발생할 여지가 많다. 환자가 여러 이유로 기분, 활동, 행동을 서술한 일지를 정확하게 작성하지 않을 수도 있다. 비교적 짧은 시간 동안 제한된 상황에서 환자와 상호 작용하는 의사가 환자의 상태에 대해 잘못된 결론을 내릴 수도 있다.

디지털 기술은 보다 객관적이고 지속적인 데이터 수집 방법을 제공해 이런 요인에 대응하는 데 도움을 줄 수 있다. 현재는 스마트폰과 웨어러블 기기를 통해 수동적으로 모니터링하는 것도 가능하다. 사용자에게 기분과 행동에 대한 정보 제공을 요청하는 정신건강 관리 애플리케이션은 훨씬 일관적인 모니터링을 가능케 한다. 위치 정보, 문자 메시지 빈도, 통화 시간을 분석하는 AI 시스템은 우울증이나 조울증의 발병을 예측할 수 있다.

AI 시스템은 방대한 치료 기록을 분석해 다양한 상황에서 어떤 종류의 치료가 가장 효과적인지, 심리치료사가 어떻게 행동해야 성공적인 치료로 이어지는지 더 잘 이해하도록 돕는다.

예를 들어 2024년 1월, 품질 보증 및 의료진 교육 플랫폼 리슨닷아이오 Lyssn.io와 온라인 치료 제공업체 토크스페이스의 연구원들은 2014년부터 2019년까지 토크스페이스에서 이뤄진 16만 건 이상의 익명화된 문자 기반 상담을 AI로 분석한 연구 결과를 〈미국의사협회 저널 The Journal of the American Medical Association, JAMA〉 네트워크 오픈 Network Open에 발표했다.[20]

환자들은 상담을 통해 면허를 소지한 심리치료사와 2,000만 건 이상의 메시지를 주고받았다. 연구원들은 리슨닷아이오가 개발한 문서 분류기를 사용해 전체 메시지를 논의된 주제와 심리치료사의 구체적인 행동에 따라 매우 상세하게 분류했다. 모든 메시지에 "일", "육아",

"개방형 질문", "반영적 경청 Reflective listening•" 같은 코드로 태그를 지정할 수도 있었다.

연구자들은 이렇게 코드화된 발언을 환자의 증상, 만족도, 참여 기간, PHQ-8로 알려진 우울증 자가 진단 설문지에 나타난 증상 변화 등과 관련된 데이터와 결합할 수 있었다. 이런 식으로 심리치료사의 어떤 행동과 치료가 어떤 구체적 상황에서 가장 효과적인지에 대한 새로운 통찰을 얻을 수 있는 것이다.

예를 들어 이 데이터는 '정보 제공'이 심리치료사의 가장 흔한 개입이었으며 심리치료사가 전달하는 메시지의 절반 이상에서 나타났지만, 더 나쁜 결과를 일으킬 확률이 작지만 유의미하게 존재함을 보여 주었다. 이 발견은 방대한 데이터세트를 분석하는 일이 얼마나 강력한 효과를 발휘하는지 보여 준다. 소규모 연구들로는 지나친 심리 교육이 치료에 해로울 수 있다는 반직관적인 식견이 드러나기 힘들기 때문이다.

반면, 내담자가 말한 내용에 실질적인 의미나 강조점을 추가하는 '복합 인정 Complex reflection'이나 내담자의 강점과 노력을 인정하는 '확인 Affirmation' 같은 개입은 더 나은 결과로 이어진다. 이런 대규모 분석은 수십, 수백 개의 개별적인 사례 정도로는 발견하기 어려운 패턴과 관계를 밝혀내 실무자들이 효과적인 치료의 미묘한 차이를 이전보다 잘 이해하고 치료 관행을 개선하는 데 도움을 줄 수 있다.

- 환자가 말한 것을 따라 하거나 반복하면서 이해와 공감을 보여 주는 상담 기법

임상심리학자 엘리자베스 스테이드Elizabeth Stade와 연구팀은 정신건강의학 저널 〈npj 정신건강 연구npj Mental Health Research〉에서 정신건강의학 분야의 실무자들이 LLM을 업무 보조자로 활용할 방법을 탐구했다.[21] 그들은 특수한 형태의 반복적 배포로 정신건강의학과 분야에 AI를 활용할 세 가지 잠재적 단계를 구상했다.

1단계는 치료 시간 기록과 심리상담의 실시간 메모를 사용해 심리치료사가 모든 환자에 대해 작성해야 하는 공식적인 치료 노트, 치료 계획, 기타 행정 문서 작성 등의 비교적 간단한 보조 업무에 AI를 사용하는 것이다. 2단계는 전체 치료 기록을 검토해 심리치료사 수련생들이 증거기반치료를 얼마나 잘 따르고 있는시 평가하고, 치료 시간 사이에 환자에게 다양한 종류의 인지행동치료 계획표 작성 같은 과제를 제공하며 환자에게 도움과 지침을 주는 등 더 많이 협력하는 것이다. 3단계는 완전한 자율적 치료가 포함된다. 증거기반치료 훈련을 받고 유용성, 효과, 안전성에 대해 엄격하게 평가된 LLM 의사는 인간 의사가 수행하는 모든 작업과 치료적 개입을 관리할 수 있다.

AI 활용이 3단계로 이동하면서 인간이 AI에게 일자리를 빼앗길 것이라고 예상하는 사람들도 있지만, 스포티파이Spotify가 음악을 제공하고 넷플릭스Netflix가 영상을 제공하는 방식으로 정신건강의학과 치료가 제공되는 훨씬 희망찬 시나리오도 실현될 수 있다. 접근성이 높고, 경제적이고, 확장 가능하며, 데이터 분석에서 정보를 얻고, 개별 사용자의 선호도와 필요에 따라 설정할 수 있는 정신건강의학과 진료가 가능해지는 것이다.

인터넷 시대에 계속 되풀이되는 화두는 빅테크 기업이 상당한 자원을 사용하여 정말 중요한 사회적 문제들을 해결할 능력이 있는데도 상대적으로 사소하며 수익성이 좋은 도전을 선호한다는 것이다. 페이스북의 초기 직원인 제프 해머바커 Jeff Hammerbacher는 2011년에 〈비즈니스위크 BusinessWeek〉에서 이렇게 말했다. "이 시대 최고의 인재들은 대중이 광고를 클릭하게 만드는 방법이나 고민하고 있습니다. 한심한 일이죠."

데이터 과학을 활용해 고양이 동영상 검색을 최적화하거나 마이애미비치에서 핑크 플라밍고 튜브에 대한 수요가 급증하기 시작하는 시점을 정확하게 예측하는 것 이상의 일을 할 수 있는 기회가 AI에 있다.

사람들은 다양한 이유로 정신건강의학과 전문의를 선택하지만, 그 이유의 핵심은 대개 편리함과 실용성이다. 내가 가입한 보험으로 할인을 받을 수 있는 병원은 어디인가? 친구나 가족이 추천해서 믿을 수 있는 의사는 누구인가? 가까운 곳에 있는 의사는 누구인가? 새로운 환자를 받는 의사는 누구인가? 이런 상황에서 고급 AI가 일반화되면 어떤 변화가 생길지 생각해 보라. 정신건강의학과 치료의 접근성이 높아지고 가격이 저렴해지면 치료 방법과 전문성이 우선시될 수 있다.

베러헬프나 토크스페이스 같은 기존의 정신건강의학 플랫폼은 이미 여러 측면에서 이런 접근 방법을 추구하고 있다. 그러나 이들은 전적으로 인간 의사에게 의존하기 때문에 서비스 제공에 한계가 있다. 스포티파이나 넷플릭스처럼 사용자가 요구하는 즉시 서비스가 제공되는 방식은 불가능하며 여전히 진료를 예약해야 한다. 비동기식 문자 메시지를 선호하는 소통 방법으로 선택해도 심리치료사가 응답 시간을 정해 놓았을 가능성이 높다. 그들은 24시간 내내 일하지 않는다. 인간 심리치료사가 관리할 수 있는 환자의 수에도 한계가 있다. 무엇보다 보험이 없다면 결국 넷플릭스 프리미엄에 내는 것보다 훨씬 비싼 비용을 지불해야 한다.

그러나 AI 심리치료사와 인간 심리치료사가 함께하는 플랫폼은 제한이 훨씬 덜할 것이다. 매월 19.99달러의 고정 요금으로 임상시험을 거친 검증된 심리치료사를 원할 때마다 2분 또는 2시간 동안 이용할 수 있다면 치료에는 어떤 변화가 생길까? 위키피디아에는 거의 200가지에 달하는 다양한 심리치료법이 나열되어 있다. 다른 출처에서는 심리치료법이 500가지가 넘는다고도 말한다.[22] 분석심리학이 당신에게 가장 잘 맞는 접근 방법일지도 모른다. 또는 변증법적 행동이론일 수도 있다. 그것을 어떻게 알 수 있을까?

더 이상 비용이 문제가 되지 않으므로 탐색을 시작하기만 하면 된다. 여러 AI 심리치료사를 빠르게 시험해 볼 수 있고, 당신에게 가장 효과가 좋은 치료법이 무엇인지 더 잘 파악할 수 있다. 계획적으로 심리치료사를 만나는 것이 가장 좋다고 생각한다면 그 방법을 선택하면 된다. 위키피디아에서 정보를 찾듯 형식에 구애받지 않고 즉흥적으로 진료받기를 원한다면 그렇게 하면 된다. 1명 이상의 심리치료사를 정기적으로 만날 수도 있다. 여러 명의 심리치료사로 이뤄진 팀을 만나 두 번째, 세 번째 의견을 실시간으로 접함으로써 혜택을 볼 수도 있다.

자신에게 가장 적합한 치료법을 찾는 일이 그 어느 때보다 쉬워질 것이다. 여기에는 많은 검색이 필요하지도 않다. 의료 분야의 데이터 공유는 민감한 데다 이견이 많다는 문제가 있지만, 맞춤형 치료법을 크게 개선할 수도 있다. AI를 이용하는 정신건강의학 플랫폼은 연령대, 성별을 막론하고 특정한 불안장애 증상을 공유하는 환자 수천 명의 데이터를 분석할 수 있다.

이 같은 플랫폼은 어떤 인지행동치료나 약물요법이 당신과 비슷한 사람들에게 가장 큰 개선 효과를 냈는지 알고 있을 것이다. 실제 상황에서 일정 수준 이상의 효과가 있는 접근 방법을 우선하면서 맞춤형 치료 계획을 선택할 수도 있다. 심지어 여러 선택지를 제시하고 각각의 성공률을 공유해서 가장 마음에 드는 방법을 선택할 수도 있다. 아마도 플랫폼의 모든 의사(인간과 AI)의 프로필에는 아마존처럼 사용자 리뷰가 달릴 것이다. 플랫폼은 당신의 참여 이력을 기반으로 여러 가지 치료법을 결합한 맞춤형 '치료법 믹스'를 제공할 수도 있다.

이것이 심리치료를 경시하는 일일까? 정신건강 관리의 접근성이 더 떨어지고, 데이터 분석을 통해 정보를 제공받지 못하고, 넷플릭스 콘텐츠보다 개인화 수준이 낮은 상황이 사회에 더 이롭다고 생각하는가? 이런 일이 새로운 윤리적 문제를 야기한다고 생각하는가? 그럴 수도 있다. 그런 이유로 이 분야에서는 투명성, 반복적 배포, 배포 활동에 대한 엄정한 평가가 필수적이다.

우리가 이 모든 문제를 해결하더라도 환자와 의사 사이에 존재하는 신뢰 관계, 즉 장기간에 걸친 지속적인 상호 작용을 통해 발전하는 공감과 신뢰의 감각은 LLM 치료의 신뢰도와 신중함이 아무리 높아지고 임상적 검증이 철저히 시행되더라도 완전히 자동화해서는 안 되는 영역이라 주장할 수 있다. 이 경로를 선택하면 우리는 인간성의 근본적인 부분을 잃게 될 것이라고 주장하는 사람도 있을 것이다.

그러나 이는 장부의 한쪽 면에만 초점을 맞춘 문제주의적 사고다. 다른 면을 고려해 보자. 현재 우리가 훈련시키는 것보다 더 많은 인간 의사를 훈련하는 데 도움을 주는 AI 시스템, 현재 의사들이 관리할 수 있는 것보다 더 많은 환자와 상호 작용할 수 있도록 지원하는 시스템, 현재의 접근 방법으로는 충분한 혜택을 누리지 못하는 수백만 명의 사람이 나채롭고 저렴한 의료 서비스를 받을 수 있도록 돕는 AI 시스템이 있다. 그런데 인간성을 지키겠다는 이유로 취약 계층을 계속해서 사회적 혜택을 누리지 못하게 하는 것이 적절하다고 생각하는가?

문제주의적 사고방식에서는 치료의 접근성이 지나치게 높아지고 비용이 지나치게 낮아지면 치료용 LLM에 대한 과도한 의존과 개인의 행위력 감소로 이어질 수 있다는 문제도 제기한다. 그러나 이런 우려는 주로 정신건강 관리의 범위와 유용성을 정의하는 방식, 더 구체적으로는 전통적으로 정의해 온 방식에 기반을 두고 있다. 인간이 제공하는 치료는 공급 비용이 많이 들기 때문에 우리는 주로 이것을 심각한 문제에 대응하는 반응적 메커니즘으로 본다. 그런 기준이라면 단순히 빈번하게 사용하는 것을 과도한 의존으로 해석하기 쉽다. 그러나 안경 중독이나 심박 조율기 의존, 안전벨트 의존이라는 말을 들어 본 적이 있는가?

선제적 정신건강 관리와 언제든지 정서적 지원을 제공하는 AI 모델이 존재하는 미래를 생각해 보자. 그런 미래는 어떤 모습일까? 모두가 이득을 얻는 방향으로 사고방식을 전환하면 이점이 쌓이기 시작한다. 사람들은 귀 기울여 주는 존재를 절실히 필요로 하는 순간에 도움받을 수 있다. 24시간 내내 공감 반응을 얻고 유용한 전략을 이용할 수 있다. 일관적이고 맞춤화된 지원을 통해 건강한 대응력과 정서적 회복력을 발전시킬 수 있다.

이 야심 찬 비전의 목표는 현재의 치료법을 복제하고 확장하는 수준에서 그치지 않는다. 치료법을 변화시키고 개선시켜 포괄적이고 지속적이며 일상에 밀접하게 자리 잡는 정신건강 관리의 시대로 이끄는 것을 목표로 한다.

모두 성인군자가 되는 세상

무척 강렬한 혁신이 사회적 규범과 개인의 행동을 재구성하기 시작하면, 글루머들은 그런 변화의 본질이 파괴적이라며 비난하곤 한다. 대다수의 사람이 'www'가 무엇을 의미하는지 알기도 전에 '인터넷 중독'을 다룬 책들이 존재했다. 왜 그럴까? 수백만 명의 사람이 갑자기 익명의 낯선 사람들을 상대로 대화하는 데 몇 시간씩 투자한다는 생각이 건전한 사회적 상호 작용과 생산적인 시간 관리에 관한 기존의 관습과 부합하지 않았기 때문이다.

사람들이 치료용을 비롯해 다양한 종류의 LLM과 더 자주 의미 있는 관계를 맺기 시작하는 이 시점에서 가장 오래 지속된 인간의 행동 중 하나가 인간이 아닌 지성체들과 놀라울 정도로 밀접한 유대감을 형성하는 것이라는 데 주목할 필요가 있다. 수십억 명의 사람이 초월적인 존재와 관계를 맺고 있다고 말한다. 대부분의 신은 지각 능력과 사고방식이 필멸자인 인간과 확연히 구분되는 초지능적인 존재로 그려진다. 수십억 명의 사람이 개, 고양이, 기타 소통 능력이 상대적으로 제한된 동물들과 대단히 의미 있는 관계를 맺고 있다. 아이들은 인형이나 상상 속의 친구들과도 이런 관계를 맺는다. 인간만큼이나 감정 전달력이 뛰어나고 즉각적인 반응을 보이는 지성체와 깊은 유대관계를 지속적으로 발전시키는 것은 필연적이며, 이는 과도한 기술 발전의 결과라기보다는 인간 본성의 발현이다.

대부분의 경우, 우리는 인간이 아닌 존재와 관계를 형성하는 능력을 매우 가치 있는 인간의 속성으로 여긴다. 이런 관계가 감정 지능을 높이고 타인과의 관계를 보완하는 데 영향을 미칠 수 있기 때문이다. 이런 관계의 대부분은 비판 없는 정서적 지지를 기반으로 기능하여 사람들이 자신을 솔직하게 표현할 수 있을 만큼 편안하게 느끼는 환경을 조성하는 데 도움을 준다. 삶의 목적 의식을 제공하여 전반적인 웰빙에 기여하기도 한다.

2023년 내내 수백만 명의 사람이 처음으로 LLM과 상호 작용을 하는 동안 비평가, 옹호자, 심지어 모델 자체에 물어보더라도 공통적으로 반복된 담론은 다음과 같았다. 모델 자체가 세상에 대한 실제적인 이해가 없기 때문에 감정 지능도 없고, 상호 작용을 하는 사람들의 감정이나 심리 상태에 대한 진정한 통찰이나 이해 또한 없다는 것이었다. 간단히 말해, AI에는 공감 능력이 없다는 것이다. 이것이 바로 '인간의 지속적인 관여'가 그토록 중요한 이유 중 하나였다.

그러나 얼마 지나지 않아 많은 사람이 AI 대화 모델이 반응적이고, 존재감이 느껴지고, 인내심이 있고, 상대의 감정에 공감할 수 있다는 사실을 발견했다. 2023년 4월에 〈미국의사협회 내과학 저널 JAMA Internal Medicine〉에 발표된 연구를 살펴보자.[23] 연구팀은 레딧Reddit• 사용자가 질문하고 검증된 의사가 답을 하는 애스크닥AskDocs라는 레딧 하위 그룹에서 195개의 대화를 무작위로 선정했다. 연구팀은 챗GPT에게도 같은 질문을 던진 후, 면허를 소지한 3명의 의사(심리치료사가 아닌)로 구성된 자문단에게 195개의 대화 각각에 대해 챗GPT의 답변과 인간 의사의 답변을 누가 썼는지 알리지 않은 채 평가를 요청했다. 그 결과 자문단은 78.6%의 사례에서 챗GPT의 답변을 인간 의사의 답변보다 더 높게 평가했다.

실제로 AI 모델은 의식이나 자각이 없지만, 통계적으로 가능한 방식으로 수행적 친절과 공감 능력을 보여 준다. 때로는 인간 사이의 상호 작용 기준을 능가하기도 한다. 나는 내가 운영하는 팟캐스트 〈파서블〉의 두 가지 에피소드에서 나눈 대화로 AI가 초래할 수 있는 결과를 절실하게 깨달았다. 첫 번째는 무스타파 술레이만과의 대화였고, 두 번째는 서던캘리포니아대 컴퓨터공학과 교수로 사회적 지원 로

• 소셜 뉴스 집계, 콘텐츠 등급을 논하는 토론 웹사이트

봇Social assistive robot**을 설계하는 마자 메터릭Maja Mataric과의 대화였다. 두 사람 모두 공감 능력을 모방하는 다양한 종류의 AI가 인류 전체에 지대한 영향을 미칠 수 있다고 강조했다. 술레이만이 말했듯, 모든 사람이 인간의 친절과 지원에 대한 안정적인 접근권을 가질 수는 없다. 그러나 그것이 '항상 이용할 수 있는 것'이 된다면, 결국 타인에게 더욱 친절해질 수 있다.

메터릭과 동료들은 '사용자에게 공감하는 방식으로 행동함으로써 사용자의 공감 능력을 향상시키는' 로봇을 설계해 왔다. 그녀는 수많은 연구에서 공감하는 행동이 신체 건강을 개선한다는 점이 입증되었다고 설명한다.

시간이 지나면서 사람들이 AI 모델을 삶에 더욱 깊이 통합함에 따라 발생할 수 있는 누적 효과를 상상해 보라. AI가 단백질 접힘Protein folding의 비밀을 밝히거나 재생 에너지 시스템의 효율성 향상에 도움을 주는 데에서 그치지 않는다고 생각해 보라. 달라이 라마의 불가사의한 평정심을 가진 AI 모델과의 지속적인 상호 작용이 우리를 더 친절하고, 더 참을성 있고, 더 관대한 사람이 되도록 만든다면 어떨까? 복잡한 신경망과 거대한 글로벌 서버 클러스터를 통해 모두가 성인군자가 되는 세상이 펼쳐질 수도 있다.

** 감정적 웰빙을 증진하고, 긍정적인 행동을 장려하거나, 사용자의 정신건강 관리를 지원하기 위해 사회적 상호 작용에 참여하는 로봇

4장

디지털 공유재
vs. 사적 공유재

The Triumph of
the Private Commons

언제든 사용할 수 있는 정서적 지원은 더할 나위 없이 좋게만 보인다. 숨겨진 단점은 없을까? 분명 있을 것이다. 사용자에게 개인정보의 보호와 공유 방법에 대한 명확하고 효과적인 통제권을 부여하고, 정신적인 문제를 생산적으로 관리하고, 일상에서 필수적으로 겪을 수밖에 없는 정서적 격동을 완전히 없애고자 하는 욕구 사이에서 적절한 균형을 유지한다고 해도 말이다.

모든 일이 잘 굴러가도 빅테크 기업이 다른 이해관계자들을 희생시키면서 어떻게든 보상의 대부분을 차지하지는 않을까? 이것이 빅테크 기업 혁신이 펼쳐지는 방식에 대한 통념이다. 이 주제에 대한 〈MIT 테크놀로지 리뷰_MIT Technology Review_〉의 의견을 살펴보자.

지난 10년 동안 AI를 비롯한 디지털 도구가 놀라운 발전을 이뤘지만, 전반적인 삶의 질 향상이나 광범위한 경제 성장의 측면에서 이들의 성과는 실망스럽다. 몇몇 투자자와 기업가는 막대한 부를 얻었지만, 대부분의 사람들은 혜택을 받지 못했다. 심지어 일부 사람들은 자동화로 일자리마저 잃었다.[1]

다음은 재능 있는 SF 작가 테드 창 Ted Chiang 이 〈더 뉴요커〉에서 이와 유사한 관점을 표현한 글이다.

미국의 1인당 국내총생산 GDP 은 1980년 이래 거의 2배나 상승했지만, 가구소득 중앙값은 그보다 훨씬 뒤처져 있다. 이 기간에 IT 혁명이 일어났다. 이는 개인용 컴퓨터와 인터넷이 창출한 경제적 가치가 미국 시민 전반의 생활 수준을 향상시키는 대신에 최상위 계층의 부를 늘리는 데 기여했음을 의미한다.[2]

빅테크 기업 비판, 특히 AI가 관련된 비판의 영역에서 이 정도 평가는 상당히 온건한 수준이다. 더 혹독한 관점은 하버드대 경영대학원의 명예교수 쇼샤나 주보프 Shoshana Zuboff 의 저서에서 찾을 수 있다. 주보프는 2019년 최고의 책으로 널리 알려진 세계적 베스트셀러 《감시 자본주의 시대》에서 조지 오웰이 1949년에 탐구한 주제를 확장한다. 그녀는 구글과 페이스북 같은 기업들이 당과 빅 브라더를 '감각적이고 네트워크화된 컴퓨터 인프라'로 대체했다고 주장하며 이들에게

'빅 아더^Big Other'라는 이름을 붙였다. 기술은 국가를 '완전한 통제 계획'으로 무장시키는 대신 시장을 '완전한 확정 계획'으로 무장시켰다.³

주보프에 따르면, 빅 아더의 지속적인 감시 속에 있는 우리가 위치 기반 데이터를 요청함으로써 무의식적으로 데이터를 공급할 때마다 개인의 행위력이 약화된다. 알고리즘은 개인의 데이터를 게걸스럽게 삼키면서 우리의 자유 의지를 점진적으로 약화시킨다. 민주주의는 시장 주도 전체주의로 최적화, 즉 자체적으로 파열된다. 시간이 지나면서 우리는 교통 체증이 없는 여행 경로와 준수한 리뷰의 피자 배달 서비스를 갈구하면서 자기 주도적인 삶을 살아갈 능력을 잃는다. 우리는 어쩌다 이런 지옥에 떨어졌을까?

초창기 구글은 사용자가 구글 사이트에서 수행하는 모든 작업(검색한 문자열, 클릭한 링크 등)을 추적할 수 있다는 것을 깨달았다. 이런 것들은 데이터가 아닌 '데이터 배기가스^Data exhaust•'라고 묘사될 정도로 아무런 가치가 없어 보였다. 하지만 이제는 이 모든 것을 완전히 새로운 방식과 엄청난 규모로 저장·집계·분석·재조합·배치할 수 있다.

구글은 이런 식으로 사용자 경험을 향상시킬 수 있었다. 만약 '최고의 MP3 플레이어'를 검색하는 사람들이 검색 결과 중 '아이팟^iPod 리뷰' 링크를 계속 클릭하면, 구글은 순위 설정 알고리즘을 조정해 디지털 오디오 장치와 관련된 검색에서 휴대용 음악 플레이어 제품 비교를 우선순위에 둔다. 구글은 'wea'를 입력하는 사용자가 아마도 '일기

• 전자기기로 추적 및 저장이 가능한 일상적인 활동, 선택, 기호품 등을 뜻하는 신조어

예보(weather forcast)' 또는 '오늘 날씨(weather today)'를 검색할 의도라는 것을 학습해 자동 완성 사례를 제안함으로써 사용자의 키 입력 수를 줄일 수 있다.

주보프는 구글이 이런 행동 데이터를 생산적으로 활용해 창출하는 모든 가치가 사용자에게 돌아가야 공정한 교환이라고 주장한다. 그러면서 실제로 구글 초창기의 접근 방법이 훨씬 유익했다고 말한다. 구글은 데이터를 사용해 검색을 개선할 뿐만 아니라 번역 소프트웨어 같은 완전히 새로운 제품과 서비스도 만들었다. 주보프는 이 과정을 '행동 가치 재투자 회로 Behavioral value reinvestment cycle'라고 부른다.[4]

그러나 구글은 기업을 유지하는 데 필요한 수익을 창출하기 위해 결국 주보프가 '감시 자본주의'의 원죄라고 지목한 일을 시작했다. 수집한 행동 데이터의 일부를 사용자와 관련성이 높은 광고를 만드는 데 사용한 것이다. 구글의 이론에 따르면, 이로써 사용자는 광고를 더 자주 클릭하고, 광고주는 그 과정에서 더 많은 이익을 얻는다.

주보프는 "이는 구글이 계속 증가하는 행동 데이터 자료, 자체 연산력, 전문 지식을 광고와 검색 요청을 연결하는 작업에만 투입한다는 것을 의미한다"라고 말했다.[5] 몇 단락 뒤에 그녀는 "일부 데이터는 계속해서 서비스 개선에 적용되겠지만, 증가하는 부수적 신호• 저장소는 구글과 광고주의 수익을 늘리는 목적으로 사용될 것이다"라고 기존의

• 위치, 검색 기록, 페이지에서 소비한 시간, 마우스 움직임, 타이핑 패턴 같은 추가적이고 간접적인 데이터

절대론적 주장을 완화했다.[6]

사용자와 광고주에게 더 적합한 광고를 만드는 것 자체가 서비스 개선의 한 형태라는 사실은 논외로 두자. 구글의 의도와 우선순위에 대한 주보프의 주장이 현실과 다르다는 부분을 지적하려면 지메일 Gmail, 크롬 Chrome, 구글 맵 Google Maps, 구글 스트리트 뷰 Google Street View, 구글 독스 Google Docs 모두 주보프가 '행동 가치 재투자 회로'를 깨뜨린 순간이라고 주장하는 시점, 즉 구글이 광고 기술 혁신을 구현한 시점 이후에 출시되었다는 사실만 언급하면 된다.

주보프는 자신의 논지의 설득력을 높이기 위해 이런 제품의 주된 목적이 '행동 잉여 Behavioral surplus'를 창출하는 것, 즉 더 많은 데이터를 수집해 광고 사업을 타깃팅의 행동을 조작하는 지점까지 발전시켜 무기화하는 것이라고 주장할 수밖에 없었다. 주보프는 행동 잉여로 무장한 구글이 알고리즘 모델링을 통해 완전하고 확실하게 예측된 개인의 미래 행동을 가장 높은 가격을 부르는 자에게 판매하는 '행동 예측 시장'을 효과적으로 운영할 수 있다고 주장한다.

주보프는 당신이 자녀를 유치원에 데려다줄 시간을 확인하거나 시내에 새로 생긴 카페로 가는 길을 물어볼 뿐이라고 생각하던 모든 시점에 훨씬 더 사악한 일이 진행되고 있다고 말한다.

빅 아더가 아마존 알렉사 Alexa의 기분 좋은 서비스, 구글 어시스턴트의 알림, 끝없는 정보 등을 통해 사용자와의 소통에 노력을 기울이며 친밀감을 흉내내더라도, 이 듣기 좋은 소리가 당신의 욕구를 이용하는 수단에 지나지 않는다는 사실을 잊어서는 안 된다. 나는 포유류 중에서 가장 위풍당당한 코끼리를 생각한다. 빅 아더는 잉여를 위해 우리의 행동을 밀렵하고, 이에 따라 우리의 몸과 뇌, 박동하는 심장에 박혀 있는 모든 의미는 버려진다. 이는 오직 상아를 얻기 위해 코끼리를 잔인하게 도살하는 것과 다를 바가 없다. "어떤 서비스를 이용하는 비용이 무료라면 바로 당신이 상품인 것이다"라는 진부한 표현은 잊어라. 당신은 상품이 아니라 유기된 코끼리 사체일 뿐이다. '상품'은 당신의 삶에서 뜯어낸 잉여로부터 나온다.[7]

우리가 그렇게 코끼리 사체처럼 버려진 뒤에도 하루에도 수십 번씩, 몇 년 동안 IT 서비스로 돌아간다는 사실은 빅테크 기업이 "생산자와 소비자 간의 건설적인 상호 작용을 구축하지 않는다"라는 주보프의 주장이 과장일 수도 있음을 시사한다. 구글에서 생산하는 6개 제품의 사용자는 각각 20억 명이 넘는다. 아이폰 사용자는 14억 6,000만 명에 달한다.

 이 거대한 수는 빅테크 기업이 창출하는 가치가 양방향으로 흐른다는 강력한 증거다. 그러나 주보프는 그것이 사실이 아니라며 단호한 입장을 취한다. 그녀는 감시 자본주의 시대의 빅테크 기업과 AI가 '추출 작업Extraction operation'을 한다고 표현하곤 한다. 구글 캘린더Google Calendar를 통해 회의 일정을 잡는 단순한 행위조차 화산 폭발이나 수압에 의한 지진에 비견되는 위험이다. 근처에 있는 ATM을 찾기 위해 구글 맵을 사용할 때마다 빅 아더가 자행하는 잔인한 제로섬 약탈이 펼쳐진다.

컴퓨터과학자들도 1950년대부터 데이터베이스 인출의 측면을 설명하기 위해 '추출'이라는 단어를 사용해 왔다. 주보프 역시 구글의 수석 이코노미스트 베리언의 글에서 이 용어를 차용한 것이 분명하다. 그러나 이 용어의 사용은 건전한 정보 이론보다는 은유에 가깝다. 데이터는 석유, 구리, 치아를 뽑는 것과 같은 방식으로 '추출'하는 것이 아니다. 바위를 깨고 지표면으로부터 수천 피트 아래에 묻혀 있는 역청탄을 채굴하는 일은 한정된 자원을 돌이킬 수 없는 상태로 감소시키며 땅에 구멍까지 남기는 행위다.

반면 디지털 파일은 사본만 이동한다. 원본은 원래의 위치에 그대로 남아 있다. 또한 우리는 티라노사우루스가 분해되어 고급 휘발유로 변하는 데 걸리는 시간보다 훨씬 빠른 속도로 전 세계 데이터 저장소를 늘리고 있다. 우리는 매시간 셀카, 레딧 게시물, 페이스북 좋아요, 마케팅 프레젠테이션 슬라이드, 구글 검색, 경로 계획, 〈콜 오브 듀티Call of Duty〉 팬픽, 의학 연구, 유튜브 동영상 등 지나치게 빠르게 증가해 고갈될 수 없는 데이터에 가상의 초대형 유조선을 채울 만한 새로운 콘텐츠를 더하고 있다.

많은 AI 데이터세트가 생성되는 방식이 논쟁을 초래한다는 것은 사실이다. 최첨단 LLM을 만들기 위해서는 엄청난 양의 훈련 데이터가 필요하다. 오픈AI의 GPT-3는 3,000억 개의 토큰으로 훈련받았다.[8] GPT-4의 훈련 데이터세트는 훨씬 더 방대했지만, 오픈AI는 그 규모에 대해 구체적인 사항을 공개하지 않았다.

일반적으로 개발자들은 웹 크롤링Web crawling*을 통해 수집한 방대한 양의 데이터가 있는 기존의 공개 저장소를 활용해 훈련 데이터를 만들기 시작한다. 그 저장소는 잘 알려진 데이터세트 중 하나인 커먼 크롤Common Crawl은 같은 이름의 비영리 단체에서 관리하고 있으며, 27억 개 이상의 웹페이지로 이뤄져 있다.[9] 파일Pile로 알려진 또 다른 데이터세트에는 커먼크롤 데이터세트의 수정된 버전에서 시작하여 마이크로소프트의 코딩 웹사이트인 깃허브의 자료, 펍메드센트럴PubMed Central과 아카이브의 과학 논문, 다양한 책과 문헌 데이터세트, 프리 로 프로젝트Free Law Project의 법률 자료, 미국 특허청의 기술 지식 또는 지식 재산 관련 정보, 유튜브 자막 등으로 이뤄진 21개의 하위 데이터세트가 추가되었다.[10]

구글은 자체 데이터세트인 C4도 만들었다. C4는 거대 클린 크롤링 코퍼스Colossal Clean Crawled Corpus**라는 뜻이다. 〈워싱턴포스트〉의 분석에 따르면 C4 콘텐츠의 상위 5개 출처는 페이턴츠닷구글닷컴patents.google.com, 위키피디아, 문서 호스팅 사이트 스크리브드닷컴scribd.com, 〈뉴욕타임스〉 웹사이트, 그리고 논문을 출간하는 비영리 오픈액세스 출판사인 플로스PLOS였다.[11]

이 데이터세트의 규모와 그 기반이 되는 특정 출처를 보면 웹사이

- • 웹사이트를 자동으로 방문해 데이터를 수집하도록 설계된 프로그램인 웹 크롤러Web crawler를 사용하는 절차
- •• 여기에서 '클린'이란 데이터세트가 필터링되고 정리되어 관련성이 없거나 품질이 낮은 콘텐츠가 제거되었음을, '코퍼스'는 방대한 텍스트 또는 데이터 모음을 뜻한다.

트, 책, 논문 내용을 저작권자의 명시적 동의 없이 수집한다는 점을 직감할 수 있다. 이는 광범위한 저작권 침해 혐의로 이어졌다.

이에 대해 AI 개발자들은 데이터 사용이 현행 저작권법에 따라 합법적이며 사용자 및 사회 전반에 유익하다고 주장했다. 현재 〈뉴욕타임스〉, 게티이미지Getty Images를 비롯해 여러 작가와 예술가 등이 저작권 침해를 주장하며 오픈AI, 마이크로소프트, 스태빌리티AI Stability AI, 미드저니 같은 AI 개발자를 상대로 소송을 제기했다.

이 소송이 어떻게 해결될지는 아직 명확하게 알 수 없다. 만약 법원이 원작을 인식 가능한 형태로 재생산하거나 통합하지 않으며, 패턴과 정보 추출을 목적으로 하는 데이터 훈련이 정당한 사용에 해당하지 않는다는 판단을 내리면 어떻게 될까? 이런 방대한 규모의 인허가를 관리하기 위한 새로운 해법이 필요해질 것이다. 인터넷에 업로드된 거의 모든 콘텐츠에 자동으로 저작권이 부여된다는 점을 고려하면 뉴스, 책, 장편 영화와 함께 수십억 개의 블로그 게시물, 사용자 댓글, 제품 리뷰, 사진, 밈의 사용 허가를 얻기 위한 새로운 메커니즘이 필요해질 것이다. 이런 메커니즘은 콘텐츠 제작자, AI 개발자, 공익의 이해관계 사이에서 균형을 찾아야 한다.

한편, 인터넷 시대가 지금까지 보여 준 것은 광범위하고 창의적인 데이터 활용이 개인 사용자, 개발자, 사회 모두에게 엄청난 가치를 창출한다는 점이다. 휴면 상태거나 활용도가 낮거나 좁은 맥락에서만 관련성이 있는 데이터가 재활용되고, 합성되고, 새롭고 복합적인 방식으로 변형된다면, 이는 자원 추출이 아니라 자원 활용이자 재생이다.

따라서 우리가 보고 있는 행위는 '추출'보다는 데이터 경작에 가깝다. 우리는 사용자의 가치를 강탈하는 빅테크 기업 대신 개발자, 플랫폼, 사용자, 콘텐츠 제작자가 공생하는 생태계, 정확하게는 상호 작용과 기여가 모여 매일 수십억 인구의 삶을 풍요롭게 하는 생태계를 보고 있다. 어떤 의미에서 상업적 인터넷 시대에 우리가 목격한 것은 새로운 종류의 사적 공유재Private commons다. AI 시대에 접어들며, 이는 더욱 풍요로워질 것으로 예상된다.

이중사고를 새롭게 생각하라

'공유재Commons' 또는 그보다 더 강조된 형태의 '공적 공유재Public commons'라는 말을 들으면 무엇이 떠오르는가? 뉴잉글랜드의 어느 예스러운 마을에 있는 고풍스러운 광장? 공동 소유자 모두가 동등한 접근권을 갖는 로스앤젤레스 다운타운의 공원? 구글 맵?

아마 구글 맵은 아닐 것이다. 공유재에 대한 가장 확고한 현대적 정의는 개인과 공동체 전체가 혜택을 볼 수 있는, 접근권의 공유와 공동체의 관리 책임을 특징으로 하는 자원이다. 브라운대의 미국학 교수 스티븐 루바Steven Lubar는 〈스미소니언 매거진Smithsonian Magazine〉에 기고한 글에서 "공유재는 모두가 공유하는 재산, 어떤 개인이나 집단이 소유하는 것이 아니라 공동으로 소유하는 재산이다"라고 말했다.[12]

따라서 '사적 공유재'라는 말은 모순적이거나 심지어 조지 오웰의 발상 같다는 느낌을 줄 수도 있다. 그러나 개념적 차원에서는 공유재의 경계가 늘 모호한 것도 사실이다. 원래 공유재라는 말은 목초지와 숲 같은 천연자원이나 지역민들이 가축을 방목하고, 사냥을 하고, 그 외 여러 활동을 위해 사용하는 곳을 일컬을 때 사용했다. 오늘날의 공유재는 더 광범위한 의미로 정의되는 경우가 많다. 일반적인 대중 담론에서는 특히 더 그렇다. 대개 공원과 해변이 공유재로 분류되었고, 공기와 물, 공공도서관도 그 범주에 포함되었다. 넓게 본다면 저작권의 보호를 받지 않는 창작물도 언어 자체, 서체, 프로그래밍 언어, 올드 패션드 칵테일 레시피, 맑은 밤하늘에 보이는 오리온자리의 모습과 마찬가지로 공유재다.

학계에서는 공유재를 대중이 생각하는 것보다 좁게 정의하는 경우가 많다. 공유재에 대한 연구로 2009년에 노벨 경제학상을 수상한 정치학자 엘리너 오스트롬 Elinor Ostrom 은 성공적인 '공공자원 Common-pool resource' 제도를 특징짓는 8가지 원칙을 제시했다. 이 원칙들은 공기와 올드 패션드 칵테일 레시피보다 훨씬 제한적인 공공자원의 청사진을 제시한다. 오스트롬이 제창한 개념에서 공유재는 일정한 사용자 공동체가 의도적으로 관리하는 자원이다. 이런 형태의 공유재는 명확하게 구분된 접근권, 규칙 위반에 대한 점진적 제재, 기타 명시적으로 표현되고 운용 가능한 거버넌스의 기능을 갖는다. 공유재는 여러 가지 측면에서 주택소유자협회가 만들 법한 규칙의 통제를 받는다.

훨씬 광범위한 공공자원 개념에는 변동성의 여지가 많고, 거버넌스보다는 접근성에 중점을 둔다. 때때로 자원은 올드 패션드 칵테일 레시피나 오리온자리의 모습처럼 모든 사람이 소유하거나 또는 누구도 소유하지 않는다. 자원에 한 명 이상의 소유자가 있는 경우에도 여전히 접근성이 높다. 예를 들어 공원과 공공도서관은 지방 정부가 소유하고 지역 납세자가 자금을 지원한다. 다양한 종류의 이용료를 부과할 수 있지만, 적어도 일정 수준까지는 누구나 이용할 수 있다. 유효한 도서관 카드가 있는 뉴욕 시민이 아니라면 뉴욕공립도서관에서 책을 빌릴 수 없지만, 자유롭게 출입하고 밀턴 프리드먼Milton Friedman의 《자본주의와 자유》를 읽으며 한 푼도 쓰지 않고 하루를 보낼 수 있다.

그렇다면 구글 맵이나 옐프 같은 플랫폼은 이토록 넓은 공유재의 범위 어디쯤에 위치할까? 여러 가지 측면에서 그들은 위키피디아와 매우 비슷하게 기능한다. 사람들이 자발적으로 정보를 제공함으로써 플랫폼의 모든 사용자에게 혜택을 제공한다. 매우 많은 사람이 모든 것을 자유롭게 이용할 수 있다. 특정한 관리 규칙에 따라 운영되며, 급여를 받는 직원에 의해 명시적으로 관리된다. 구글 맵과 옐프는 이윤 추구의 본질 때문에 독점적인 상업 서비스로 분류된다. 반면 위키피디아는 그것을 개발하고 관리하는 조직이 비영리 재단이기 때문에 공공재의 지위를 부여받곤 한다.

구글 맵이나 옐프가 가진 본질적인 공통점을 반영하는 방식으로 분류하자면, 모두 사적 공유재라 묘사할 수 있다. 1990년대 초반, 인터넷이 처음 사업 목적으로 사용된 이래 사용자를 콘텐츠 생성에 참여시키고, 해당 콘텐츠나 플랫폼을 관리하거나 유지할 책임을 사용자에게 맡기는, 민간이 소유하거나 운영하는 플랫폼이 급증했다. 이 템플

릿의 다양한 측면과 사례에 웹 2.0, 소셜미디어, 공유 경제, 긱 경제, 감시 자본주의 등 다양한 이름이 붙었다. 그러나 이런 이름(긍정적이든 경멸적이든)은 개인화된 사회 서비스와 공공 서비스로 효과적인 기능을 하는 무료 혹은 무료에 가까운 생활 관리 자원의 개념을 적절하게 전달하지 못한다. 이런 생각을 정확히 포착하는 것이 사적 공유재라는 용어다.

구글에 무언가를 검색하거나, 구글 캘린더에 일정을 추가하거나, 웨이즈Waze•에서 운전 경로와 교통 정보를 얻거나, 크레이그리스트Craiglist에서 아파트를 찾거나, 드롭박스Dropbox에 사진을 저장할 때마다 당신은 사적 공유재의 혜택을 누리고 있는 것이다. 링크드인에서 당신이 몸담은 업계의 전문가에게 커리어에 대한 조언을 구하거나, 물이 새는 주방 싱크대를 고치는 방법을 설명해 주는 유튜브 동영상을 시청하거나, 스포티파이의 무료 버전에서 팟캐스트를 듣거나, 이메일에 간간이 이모티콘을 넣는 행위 역시 사적 공유재의 혜택을 보는 것이다.

영리 기업과 기타 민간 기관이 사적 공유재의 창출에 중요한 역할을 하지만, 대중의 역할도 크다. 개별 사용자는 페이스북, 유튜브, 엑스를 비롯해 기타 모든 플랫폼에서 클릭, 소셜 상호 작용, 구매 등의 형태로 플랫폼 운영자가 수익을 올리는 데 도움이 되는 많은 콘텐츠, 모든 노출, 모든 사용자 행동을 제공한다.

- 이스라엘 기업에서 만든 사용자 참여형 내비게이션 애플리케이션

사용자와 플랫폼 간의 공생 관계는 전례 없는 가치를 창출한다. 그러나 가치가 분배되는 방식에 지속적으로 의문이 제기되는 것도 사실이다. 빅테크 기업들이 광고 수익으로 연간 수십억 달러를 얻는 것을 보면 자신의 몫이 얼마인지 알고 싶어지기 마련이다. 충분히 이해할 수 있는 생각이다. 2023년, 구글의 모회사 알파벳은 737억 달러, 마이크로소프트는 724억 달러의 수익을 올렸다. 〈포브스Forbes〉가 선정한 2024년 '세계 억만장자 순위'에서 '세계에서 가장 부유한 사람들'로 선정된 10명 중 7명이 기술을 통해 재산을 일궜다.[13]

사용자 입장에서 사적 공유재에서 얻는 가치는 달러와 센트처럼 명시적으로 가시화되지 않는다. 이는 빅테크 기업이 자신들이 창출한 가치의 대부분을 차지한다는 인식이 널리 퍼진 이유 중 하나이기도 하다. 그렇다고 해서 상호 호혜적인 가치 교환이 일어나지 않는다는 의미는 아니다.

경제학자들은 사람들이 제품이나 서비스의 대가로 지불하는 돈과 그것에 부여하는 가치의 차이를 '소비자 잉여'라고 부른다. 만약 당신이 100달러짜리 재킷을 구입했는데, 그 가치를 200달러라고 생각한다면 소비자 잉여는 100달러다.

제품이나 서비스가 무료로 제공될 때도 소비자가 거기에 일정한 가치를 부여한다면, 소비자 잉여가 존재하는 셈이다. 이런 의미에서 TV와 라디오 방송은 수십 년간 소비자 잉여의 주된 원천이었다. 우리는 TV나 라디오 가격 외에는 아무것도 지불하지 않고도 평생 동안 즐거움과 정보를 얻을 수 있다.

디지털 경제가 많은 제품과 서비스를 무료로 제공하기 때문에 전통적인 수단으로는 그 가치를 측정하기 어렵다는 점을 인식한 스탠퍼드 디지털경제연구소 Stanford Digital Economy Lab 소장 에릭 브리뇰프슨과 카네기멜론대 Carnegie Mellon University 하인즈 정보 시스템 및 공공정책 대학 교수인 아비나시 콜리스 Avinash Collis 는 인터넷 영역에서 소비자 잉여를 측정하기 위한 일련의 '대규모 온라인 선택 실험'을 고안했다. 그들은 2019년 〈하버드비즈니스리뷰 Harvard Business Review〉에 기고한 글에서 이 실험을 이렇게 설명했다.

페이스북이 창출하는 소비자 잉여를 측정하기 위해, 우리는 미국 내 페이스북 사용자를 대상으로 대표 표본을 모집하여 한 달 동안 서비스를 포기하는 조건으로 다양한 금액을 지불하겠다고 제안했다. 반응을 검증하기 위해 참가자를 무작위로 선정해 실제로 페이스북 사용을 포기하게 만들었다. 우리는 실험이 진행되는 달에 그들이 페이스북에 로그인하지 않았다는 것을 확인하기 위해 일시적으로 그들을 페이스북 친구 목록에 추가했다(물론 그들의 허락하에).
약 20%의 사용자가 1달러를 받고 서비스 이용을 중단하는 데 동의했고, 같은 비율의 사용자가 1,000달러 미만의 금액으로는 서비스 이용을 중단하지 않겠다고 했다. 페이스북 사용자가 한 달 동안 서비스 이용을 중단하는 대가로 원하는 보상의 평균값은 48달러였다.[14]

이 같은 조사 결과를 통해 브리뇰프슨과 콜리스는 인터넷이 기본적으로 소비자 잉여를 창출하는 기계라는 사실을 발견했다. 페이스북이나 위키피디아 같은 특정 사이트에 초점을 맞춘 실험을 진행하는 것 외에도 그들은 이메일, 검색 엔진, 지도, 전자상거래, 비디오, 음악, 소셜미디어, 인스턴트 메시징 등 더 광범위한 범주의 서비스 사용자에게도 이용 중단에 대한 보상을 제안했다.

설문 조사 결과에 따르면, 사람들이 1년 동안 검색 엔진 사용을 포기하는 대가로 원하는 금액의 중간값은 무려 1만 7,530달러였다. 이메일의 경우 8,414달러, 디지털 지도는 3,648달러였다.[15]

주목할 만한 높은 평가액이지만, 이조차 사적 공유재가 우리 삶에 가져다주는 가치를 완전히 반영하지 못한다. 브리놀프슨과 콜리스가 〈하버드비즈니스리뷰〉의 글에서 밝힌 논평에 그 이유가 담겨 있다. 그들은 "과거에 《브리태니커 백과사전 Encyclopædia Britannica》의 가격이 수천 달러에 달했다는 사실은 고객이 《브리태니커 백과사전》을 최소 그 정도의 가치가 있는 것으로 여겼다는 의미다"라고 말했다. 그리고 "무료로 제공되는 위키피디아에는 《브리태니커 백과사전》과 비슷한 품질의 항목이 그보다 훨씬 많다"라고 덧붙였다.

즉 위키피디아는 한때 상당히 고가였던 제품을 무료로 대체하고 있을 뿐만 아니라 훨씬 더 많은 항목을 담고 있는 더 나은 제품이다. 이는 개별 사용자에게 더 유용하며, 동시에 더 많은 사용자에게 더 관련성이 높은 제품이 된다. 얼마나 더 유용할까? 《브리태니커 백과사전》이 가장 많이 팔렸던 1990년, 미국의 판매 부수는 12만 부를 기록했다. 이에 비해 위키피디아의 월간 조회수는 미국에서만 약 40억 회에 달한다.

위키피디아는 놀라울 정도로 유용할 뿐만 아니라 사용하기도 대단히 쉽다. 당신이 역사상 가장 열렬한《브리태니커 백과사전》애독자로 서재와 사무실에 한 세트씩 두고 욕실과 차량에는 요약판을 한 권씩 두고 있다 하더라도 오늘날 위키피디아의 접근성과는 비교도 되지 않는다.

디지털은 모두에게 열려 있다

사적 공유재가 창출하는 가치를 수치로 환산할수록 이 놀라운 자원을 통해 얼마나 많은 가치가 창출되었는지 더 잘 이해할 수 있다. 이는 미국기업연구소American Enterprise Institute가 2017년에 구글의 베리언과 진행한 인터뷰를 보면 쉽게 이해할 수 있다.

> 베리언 사진을 예로 들어 보자. 2000년에는 800억 장의 사진이 만들어졌다. 우리가 이 수치를 알고 있는 이유는 필름을 생산하는 회사가 3개뿐이었기 때문이다. 이후 2015년에는 약 1조 6,000억 장의 사진이 만들어졌다. 2000년에는 사진 한 장을 찍는 데 50센트가량의 비용이 들었지만, 지금은 사실상 무료다. 생산성은 엄청나게 향상되고 비용은 훨씬 더 낮아졌으니, 보통은 엄청나게 증가한 생산성에 감탄할 것이다.[16]

이런 관점에서 보면, 2015년에는 사진으로부터 얻은 경제적 혜택만 8,000억 달러(1조 6,000억 장의 사진×사진 한 장당 현상 비용 50센트)에 달한다.

2015년에 촬영된 디지털 사진의 상당수, 어쩌면 대부분은 비용을 지불해야 했다면 굳이 찍으려 하지 않았을 것이라는 의견에는 의심의 여지가 없다. 아이폰의 시대가 오기 전에 차를 어디에 세웠는지 기억하기 위해 폴라로이드 카메라 인스타매틱 Instamatic을 사용한 사람이 얼마나 되었을까? 그러나 이런 것은 혁신으로부터 얻을 수 있는 이득의 극히 일부일 뿐이다. 디지털 사진은 사람들이 지불하던 비용만 줄인 것이 아니다. 더 중요한 점은 이런 혁신적인 기술들 덕분에 사진을 메모 용도로 사용하는 것처럼 이전에는 꿈도 꾸지 못한 일을 할 수 있게 되었다는 것이다.

신기술로 혜택을 보는 것은 사진 한 장당 50센트를 아끼는 사진작가만이 아니다. 이제는 수십억 명의 사람이 스마트폰 카메라를 가지고 있으며, 사진을 찍는 데 드는 비용이 사실상 무료이므로 우리는 1년에 수조 장에 달하는 사진을 찍는다. 사적 공유재가 무료로 저장과 배포 서비스를 제공하기 때문에 이제 우리는 전혀 모르는 사람들을 포함하여 다른 사람들과 엄청난 수의 사진을 공유한다.

사진은 찍는 행위 자체로 우리에게 많은 가치를 창출하지만, 정보 소비 측면에서는 그보다 더 큰 가치를 창출한다. 만약 당신이 여행지의 숙소로 고려하고 있는 이스탄불 호텔의 내부를 미리 살펴보고 싶다면, 어딘가에서 호텔 관계자가 아닌 사람이 꾸밈 없이 촬영한 사진을 발견할 수 있을 것이다. 당신이 참석하지 못한 파티에 누가 있었는지 알고 싶다면, 그 정보도 사진을 통해 확인할 수 있을 것이다.

전 세계의 거대 정보망에 대한 이 전례 없는 접근성, 수십억 명의 사람이 당연하게 여기는 이 혜택의 가치는 얼마나 될까?

정확한 계산은 불가능하지만, 그 가치는 매우 유용한 방식으로 형태를 바꿔 가며 끝없이 커진다. 초창기에 비평가들은 유튜브를 '주의력이 부족한 사람들이 단시간에 소비하는 깊이가 부족한 콘텐츠'라고 묘사했다.[17] 그러나 유튜브는 놀라운 변신을 거치며 시각적 효과를 가진 위키피디아로 기능하기 시작했다. 만약 거대한 화산이 폭발하여 당신과 유튜브만 살아남더라도, 당신은 유튜브의 방대한 교육용 영상들을 이용해 무無에서 문명을 재건할 수 있을 것이다. 아마 반도미니엄•을 만들고 3가지 재료를 사용해 간단한 저녁 식사를 만드는 것부터 시작하면서 말이다. 한때 인류를 어리석게 만들 또 다른 징후라고 무시당했던 유튜브는 이제 인류의 지식을 보관하는 가상 저장소가 되었다. 이 저장소는 무척 포괄적이어서 미국 의회도서관이 쓰레기 수거일에 버린 존 그리샴 John Grisham 소설의 낡은 상자처럼 보일 지경이다.

물론 깊이 없는 지식은 위험할 수도 있다. 같은 입장을 가진 정보만 지속적으로 수용하는 반향실 효과 Echo chamber effect, 인터넷의 정보 제공자가 맞춤형 정보를 제공함으로써 사용자가 걸러진 정보만을 접하

• '헛간 Barn'과 '콘도미니엄 Condominium'의 합성어로, 저렴하게 만들 수 있는 거주 공간을 뜻한다.

4장. 디지털 공유재 vs. 사적 공유재

게 되는 필터 버블Filter bubbles, 알고리즘이 사용자를 극단적이고 급진적인 콘텐츠로 떠미는 알고리즘적 급진화Algorithmic radicalization 같은 현상이 감수성이 예민한 젊은 세대에게 갈수록 극단적이고 파괴적인 관점을 심어 준다는 이야기는 언론에서 상당한 관심을 갖고 있다. 하지만 같은 방식으로 작동하지만 잘 다뤄지지 않은 이야기도 있다. 바로 '알고리즘적 스프링보딩Algorithmic springboarding'이다. 유튜브의 추천 알고리즘이 사용자를 교육, 자기계발, 커리어 개발의 길로 이끌 때 이런 일이 발생한다.

당신이 얼마 전 고등학교를 졸업하고 앞으로 어떤 일을 할지 생각하고 있다고 가정해 보자. 당신은 〈철권〉이나 〈파이널 판타지Final Fantasy〉 같은 게임을 하고, 레딧에서 농담을 주고받고, 목적 없이 인터넷 서핑을 하며 많은 시간을 보낸다. 결국에는 그 기반이 되는 기술에 관심을 갖게 된다. 호기심이 발동한 당신은 다양한 소프트웨어와 운영체제에 두루 능한 풀스택Full-stack 전문가가 올린 '초보자를 위한 파이썬Python' 영상을 매우 재미있게 시청하고 푹 빠져든다. 그래서 관련 영상을 계속 시청한다. 유튜브는 시청 시간을 우선시하고 종종 심도 있는 긴 영상을 추천하기 때문에, 당신은 헨젤과 그레텔을 이끈 빵 부스러기처럼 교묘하게 뿌려진 교훈적인 프로그래밍 튜토리얼을 따라가게 된다. 극단주의적 신념을 강화한다는 비난을 받는 것과 동일한 알고리즘 논리지만, 이 경우에는 더 나은 미래로 향하는 길을 개척하고 있다.

결국 당신은 파이썬 홈페이지 www.python.org로 가서 무료 파이썬 인터프리터Python interpreter•를 다운로드 받는다. 이를 실험해 보고 싶어

안달이 난 당신은 깃허브에 도움을 청한다. 깃허브에서 초보자 친화적인 프로젝트가 있는 저장소를 찾고, 코딩 커뮤니티에 참여해 조언과 비판을 듣는다. 문제 해결을 위한 포럼을 제공하는 스택 오버플로우Stack Overflow와 무료 강좌를 제공하는 프리코드캠프FreeCodeCamp 같은 플랫폼도 발견한다. 이런 자원들은 당신이 첫 파이썬 스크립트를 작성하는 데 도움을 준다. 당신은 좋아하는 비디오 게임 내 통계를 추적하고 싶다는 관심에서 영감을 얻어 CSV 파일을 기반으로 간단한 차트를 생성하는 데이터 시각화 도구를 만든다.

이 과정에서 유튜브 튜토리얼부터 깃허브의 오픈소스 커뮤니티, 프리코드캠프의 무료 강좌, 링크드인의 전문 네트워킹에 이르기까지 사적 공유재의 각 요소가 시너지 효과를 내면서 단순한 호기심을 취업에 도움을 주는 기술로 탈바꿈시키는 맞춤형 경로가 만들어진다.

당신의 이야기는 여기서 끝나지 않는다. 당신은 초급 데이터 분석가 직책에 지원하면서 이렇게 만든 데이터 시각화 도구를 포트폴리오의 일부로 제시한다. 진취적인 태도를 긍정적으로 평가한 회사가 당신을 고용한다. 당신은 커리어를 쌓으며 프로그래밍 전문 지식, 데이터 분석 기술, 프로세스 자동화 기술에 대한 재능을 강조하는 링크드인 프로필을 만든다. 얼마 지나지 않아 한 스타트업이 당신의 프로필을 발견하고 당신이 가져다줄 수 있는 가치를 알아본다. 더 도전적이고 보람 있는 직책을 제안받고 당신은 세상에서 자신의 위치를 정의

- 파이썬 코드를 읽고 실행하는 프로그램

하는 데 한 걸음 더 나아간다.

사적 공유재는 지식과 기회에 대한 접근권을 민주화하면서 개인의 행위력, 교육 기회, 사회적 이동성, 그리고 궁극적으로는 전문적 성장을 가능하게 만든다. 사적 공유재가 주는 혜택은 무한하다(적어도 한 가지 측면에서는). 디지털 공유재는 가장 오래된 형태의 공유재인 공공 목초지나 기타 천연자원과는 매우 다르게 기능하기 때문이다.

양떼 방목지나 어장은 왜곡된 역학 관계에 따라 결과가 달라질 수 있다. 생태학자 개럿 하딘Garrett Hardin은 1968년에 발표한 논문에서 이 역학 관계를 '공유지의 비극The Tragedy of the Commons'이라고 명명했다. 하딘은 사람들이 공공자원의 유용성과 가치를 더 많이 발견할수록 과도한 사용으로 자원을 망칠 가능성이 커진다고 추론했다. 그러나 글루머들이 아무리 빅테크 플랫폼의 자원 활용 방식을 '추출 작업'이라고 폄하해도 디지털 자원은 고갈되거나 손상되지 않는다.

데이터는 공공자원이 되기를 원한다

하딘은 과거의 천연자원 활용 방식인 추출을 크게 염려했다. UC산타바바라 생태학 교수인 하딘이 「공유지의 비극」이라는 논문을 쓴 것은 현대적 기준으로 보더라도 생태적 멸망이 임박했다는 재앙적 예측이 횡행하던 시기였다.

스탠퍼드대 생물학 교수인 파울 에를리히Paul Ehrlich는 1968년에 출간한 저서 《인구 폭탄The Population Bomb》에서 1970년대에는 재앙을 막기 위해 그 어떤 '비상 타개책'을 사용하든 "수억 명의 사람이 굶어 죽을 것"이라는 경고를 남긴 것으로 유명하다.[18] 하딘의 견해도 그와 비슷했다. 그는 〈사이언스Science〉에 기고한 글에서 "전문 및 준전문 과학 저널에 실린 논문의 암묵적인, 그리고 거의 보편적인 전제 중 하나는 논의 중인 문제에 기술적 해결책이 있다는 것"이라고 말했다. 그러나 한정된 자원을 가진 세계에서 인구 과잉 문제는 이에 해당되지 않는다고 그는 판단했다. "사람들은 어류 양식이나 새로운 밀 품종 개발 등 기술을 통해 문제가 해결되리라고 생각한다. 나는 그들이 추구하는 해법을 찾을 수 없다는 점을 입증하기 위해 노력하고 있다."[19]

하딘의 주장에 따르면, 개인은 공공자원을 이용할 때 항상 자신의 이익을 극대화하기 위해 노력하는데, 이것이 바로 공유지의 비극이다. 목동 입장에서는 공공으로 사용하는 목초지에 최대한 많은 가축을 넣어 두고 싶을 것이다. 이는 지극히 합리적인 생각이다. 공공 목초지에 가축을 한 마리라도 더 넣어서 얻는 이익(경매에서 판매하는 것 등)은 전적으로 그에게 돌아간다. 한편, 그의 결정에 따르는 비용(공공 목초지의 풀의 양이 약간 감소하는 것)은 그 공공자원을 이용하는 모든 목동이 함께 부담한다. 하딘은 모든 목동이 이같이 합리적인 방식으로 행동한다면, 공유지는 필연적으로 고갈될 것이라고 추론했다. 하딘은 "모든 사람은 저마다 제한된 세상에서 가축을 무제한으로 늘리도록 강요하는 시스템에 갇혀 있다"라는 결론을 내렸다. "파멸은 공유지의 자유를 믿는 사회에서 자신의 최대 이익을 추구하는 모든 사람이 달

려가는 종착지다. 공유지의 자유는 모두에게 파멸을 가져온다."■

하딘은 이 딜레마를 해결할 수 있는 방법은 '사유 재산이나 형식적으로 이와 유사한 것' 또는 '강제적인 법률이나 과세 장치'뿐이라고 믿었다. 그의 근본적인 입장이 반기술, 반성장임을 고려하면 아이러니하게도 그의 연구는 바람에 깎여 고르지 못한 목초지를 반듯한 골프장으로 바꾸길 원하는 부동산 개발업자들이 개발의 정당성을 찾을 때 의지하는 논리가 되었다. 한편, 공원이나 방목된 버팔로 무리 등 모든 개방형 공유재가 가차 없이 종말을 향해 달려간다는 하딘의 주장은 기존의 공공자원 관리 방식에 관심을 갖는 데 도움이 되었다. 특히 오스트롬은 수년에 걸친 광범위한 현장 연구를 통해 지역 사회가 사유화나 정부 감독에 의지하지 않고도 공공자원을 효과적으로 관리할 수 있다는 것을 입증했다.

초기에는 인터넷 자체가 새로운 종류의 공공자원으로 존재했다. 물론 당신이 코드를 자유롭게 탐색하고 다양한 방식으로 활용할 수 있는 가상 지형으로 바꾸기 위해 필요한 자원, 즉 서버, 라우터, 스위치, 광섬유 케이블을 소유한 사람이 존재했다. 기술적 한계도 일종의 내재적 규제의 역할을 했다(이 부분에서는 할 수 있는 일이 많지 않았다). 공

■ 이후 밝혀졌듯이 하딘이 해당 논문을 쓰게 만든 식량 생산의 문제는 수확량이 많은 작물 개발, 관개 기술 개선, 비료와 살충제 사용 증가 등 기술적 개입을 통해 상당히 완화되었다. 세계 여러 지역에서는 여전히 기아 문제가 심각하지만, 현재 전 세계 인구는 1968년의 두 배가 넘는다. 당시에 하딘을 비롯한 많은 사람이 예측했던 인구 과잉으로 인한 대규모 기아는 발생하지 않았다.

식적인 감독도 거의 이뤄지지 않았다. 사람들은 TCP/IP와 HTPP 같은 통신 프로토콜이 허락한 범위 내에서 원하는 모든 것을 할 수 있는 자유를 누렸다.

기술이 진화할수록 사람들이 인터넷상에서 할 수 있는 일의 범위가 넓어졌다. 수익 창출이 목적인 사람들은 이 광활한 개척지를 수익성 있게 개발할 방법을 찾기 시작했다. 규제 당국은 사람들이 정부의 지원이 없더라도 완전히 새로운 세상을 건설할 수 있다는 점을 깨달았다. 외부 세력이 이 분야에서 점점 더 중대한 역할을 맡기 시작하자 디지털 공유재(수익화에 뒤따르는 압력이나 정부 감독에 명시적으로 저항하는 온라인 공간)에 대한 수요가 더 커졌다. 오픈소스 소프트웨어 운동이 활기를 띠며 그 어느 때보다도 자유를 향한 욕구가 높아졌다. '크리에이티브 커먼스Creative Commons'라는 비영리 단체는 콘텐츠 제작자가 더욱 유연하게 작품을 공유할 수 있도록 돕는 라이선스를 개발했다.

오스트롬 같은 학자들이 제시한 동료 기반 거버넌스Peer-based governance●에 초점을 맞춘 공유지 접근법은 여러 측면에서 인터넷과 잘 맞는다. 하지만 이 접근 방식은 수요가 높은 상황에서 한정된 자원의 배분에 집중하므로 디지털 세계의 도전 과제와 기회를 개념화할 때는 오히려 우리를 잘못된 방향으로 인도할 수도 있다.

구글 맵이나 웨이즈 같은 플랫폼은 최소 비용으로 소를 배불리 먹

- 의사결정과 관리가 중앙 권력이나 상향식 구조에 의해 일방적으로 정해지는 게 아니라 커뮤니티 또는 그룹 구성원에 의해 공동으로 수행되는 시스템

일 방법을 찾는 목동들로 둘러싸인 방목지 같은 문제에 직면하지 않기 때문이다. 소 한 마리가 풀을 뜯으면 다른 소가 먹을 풀이 줄어드는 목초지와 달리 디지털 플랫폼은 한 사람이 마음껏 사용해도 다른 사람의 사용 능력이 감소하지 않는다. 오히려 그 반대. 당신이 사는 도시에서 1,000명의 주민이 웨이즈를 사용해 교통 상황을 탐색하고 보고하면 웨이즈는 유용한 도구가 된다. 그보다 많은 1만 명이 사용하면 훨씬 더 유용한 도구가 된다. 따라서 디지털 공유재는 전통적인 물리적 공유재와는 그 성격이 매우 다르다. 디지털 공유재는 목재나 연어 같은 희소하고 대체하기 어려운 자원을 통제할 때처럼 신중하게 접근하는 대신, 가치를 창출하는 자원(데이터)을 공유 가능한 비경쟁적 자원으로 취급해 최대한 많이 개발하고 적극적으로 사용하는 전략을 취해야 한다.

이런 조건들이 사적 공유재, 특히 잘 갖춰진 대규모 조직이 관리하는 사적 공유재가 출현할 수 있는 기회를 만든다. 사적 공유재가 보유한 대부분의 가치는 사용자로부터 나오지만, 이렇게 많은 사용자를 한데 모을 수 있는 디지털 공유 공간을 운영하는 기술과 플랫폼을 제공할 수 있는 것은 기업이다.

그러나 그런 맥락에서 사용자가 생성하는 데이터에 접근하는 최선의 방법에 대해서는 다양한 의견이 존재한다. 오늘날 대부분의 사적 공유재를 구동하는 기본적 합의는 사용자가 서비스를 무료로 이용하는 대가로 플랫폼 운영자에게 자신이 생성한 데이터에 대한 접근 권한을 제공하는 것이다. 그러나 빅테크 기업들의 막대한 수익과 유럽연합의 일반정보보호규정 General Data Protection Regulation, GDPR이나 캘리포니아주의 소비자개인정보보호법 California Consumer Privacy Act 같은 법률로 구체화된 개인정보 보호의 가치에 대한 지속적인 논의는 공정성에 대한 의문을 불러일으킨다.■

제품과 서비스의 무료 사용이 진정으로 공정한 대가일까? 스태티스타 Statista에 따르면, 2023년 메타의 사용자 1인당 연간 수익은 44.60달러를 기록했다.[20] 이 수치는 국가나 메타의 여러 플랫폼(페이스북, 메신저, 인스타그램, 왓츠앱)에 따라 다르다. 프랑스의 인스타그램 사용자는 일본의 페이스북 사용자보다 메타에 더 많은 수익을 가져다줄 수 있으며, 그 반대일 수도 있다. 그러나 메타의 입장에서 보면, 그들은 평균적으로 연간 약 44.60달러, 즉 월 3.71달러의 가치를 가져다준다. 우리는 에릭 브리뇰프슨과 아비나시 콜리스의 연구를 통해 페이스북 사용자가 한 달 동안 서비스 이용을 포기하는 대가로 원하는 금액이 평균 48달러라는 사실을 알고 있다.

이 수치들은 전형적인 원윈 Win-Win 거래를 의미한다. 평균적으로 사용자가 얻고 있다고 느끼는 가치가 메타가 창출하는 가치의 12배가 넘는다. 이 정도만으로도 메타는 제공하는 서비스를 유지하고, 새로운

■ 2018년 유럽연합에서 시행된 일반정보보호규정은 개인에게 자신의 데이터에 대한 통제권을 부여하고 유럽 전역의 데이터보호법을 통일하는 것을 목표로 한다. 2020년에 제정된 캘리포니아주 소비자개인정보보호법도 이와 유사하다. 두 가지 법규 모두 기업이 데이터 수집과 사용을 보다 투명한 절차에 맞춰서 하고, 사용자의 통제권 범위를 확대하도록 요구한다.

서비스(전 세계에서 무료로 사용할 수 있는 다양한 오픈소스 AI 모델을 비롯해) 개발에 상당한 투자를 하고, 주주들을 위해 수익을 창출하는 자원을 충분히 확보할 수 있다.

물론 모든 사용자가 동일한 가치를 창출하는 것은 아니다. 적극적으로 참여하는 사용자는 덜 적극적인 사용자보다 더 많은 게시물, 좋아요, 리뷰, 기타 유형의 데이터를 생성할 것이다. 일부 사용자는 다른 사용자의 참여를 유도하는 블로그 게시물, 동영상을 비롯해 기타 유형의 콘텐츠를 생산한다.

사용자와 마찬가지로 모든 데이터가 똑같은 가치를 지니는 것은 아니며, 모든 사용자가 데이터 생성에 똑같은 시간과 노력을 투자하는 것도 아니다. 로그인할 때, 일정 시간 동안 사이트에 머무를 때, 다양한 활동을 할 때 수동적으로 생성되는 데이터에는 많은 노력이 필요하지 않다. 다른 사람의 인스타그램 게시물에 댓글을 달 때라면 더 많은 시간과 생각을 투자하겠지만, 잘 만들어진 유튜브 동영상을 제작하는 데 투자하는 시간과는 비교도 안 된다.

맥락도 중요하다. 위치 정보 데이터는 개인적으로 볼 때 별다른 가치가 없지만, 수백만 명의 데이터와 합쳐지면 도시 계획이나 타깃 광고에 대단히 유용한 데이터가 될 수 있다. 마찬가지로 노래나 장편 영화처럼 훨씬 더 풍부한 형태의 데이터가 점점 늘어나는 세상에서 소비자가 궁극적으로 대가를 지불해서 소유하고자 하는 것은 데이터 자체가 아니다. 데이터를 쉽게 찾을 수 있고 편리하게 접근하도록 돕는 메커니즘이다. 시간이 흐르면서 기술이 발전하고 새로운 용도가 발견됨에 따라 데이터의 가치는 극적으로 변화할 수 있다.

데이터 프라이버시 강조는 개인 권리의 보호에 필수적이지만, 모든 종류의 데이터가 사적 재산이며 본질적으로 가치 있다는 개념을 강화하는 역할도 한다. 하지만 사적 공유재와 관련된 많은 상황에서 보는 것처럼 데이터를 일종의 준공공재로 간주하고 이를 적극적으로 공유·집계·활용하는 방식으로 접근한다면, 플랫폼 운영자보다 사용자가 훨씬 더 큰 가치를 얻는 서비스 모델을 만들 수 있다.

보편적이고 연결된 지능

디지털 세계에서 공유지의 비극이 존재한다면, 그것은 제한 없는 사용으로 인해 고갈되는 공공자원 때문이 아니다. 우리가 생성하고 공유하는 데이터의 양, 데이터를 공유할 수 있는 사람에 제한을 두기 때문에 일어난다. 데이터는 목초지나 나무와 다르게 소비한다고 줄어들지 않고 계속 늘어난다. 이런 특성을 활용하는 것은 데이터의 가치를 극대화한다.

AI가 사적 공유재의 전반적인 가치에 미치는 영향을 고려하면 이 점은 더 분명해진다. 현재 우리가 생성하는 방대한 양의 데이터에서 관련 데이터를 분석·평가·검색·요약·종합하는 AI 덕분에 사적 공유재의 가치는 증가하고 있다. 그러나 데이터 공유에 대한 개방적이고 협력적인 접근 방법을 수용하고, 동시에 개인정보 보호와 윤리적인 사용을 위한 확고한 체제를 개발하면 그 가치는 앞으로도 기하급수적으로 증가할 수 있다.

디지털 공유재는 주의를 기울여 관리하더라도 시간이 지남에 따라 고갈될 위험이 있는 물리적 공유재와 다르게 시간이 지날수록 증가하는 경향이 있다. 위키피디아와 유튜브는 2017년에 브리뇰프슨과 콜리스가 사용자들에게 가치 평가를 요청했을 시기에도 이미 훌륭한 자원이었다. 지금의 위키피디아에는 당시보다 더 많은 항목이 수록되어 있다. 시간이 흐르면서 더 많은 사용자가 기여하기 때문에 그 항목은 더 포괄적이고 정확해지는 경향이 있다. 여타 사적 공유재 플랫폼에서도 동일한 역학이 적용된다.

이제 이 조합에 AI를 추가하면 어떤 일이 일어날지 상상해 보라. 기존의 검색 엔진들은 우리의 마음을 읽는 데 그리 능숙하지 않다. 그들은 자신들이 우리에게 얼마나 좋은 서비스를 제공하는지에도 별 관심이 없다. 당신이 검색창에 '재규어'를 입력하면 자동차, 동물, 축구팀에 대한 검색 결과를 얻을 것이다. 재규어 자동차를 소유한 재규어가 있냐고 물어본다고 생각해 보자. 그들은 당신의 의도를 전혀 모를 것이고, 이해하려고 노력하지도 않을 것이다.

하지만 LLM은 다르다. 항상 질문에 대한 명확한 응답을 내놓을 수는 없더라도 그럴 가능성이 확연히 높다. 그리고 우리는 이미 "6개월 전쯤에 들은 적이 있는 비트코인 팟캐스트에 대한 내용을 찾아 줘. 오퍼레이션 체크포인트 2.0 Operation Checkpoint 2.0•에 대한 내용이었어. 그 내용을 1,000단어 정도로 요약해 줘. 그리고 신뢰할 만한 출처에서 그 주제를 다룬 기사를 다섯 개 찾아 줘. 너무 극단적이고 믿을 수 없는 기사는 안 돼."와 같은 지시를 성공적으로 수행할 수 있는 AI 비서가 곧 탄생하리라는 것을 자각하기 시작했다.

간단히 말해 AI는 얼마 지나지 않아 당신과 당신이 사용하는 대부분의 서비스, 어쩌면 모든 서비스 사이에 지능형 인터페이스 레이어^{Interface layer}••로 작용할 것이다. AI는 당신이 이미 가치를 인정하고 있는 많은 사적 공유재 플랫폼과 서비스로부터 얻는 가치를 한층 더 높일 것이다. 하지만 훨씬 더 큰 혁신적인 요소를 고려해야 한다. LLM은 이제 다중모드로 전환되기 시작했다. 이는 LLM과 상호 작용을 하는 방식과 빈도에 변화를 가져올 것이다.

오픈AI가 최초의 진정한 다중모드 모델인 GPT-4o를 시연한 2024년 5월에 몇몇 사람들은 실망했다. 이 모델은 상식적인 추론을 모방하거나, 까다로운 수수께끼를 풀거나, 할루시네이션을 없애는 부분에서 두드러지는 개선이 없었기 때문이다. 하지만 이들은 GPT-4o 고유의 다중모드 역량이 상황을 얼마나 극적으로 변화시키는지 고려하지 못했다(대중에게 공개된 GPT-4o의 첫 번째 버전에는 오픈AI가 시연했던 모든 기능이 포함되어 있지 않았으며, 이 글을 쓰는 시점까지는 GPT-4o의 다중모드 기능을 전부 사용할 수 없었다).

- 미국 연방규제기관이 암호화폐 산업의 은행 서비스 접근을 제한하려는 시도를 설명하는 데 사용하는 용어
- •• 사용자와 서비스 사이의 가교 역할을 하는 시스템

완전다중모드 모델은 텍스트, 오디오, 이미지, 영상을 모두 입력할 수 있다는 것을 의미한다. 답변 역시 텍스트, 오디오, 이미지 중 어떤 조합으로든 할 수 있다. 지금까지는 휴대전화로 챗GPT와 대화하면 챗GPT가 오디오 인풋을 텍스트로 변환해 이를 처리하고 답변을 찾아낸 다음, 마지막으로 텍스트로 된 답변을 오디오 형식으로 변환해 사용자에게 전달해야 했다. 이 때문에 챗GPT와의 대화는 사람과의 대화와 달랐다. 고통스러울 정도는 아니었지만 사람과의 대화 같지는 않았다.

챗GPT-4o의 완전다중모드 버전의 경우, 더 이상 모드들 사이의 번역 단계가 필요치 않다. 챗GPT-4o에게 어떤 이야기를 하면 232밀리초 안에 답을 들을 수 있다. 또한 억양을 바꾸고, 감정적 어조를 달리하고, 발성을 조정해 표현력이 풍부해 보이도록 하는 역량이 훨씬 향상되었다. 따라서 LLM은 더 이상 목소리만 인간처럼 들리는 것이 아니라 속도와 흐름 측면에서 실제 인간을 상대하는 것 같은 느낌을 준다. 약간 어색했던 상호 작용에 즉각성과 즉흥성이 더해져 친한 친구와의 잡담처럼 바뀐 것이다.

챗GPT-4o 출시 시연에서 드러난 것처럼 챗GPT는 이제 사용자의 카메라를 통해 세상을 볼 수 있다. 분석이 필요한 사진을 올릴 필요가 없다. 카메라가 실시간으로 대상을 향하기만 하면, 챗GPT가 즉시 일처리를 할 수 있다. 이론적으로는 챗GPT-4o를 외국의 영화관에 가져가서 실시간으로 번역하게 시킬 수도 있다(이때 이어폰 사용은 필수다). 챗GPT를 가지고 골프 연습장에 가서 스윙 자세 분석을 요청할 수도 있다. 옷장에 있는 옷으로 코디할 때 필요한 조언, 자동차 정비에 관한 조언, 식물 관리에 관한 지침도 얻을 수 있다.

이런 새로운 감각 기능은 사용자가 입력하는 클라우드 안 무형의 실체인 AI 모델을 공간과 경험을 공유하는 방 안의 실체로 변환하는 효과가 있다. 당신의 휴대전화는 이제 일종의 안드로이드(운영체제가 아니라 로봇을 뜻하므로 아이폰을 갖고 있더라도 당신의 휴대전화는 안드로이드인 것이다)로, 현재 상황에 주의를 기울이고 참여하는 사람과 다를 바 없다. 더 중요한 점은 애플리케이션이 당신의 휴대전화에 설치되어 있으므로 데스크톱이나 노트북이 아닌 휴대전화를 사적 공유재로 통하는 포털로 이용하는 게 좋다는 것이다.

휴대전화에서 작동하는 다중모드 모델로의 전환은 소비자 잉여를 더 증대할 것이다. 우리는 스마트폰을 통해 사적 공유재의 혜택을 가장 많이 경험하고 있다. 스마트폰은 항상 우리와 함께 있고, 계속 연결되어 있으며, 우리의 일상과 긴밀히 맞닿기 때문이다. 많은 사람이 아침에 일어나면 가장 먼저 스마트폰으로 손을 뻗고, 밤에 잠들기 전에는 마지막으로 스마트폰과 상호 작용을 한다. 스마트폰은 이동성, 연결성, 다기능성의 조합으로 항상 순간을 포착하고, 질문에 답하고, 소셜 네트워크 및 직업 네트워크를 우리와 연결할 준비가 되어 있는 존재다. 나 자신이 확장된 것과 마찬가지다.

스마트폰은 데스크톱이나 노트북과 달리 어디서든 우리와 함께 있으므로 AI와의 즉흥적인 상호 작용, 현실의 데이터 포착, 모든 상황에서의 즉각적인 지원을 제공하기에 이상적인 수단이다. 챗GPT가 출시된 이후 LLM에 대한 반응에서 주목할 만한 부분은 출시 이후 2년 동안 일반적인 웹사이트와 유사한 기능을 보여 주는데도 대단히 열렬한 호응을 얻었다는 점이다. 예전에도 모바일 애플리케이션이 존재하기는 했지만, 오디오 지연을 비롯한 여러 요인으로 인해 LLM은 일반 스마트보다 화면이 큰 모니터와 실제 키보드를 연결해 사용하는 것이 편리했다.

그렇다면 스마트폰이 그 이름에 걸맞게 훨씬 더 똑똑해지고, 반응이 좋아지고, 자체적인 감각 인식을 통해 세상을 해석하게 되면 얼마나 많은 가치를 창출할 수 있을까? 점점 발전하고 있는 스마트폰이 LLM의 자율적 행동 역량과 결합하면, 대부분의 사람이 항상 가지고 다니는 기기로부터 이끌어 낼 수 있는 혜택은 엄청나게 증가할 것이다. 간단한 예를 들어 보자. 미래의 운전 애플리케이션은 방향을 틀 때만 알림을 주는 것이 아니라 운전자가 잠시 조는 것을 감지해 휴식을 권하거나 플레이리스트를 더 활기찬 노래로 변경하라고 권할 것이다.

레드 제플린의 명곡 〈스테어웨이 투 헤븐Stairway to Heaven〉의 기타 연주법을 가르쳐 주는 수십 개, 어쩌면 수백 개의 유튜브 동영상 중 가장 좋은 것을 찾고 싶다고 상상해 보자. LLM에게 해당 주제를 다루는 모든 영상의 대본과 댓글을 평가해, 가장 정확한 기타 악보와 학습하기에 가장 좋은 카메라 앵글을 제공하는 영상을 추천하도록 요청할 수 있다. 더 광범위하게는 기타 연주에 관한 수천 개의 유튜브 동영상을 평가하도록 요청한 다음, 가장 효과적인 동영상들을 모아 '기타 연주 입문 강의' 요강을 만들 수도 있다.

고급 AI 에이전트는 개별 사용자가 다수의 사적 자원을 원활하게 이용하도록 맞춤형 경험을 제공할 수 있다. 곧 있을 출장에 AI 여행 도우미가 어떤 도움을 줄 수 있을지 생각해 보라. AI는 주기적으로 일정표를 살피고 여행 계획을 세우기 시작한다. 우선, 지도와 트립어드바이저Tripadvisor를 이용해 회의나 행사장과 가까우면서도 쾌적한 호텔이나 에어비앤비를 찾는다. 이후, 스퀘어Square* 기록을 살펴 당신이 어떤 종류의 식당을 좋아하는지 확인하고, 더 나아가 팁을 가장 많이 낸 곳을 확인해 만족도를 측정한다. 이 정보를 목적지의 레스토랑에 대한 옐프 리뷰와 결합해 식당을 예약한다. 마지막으로, 당신이 늘 조깅을 나간다는 것을 고려하여 스트라바Strava** 에서 해당 지역의 인기 있는 조깅 루트를 확인하고, 이전 사용 이력과 비교해 당신의 목표에 적합한 선택지들을 추천한다.

AI는 편리함을 제공할 뿐만 아니라 당신의 수고를 덜어 주고, 21세기를 헤쳐 나가는 데 필요한 지원과 전문 지식을 체계적으로 이용한다. 이 주제에 대해서는 6장에서 더 자세히 살펴보겠지만, 지금으로서는 AI 개발자들이 엄청난 양의 데이터로 새로운 모델을 훈련시킨다고 해서 제한된 자원이 고갈되지는 않는다는 점을 재차 강조하고 싶다. 오히려 그들은 일종의 디지털 농업, 어쩌면 디지털 연금술이라 부를 수 있는 행위에 참여하고 있으며, 우리가 효과적으로 관리한다면 이

- * 기업이 신용카드 결제를 처리하는 데 자주 사용하는 플랫폼
- ** 소셜 네트워크 기능을 통합한 신체 활동 추적 애플리케이션

과정은 개인의 행위력을 새로운 수준으로 끌어올리고 사회적 풍요를 널리 확장할 것이다.

AI 개발 공동체는 대체로 지금의 AI가 최저 수준이라고 생각한다. 우리는 거기에 한 가지 사실을 더 제시한다. LLM이 지금보다 나아지지 않는다 해도, 지금 20세인 사람은 평생에 걸쳐 LLM 사용함으로써 평균 수백만 달러의 소비자 잉여를 얻을 것이다. 이것은 AI 시대에 사적 공유재가 얼마나 큰 힘을 가질 수 있는지 보여 준다.

5장

실험하고, 실험하고, 또 실험하다

Testing, Testing 1, 2, ∞

챗GPT가 출시되고 몇 달 후, 언론 매체들이 AI 개발의 범위, 속도, 영향을 더 넓은 배경에서 파악하고자 노력하는 과정에서 특정 주제가 반복적으로 떠올랐다.

"신뢰도 향상을 위한 준비: 치열한 AI 경쟁의 시작"
"벤치마크 우위를 점하기 위한 AI 세계 경쟁에서 가장 정확하고 유해하지 않은 AI만이 살아남을 것이다"
"현재 구글과 마이크로소프트가 AI 성능 향상을 위해 치열한 경쟁을 벌이고 있다"
"AI 경쟁이 뜨거워지고 있으며, 데이터과학자들이 AI의 모든 움직임을 평가한다"

이 헤드라인들은 모두 가짜다. 하지만 다음 헤드라인들은 진짜다.

"AI 군비 경쟁의 막이 올랐다. 걱정을 시작해야 할 때다."[1] 〈타임〉
"AI 윤리학자들은 구글과 마이크로소프트의 인공지능 경쟁이 '의도치 않은 결과'를 초래할 수 있다고 경고한다"[2] 〈CNN〉
"AI 군비 경쟁에서 윤리가 첫 번째 희생양이 될 수 있다"[3] 〈액시오스 Axios〉
"'자멸적' AI 경쟁을 피하려는 노력이 실패했다"[4] 〈뉴스위크 Newsweek〉
"AI 군비 경쟁의 유일한 승자는 AI가 될 것이다"[5] 〈블룸버그 Bloomberg〉

이런 비판은 마치 '군비 경쟁'이라는 표현을 가장 많이 사용하는 대회라도 열린 것처럼 달려드는 수백 개의 언론 매체 덕분에 과장된 선정주의로 치달았다.

미국 독립선언서를 벤저민 프랭클린이 영국 의회를 비꼬는 내용으로 쓴 트윗으로 변환하는 챗GPT의 능력을 수백만 명이 살고 있는 도시를 단번에 파괴하는 고출력 핵탄두의 위력과 동일시하는 것이 정말 적절한 일일까? 전 세계의 광범위한 참여를 통해 공개적으로 진행되는 과정과 정부 고위 인사들이 지극히 은밀한 방식으로 내리는 결정을 동일시하는 것이 과연 논리적으로 타당할까?

AI 개발에서 시간이 중요한 역할을 하는 것은 분명하다. 대중에 공개된 사용자 친화적 AI 시대가 시작되고 2년 넘게 지난 가운데, 현재 AI 개발 환경에서는 치열한 경쟁이 벌어지고 있다. 대중에 공개된 수백 개의 모델이 존재하며, 전 세계 수억 명의 사람이 정기적으로 이들을 사용한다. 이러한 과정은 배포, 피드백, 지속적인 업그레이드의 사이클을 가속화하는 데 도움을 줬다. 1957년에 러시아가 발사한 인공위성 스푸트니크^{Sputnik}가 처음으로 지구 궤도를 돌았던 때로부터 1969년에 아폴로 11호가 달에 착륙할 때까지, 10년이 조금 넘는 기간 동안 급속한 진전을 보인 20세기 중반의 우주 경쟁을 연상시킨다.

우리는 머신러닝과 LLM에서 이와 비슷한 속도의 진전을 목격했다. 2013년에는 딥마인드의 DQN$^{Deep\ Q\ Network}$이 오래된 아타리 콘솔 게임을 마스터했고, 2016년에는 알파고^{AlphaGo}가 세계 바둑 챔피언 이세돌을 꺾었으며, 2020년에는 알파폴드^{AlphaFold}가 단백질 구조 예측에서 큰 진전을 이뤘다. 오늘날 프런티어 모델은 아이슬란드어나 컴퓨터 프로그래밍에 대한 교육 없이도 아이슬란드어로 된 자연어 프롬프트를 컴퓨터 프로그램으로 옮길 수 있다.

그렇다고 해서 '군비 경쟁'이라는 표현과 그 안에 의도적으로 함축시킨 위험성, 무모함, 지구 종말로 돌진하는 혁신이 AI 개발을 묘사하는 데 적합하다고 할 수 있을까? 이런 시각은 AI 개발의 주된 속성인 철저한 테스트를 무시하는 처사다.

직감을 따르거나, 일을 즉흥적으로 처리하거나, 내면의 목소리를 신뢰하는 유형의 사람들은 AI 개발 같은 일에 매력을 느끼지 못한다. 틱톡 인플루언서가 자극적인 영상을 올려 입소문을 내는 것을 즐기듯, AI 개발은 테스트를 즐기는 극단적인 데이터광들이 모여 있는 분야다. 그들에게는 품질을 위해 '두 번 측정하고 한 번 자른다'라는 신중한 접근 방식조차 엉성한 축에 속한다. 데이터 개선을 위해 수도 없이 측정하고 수도 없이 잘라 내는 일은 그들에게 일상이다.

사실 AI 테스트는 AI 자체가 탄생하기 전부터 존재했다. 1950년에 영국의 수학자이자 컴퓨터과학자인 앨런 튜링 Alan Turing 은 저명한 철학 저널 〈마인드 Mind 〉에 기고한 논문 「컴퓨팅 기계와 지능 Computing Machinery and Intelligence 」•에서 이런 질문을 던졌다. "기계는 생각할 수 있을까?" 튜링은 이 논문에서 인간 심판관이 컴퓨터와 대화하고 있을 때, 사람과 의사소통하고 있다고 믿도록 만드는 게임을 통해 기계 지능 평가의 기틀을 마련했다. 오늘날에는 이 과정을 '튜링 테스트 Turing test '라고 부른다.

튜링 테스트는 수십 년에 걸쳐 점점 더 정교해지고 있는 AI 평가의 기반을 마련했다. 오늘날 AI 개발자들은 수백 가지 방법으로 모델 성능을 테스트한다. 그런 다음 테스트의 효과를 측정하기 위한 더 많은 테스트를 개발하고 그 결과를 기록한 백서를 발표한다. 70년이라는 긴 시간 동안, AI 기초 연구와 주요 혁신의 대부분은 상업적 배경보다는 고등교육기관의 연구실에서 이루어져 왔으며, 그 유산은 AI의 견고하고 데이터 중심적인 테스트 문화에 반영되어 있다. 상업적 개발자가 AI 개발에서 더 큰 역할을 맡게 되었지만, 이런 지속적인 테스트와 평가의 문화는 AI 분야 전반의 발전을 촉진하는 방식으로 이어지고 있다.

다음에 군비 경쟁 이야기를 접하게 되면 이 모든 것을 염두에 두길 바란다. 적어도 AI 영역에서의 경쟁은 맹목적인 돌진이나 영유권을 주

• 국내에는 《앨런 튜링, 지능에 관하여》라는 제목의 단행본으로 출간되었다.

장하기 위한 공격적인 시도와는 거리가 멀다. 오히려 철인 3종 경기와 비슷하며 보다 더 길다고 할 수 있다. 우리가 지금 보고 있는 AI 모델은 다양한 측면의 성능을 측정하기 위해 설계된 수년간의 세심한 테스트를 기반으로 구축되었다.

경쟁은 게임화된 규제다

테스트는 할리우드 SF 블록버스터 영화 이외에 일반 대중이 AI와 빠르게 향상되고 있는 AI의 역량을 접하기에 가장 적절한 방법이었다. 1997년에 IBM 딥블루^{Deep Blue}가 세계 체스 챔피언 가리 카스파로프^{Garry Kasparov}를 물리친 일을 생각해 보라. 2011년에 왓슨^{Watson}이 제퍼디!^{Jeopardy!} 챔피언 켄 제닝스^{Ken Jennings}와 브래드 러터^{Brad Rutter}를 물리친 일을 생각해 보라. 이 사건들은 표면적으로는 인간과 기계를 겨루게 하는 재미있는 이벤트였지만, 사실상 알고리즘, 아키텍처, 데이터 처리 기술의 획기적인 개선을 확인하는 테스트였다.

지난 20년 동안 알고리즘의 개선과 빅 데이터의 출현으로 점점 더 강력하고 다면적인 모델을 만들 수 있게 되었다. 이런 기술들의 역량이 커지는 과정에서 개발자들은 이들을 평가하기 위해 더 많은 테스트와 벤치마크^{Benchmark}•를 고안했다. 벤치마크는 오랫동안 컴퓨터 산

• 컴퓨터의 성능을 비교 및 평가하기 위해 쓰는 기준 프로그램

업의 전체적인 발전에서 중요한 역할을 해 왔다. 본질적으로 일부 조직은 다양한 종류의 시스템 성능을 측정하기 위한 표준화된 테스트를 개발한다. 목표는 특정 과제에 대해 명확한 측정값을 내놓는 반복적인 절차를 만드는 것이다. 이를 통해 벤치마크를 실행하는 사람은 특정 결과를 이전에 자신이 설정한 기준과 비교하거나 같은 벤치마크를 실행한 업계 내 다른 사용자와 비교해 볼 수 있다.

일반적으로 벤치마크는 즉석 테스트나 다른 형태의 내부 확인과는 달리 제3자(주로 제품 성능의 중요한 측면을 중심으로 표준을 구축하고자 하는 학술기관이나 산업 컨소시엄)에 의해 만들어진다. 따라서 벤치마크 실행은 다른 사람의 규칙에 따라 측정하고, 하드웨어든 소프트웨어든 제품의 특정 측면이나 속성을 객관적으로 인증하는 데 동의하는 과정이라 할 수 있다.

예를 들어 2019년에 뉴욕대와 페이스북AI연구소 Facebook AI Research를 비롯한 4개 기관의 연구자들로 구성된 공동 연구팀은 슈퍼글루 SuperGLUE('GLUE'는 '전반적 언어 이해 능력 평가'를 뜻하는 'General Language Understanding Evaluation'의 약자)라는 벤치마크를 만들었다. 슈퍼글루는 언어 이해 능력의 다양한 측면을 조사하기 위해 설계된 8가지 과제를 활용해 모델을 테스트한다.

슈퍼글루에는 짧은 문단을 기반으로 다수의 질문에 답해야 하는 다중 문장 독해도 포함된다. 단어의 모호성 해소라는 과제에서는 모델에게 주어진 단어가 다른 맥락에서도 같은 의미를 갖는지 판단하는 능력을 테스트한다. 지시어를 찾는 과제에서는 여러 개의 명사가 등장하는 구절에서 대명사가 가리키는 지시 대상을 올바르게 판단할 수 있는지 시험한다. 따라서 테스트 문장이 "마크는 피트에게 자신에 대해 여러 가지 거짓말을 했고, 피트는 그 내용을 그의 책에 담았다. 그는 좀 더 정직했어야 했다"라고 하면 모델이 밑줄 친 대명사가 마크를 가리킨다는 점을 인식해야 테스트를 성공적으로 마무리할 수 있는 것이다.[6]

슈퍼글루의 제작자들은 슈퍼글루 데이터세트에 대한 접근 권한과 벤치마크 실행 방법에 대한 지침을 제공하는 것 외에도 슈퍼글루 웹사이트에서 퍼블릭 리더보드Public leaderboard를 운영하고 있다. 거기에서 마이크로소프트, 구글, IBM, 텐센트Tencent, 바이두Baidu 같은 회사와 제휴한 개인이나 팀이 테스트한 수십 개의 모델이 슈퍼글루가 제시한 8개 과제에서 어떤 점수를 받았는지 확인할 수 있다.

따라서 벤치마크는 협업과 경쟁의 조합으로 투명성과 책임성의 표준을 홍보하는 데에도 도움을 준다. AI 연구자 매튜 스튜어트Matthew Stewart가 지적한 바와 같이 벤치마크는 AI 개발을 일종의 "공동의 올림픽"으로 바꿔 놓는다. 공통된 기준이 개별 모델의 역량뿐만 아니라 AI 개발의 전반적인 개선을 확립하는 것이다.[7] AI 모델을 벤치마크에 적용하기 위해 반드시 모델 개발자가 될 필요는 없다. 기존에 확립된 벤치마크로 공개된 모델의 성능이나 한계를 독립적으로 평가할 수도 있다.■

■ 소스코드나 훈련 데이터에 접근할 수 없으면 모델이 얼마나 효율적으로 작동하는지, 리소스 활용도는 어떤지, 코드 수준에서 구현되는 안전 기능은 어떤지 등 모델의 내부 측면을 평가할 수 없다. 그렇더라도 정확성, 신뢰성, 심지어 일부 안전성과 공정성 측면 같은 중요한 특징 대부분은 평가할 수 있다.

따라서 벤치마크는 규제 같은 법적 구속력은 없지만, 하나의 기준으로서 AI 분야의 많은 참여자에게 이를 충족하거나 능가하기 위해 노력하도록 기준을 제시한다. 벤치마크는 게이트키핑^{Gatekeeping}* 메커니즘으로도 기능할 수 있다. 벤치마크에서 잘 작동하지 않는 알고리즘은 실제 응용 프로그램 적용이 보류되고는 한다.

벤치마크는 공식적인 규제와 비슷한 방식으로 기능하지만, 추가적인 이점도 제공한다. 규제는 근본적으로 상당히 정적인 형태의 거버넌스다. 초안이 작성되면 숙의와 수정을 거친다. 궁극적인 목표는 적절한 수준의 정밀도로 허용되는 것과 허용되지 않는 것을 정의하는 것이다. 그런 다음 규제는 규제집에 등재되는데, 이후에는 폐지하거나 개정하는 것조차 어려워질 수 있다. 규제가 규제집에 등재된 기간이 길어질수록 과거의 관점으로 현재를 관리하는 함정에 빠질 위험이 커진다.

규제는 품질, 안전성, 공정성의 기준을 설정하고 유지하는 데 효과적이지만, 반드시 개선을 장려하는 것은 아니다. 반면, 벤치마크는 진전을 촉진하는 역동적인 메커니즘의 역할을 한다. 때로는 테스트가 명시적인 거버넌스로 기능하기도 한다. 미국 의사면허시험에 합격한 의사만이 미국 내에서 합법적으로 환자를 진료할 수 있다. 그러나 일반적으로 시험의 주된 역할은 허용되는 행동의 범위를 설정하거나 제한하는 것이 아니라 적성이나 수행 능력을 평가하는 일이다. 테스트

* 정보나 자원의 흐름을 통제하는 과정

는 이런 식으로 사람을 발전시킨다. 자신의 점수를 알면 이를 능가하기를 바란다. 다른 사람이 어떤 수준의 숙련도에 도달한 것을 보면 그 수준에 이르거나 이를 넘어서기를 바란다.

따라서 테스트와 규제는 모두 표준화와 통제를 목표로 삼지만, 테스트는 준수를 넘어 지속적인 개선에 초점을 맞춘다. 이는 규제를 게임화한 것이다.

보다 유용한 벤치마크를 찾아서

현재 용도가 다양한 수천 개의 벤치마크가 개발자들에게 자신의 작업을 평가할 수 있는 다양한 렌즈를 제공한다. 정확도 또는 성능(모델이 이미지를 얼마나 정확하게 식별하는지 또는 문장의 다음 단어를 얼마나 잘 예측하는지)을 측정하는 벤치마크가 이런 테스트의 주축이지만, 그것은 시작에 불과하다.

AI 모델이 다양한 인구 집단의 니즈와 특성을 고려하여 공정한 결정을 내리는지 평가하는 공정성 벤치마크도 있다. 신뢰성과 일관성을 평가하는 벤치마크, 오류와 적대적 공격에 대한 시스템의 복원력을 측정하는 벤치마크, AI 시스템의 결정을 인간이 쉽게 이해할 수 있는지 평가하는 벤치마크, 안전·개인정보 보호·사용성·확장성·접근성·비용 효율성을 평가하는 벤치마크도 있다.

일부 벤치마크는 AI의 상식적 추론 능력, 즉 인간이 일상적인 지식을 바탕으로 당연하다고 생각하는 추론을 AI가 얼마나 잘할 수 있는지 측정한다. 여러 번의 대화를 통해 맥락을 인식하여 자연스러운 대화를 이어가는 AI의 능력을 평가하는 대화 및 상호 작용 벤치마크도 있다.

각 범주 내에는 뚜렷한 하위 범주와 측정 기준이 있다. 예를 들어, 리얼톡시서티프롬프트^{RealToxicityPrompts}는 언어 모델이 특정 프롬프트에 대한 반응으로 유해 콘텐츠를 생성하는 빈도를 평가한다. 스테레오세트^{StereoSet}는 성별, 인종, 종교, 직업에 관련된 편견을 비롯해 다양한 사회적 편견을 드러내는 경향을 테스트한다. 헬라스웨그^{HellaSwag}은 모델에게 그럴듯한 시나리오의 결말을 완성하게 만들어 상식적 추론 능력을 평가한다. AI2 리즈닝 챌린지^{AI2 Reasoning Challenge}는 7,000개 이상의 초등학교 과학 문제로 이뤄진 데이터세트를 사용해 인과적 추론과 독해력을 테스트한다.

벤치마크는 단지 테스트일 뿐이기에 모델이 바람직하지 않은 행동에 관여하는 것을 막지 않는다. 하지만 벤치마크는 개발자들에게 모델의 결점을 해결하기 위한 수정, 적응, 새로운 접근 방법이 얼마나 영향력을 갖는지 확인할 수 있는 일관된 방법을 제공한다. 시간이 흐르면 벤치마크는 중요한 개선을 촉진하고 그 진전을 공개적으로 입증하는 역할을 수행할 수 있다. 예를 들어, 2022년 1월에 오픈AI는 챗GPT의 전신인 인스트럭트GPT^{InstructGPT}에 대한 논문을 발표했다.[8] 이 모델이 벤치마크 트루스풀QA^{TruthfulQA}와 리얼톡시서티프롬프트를 언급하며 진행 상황을 입증하는 방식에 주목할 필요가 있다.

GPT-3에 비해 인스트럭트GPT는 모방형 허위Imitative falsehood*를 적게 생성하고(트루스풀QA에 따르면), 유해성이 적다(리얼톡시서티프롬프트에 따르면). 우리는 응용프로그램인터페이스Application Programming Interface, API** 프롬프트 배치에 대한 인간 평가도 실시했다. 그 결과, 인스트럭트GPT가 사실을 꾸며내는(할루시네이션) 빈도가 낮고, 훨씬 적절한 아웃풋을 내놓는다는 점을 발견했다.

트루스풀QA 벤치마크에 따르면 인스트럭트GPT는 실제와 일치하는 아웃풋을 생성하는 비율이 41.3%인 반면, GPT-3는 22.4%를 기록했다 리얼톡시서티프롬프트에 따르면 인스트럭트GPT는 유해 아웃풋을 생성하는 비율이 19.6%였고, 이는 유해 아웃풋의 생성 비율이 23.3%인 GPT-3보다 약간 개선된 수치다.[9]

이 수치들은 크게 뛰어나다고 볼 수는 없지만, 동일한 벤치마크를 활용해 모델들을 연속적으로 테스트해 보니 후속 모델이 더 나은 성능을 보인다는 사실을 발견할 수 있었다. 리얼톡시서티프롬프트 벤치마크에서 유해 아웃풋을 생성한 비율이 GPT-3.5는 6.48%인 반면, GPT-4는 0.73%에 불과했다.[10]

벤치마크는 AI 분야 전반에서 진보를 유발하고 촉진하는 역할을 했

- * AI가 훈련 데이터의 패턴을 복제하거나, 정보를 정확하게 검증하거나 이해하지 않고 모방하기 때문에 생성되는 부정확한 정보
- ** 소프트웨어 애플리케이션 간의 상호 작용을 가능하게 만드는 인터페이스

다. 사물 인식 능력의 극적인 진전을 추적하는 벤치마크가 있다. 기계 번역의 정확도를 평가하는 벤치마크인 BLEU^Bilingual Evaluation Understudy 는 구글 번역이 영어와 프랑스어, 독일어와 스페인어 등 다양한 언어 조합에서 얼마나 정확하게 번역하는지 평가해 간단한 수치를 내놓는다. 단어 오류율^Word Error Rate 벤치마크는 아마존의 알렉사, 애플의 시리^Siri 같은 음성 인식 비서의 오류율을 낮추는 데 큰 기여를 했다.

효과적인 벤치마크가 성능을 크게 향상한 나머지 측정 대상인 모델에게는 지나치게 쉬운 테스트가 되는 경우도 있다. 스탠퍼드대 HAI에서 발표한 2023년 AI 지수 보고서에 따르면, 현재 이 분야는 '인기 있는 기술 성능 벤치마크가 다양해진 것에 따른 성능 포화 상태'라는 특징을 보인다.[11]

AI 지수 보고서는 연구자들이 훨씬 포괄적이고 복합적인 방식으로 모델을 테스트하는 혁신적인 벤치마크를 만들어 이 문제에 대응하기 위해 노력하고 있다고 밝힌다. 그러나 벤치마크가 LLM의 성능 개선을 촉진해 점차 인상적인 성과를 거두었다고 하더라도 실생활에서 직면하는 선다형 문제는 시험에 나오는 것만큼 명쾌하지 않다는 지적도 사실이다. 따라서 AI 커뮤니티 내에서는 근본적인 논쟁이 지속되고 있다. 현재 가장 뛰어난 모델은 정말로 실생활에 적용할 수 있으며, 해당 모델은 인간과 유사한 지능을 갖는 방향으로 진전하고 있는 것일까? 진정한 이해력과 적응력을 측정하지 못하는 벤치마크에서 단지 높은 점수만 받고 있는 게 아닐까? 테스트의 진정한 목표는 응시자가 정답을 알고 있는지가 아니라 그들이 다양한 배경에 적용할 수 있는 전문 지식과 역량을 습득하고 있는지 확인하는 데 있다.

더 큰 규모의 테스트를 구축하라

학교 교실과 마찬가지로 AI 연구실도 테스트를 위한 교육이 중요하다. 특히 모델이 작고 벤치마크의 범위가 좁은 경우, 연구자들은 지도 학습 Supervised learning을 통해 표적 벤치마크의 데이터세트와 매우 유사한 데이터로 모델을 훈련하곤 한다.

사물 인식 벤치마크에서 좋은 성적을 거두도록 모델을 훈련시키는 개발자는 다양한 각도와 다양한 조명에서 다양한 사물을 보여 주는 수천 개의 이미지를 제공한다.

이런 훈련을 통해 모델의 사물 인식 능력은 극적으로 향상되었다. 컴퓨터 비전 모델 레스넷 ResNet은 2015년에 세계 최대 이미지 인식 대회인 이미지넷 대회 ImageNet Large Scale Visual Recognition Challenge에서 인간의 능력을 능가하는 점수로 우승했다. 이는 새로운 시대가 시작된다는 전조였다. 현재는 컴퓨터 비전 모델들이 안면 인식이나 의료 영상 분석 같은 시각 과제에서 인간의 정확도를 능가한다.

그러나 모델은 여전히 실수를 저지른다. 이는 그들이 특정 물체의 물리적 특성이나 실제 세계에서 물체들이 서로 어떻게 관련되어 있는지에 대해 더 깊이 있는 이해를 가지고 있지 않다는 점을 보여 준다. 이는 모델이 '적대적 예제 Adversarial example'라고 알려진 것에 취약하다는 점에서 잘 나타난다. 이들이 얼룩말이라고 정확히 식별한 이미지에서 픽셀 몇 개만 바꿔도 모델은 그 이미지를 토스터라고 인식한다.

물론 이는 어린아이도 하지 않을 추론이다. 인간은 대개 하나의 물체가 얼룩말과 토스터 사이의 경계에 있을 가능성이 없다는 것을 이해하기 때문이다. 우리에게는 그 두 가지가 비슷하지 않다. 내면에 갖춰진 상식 덕분에 우리는 '토스터냐? 얼룩말이냐?'라는 명제를 두고 고민하지 않는다.

모든 종류의 모델은 진화 과정을 거쳐 적대적 인풋이나 다른 유형의 오류에 대한 취약성이 전반적으로 감소하기 마련이다. GPT-2는 긴 구절에서 일관성을 유지하는 데 어려움을 겪었지만, GPT-4는 수천 개의 단어를 통해 일관되고 논리적으로 구성된 콘텐츠를 생성할 수 있다. 연구자와 개발자는 성능 향상에 대응해 현재 개발 중인 모델들이 암기나 정교한 패턴 매칭을 넘어서는 새로운 인지 능력을 실제로 습득하고 있는지 식별하기 위해 점점 더 복잡한 벤치마크를 고안하고 있다.

예를 들어 마이크로소프트의 연구팀은 2023년 4월에 GPT-4가 학제 간 문제 해결, 시각적 추론 능력, 기타 범용 지능과 관련된 인지 능력을 발휘하도록 유도하는 새로운 질문과 과제를 개발하는 활동을 요약한 연구 논문을 발표했다.[12] 이 연구팀은 틱즈TikZ라는 프로그래밍 언어를 사용하여 유니콘을 그려 달라고 요청했다. 틱즈는 일반적으로 일러스트레이터나 포토샵 같은 프로그램에서 볼 수 있는 그래픽 사용자 인터페이스Graphical User Interface, GUI가 아니라 명령행 지시*를 통해 표와 도해, 기타 벡터 기반 그래픽을 생성하는 데 사용되는 언어다.

무엇이 이 작업을 그토록 어렵게 만드는 것일까? 이 프로그래밍 언어가 인간과 동일한 과제를 이행하려면 어떤 일을 해야 할지 생각해 보자. 일단 유니콘이 보통 어떻게 묘사되는지 알아야 한다. 틱즈는 프로그래밍처럼 수학적 용어를 사용해 정확한 기하학적 모양과 선을 생성하므로 이런 특성을 고려해 유니콘의 시각적 모습을 어떻게 표현할지 알아내야 한다. 또한 막대 그래프나 벤 다이어그램 같은 잘 알려진 그래픽이 아니라 삽화를 그리기 위해서는 틱즈의 구문과 기능을 충분히 숙지해 새로운 방식으로 사용할 수 있어야 한다.

이 과제를 성공적으로 마치려면 추상적 사고와 문제 해결 능력을 이용해 유니콘의 이미지를 뿔을 나타내는 코드 조각, 갈기를 나타내는 코드 조각 등 프로그래밍 가능한 개별 구성 요소로 분해해야 한다. 틱즈가 사용하는 좌표계(틱즈는 지도나 그래프 용지처럼 공간을 가로 축과 세로 축으로 이루어진 격자선으로 정의한다) 내에서 그림의 여러 요소를 효과적으로 배치하고 크기를 조정하기 위한 공간 추론 능력도 필요하다. 결론적으로 최종 결과물인 기하학적 형태와 선으로 구성된 2차원 구성물을 개념적으로 유니콘으로 인식할 수 있도록 만들기 위해서는 여러 영역에 걸친 다양한 지식과 그 지식을 적절한 방식으로 통합하는 창의성이 필요하다.

- 텍스트 기반 명령어를 통해 컴퓨터와 상호 작용하는 방식

GPT-4는 이 과제를 어떻게 해결했을까? 오픈AI가 한 달 내내 지속적으로 GPT-4를 개량하는 동안, 마이크로소프트 연구팀은 세 차례에 걸쳐 GPT-4에게 틱즈를 사용해 유니콘을 그려 달라고 요청했다. 첫 시도에서 GPT-4는 그것을 그린 어린아이의 부모나 냉장고에 붙여 놓을 만한 아주 어설픈 이미지를 생성했다. 그러나 이 이미지에는 무엇을 그린 것인지 알고 있어야 알아볼 수 있는 유니콘의 여러 특징이 포함되어 있었다. 분홍색이었고, 뿔로 보이는 것과 숱이 많은 꼬리가 있었다. GPT-4의 두 번째 작품은 훨씬 쉽게 알아볼 수 있었다. 유니콘의 갈기와 꼬리가 더 확연하게 드러나 전체적인 비율이 더 균형 있게 보였다.

이 과제와 다른 과제들이 보여 주듯 첨단 모델들은 이제 패턴 인식의 범위를 훨씬 뛰어넘는 성과를 꾸준히 달성하고 있다. 그들은 인간의 의도와 감정을 정교하게 파악하고 있음을 시사하는 방식으로 자신의 결정과 행동을 설명할 수 있다. 그들은 상당한 수준의 이해력을 바탕으로 정보를 요약하고 종합할 수 있다.

하지만 여러 영역에서 이해가 부족하다는 것을 드러내는 실수를 계속 저지르기도 한다. 그들은 고급 패턴 매칭에 점점 더 능숙해지고 있을 뿐이다. 미국 산타페연구소의 멜라니 미첼Melanie Mitchell 교수는 〈네이처Nature〉에서 "기계는 인간이 결코 알아차릴 수 없는 언어의 미묘한 통계적 연관성을 포착할 수 있습니다"라고 설명했다.[13]

이제 일부 빅테크 기업 개발자들은 1조 단어 이상의 데이터세트를 사용해 모델을 훈련시키기 시작했다. 회의론자들은 데이터세트가 그렇게 커지면 AI가 뉴질랜드 소비뇽 블랑을 그 도드라진 과일 향을 보완하는 요리와 페어링하는 일을 전문가처럼 능숙하게 해낼 것인데, 이는 사실상 '부정행위'라고 주장한다. 데이터에는 뉴질랜드 소비뇽 블랑에 대한 시음 노트와 기타 관련 정보가 충분히 포함되어 있을 테니 말이다. AI는 시험을 치기도 전에 이미 답을 알고 있는 셈이다.

이런 현상을 '데이터 오염 Data contamination' 또는 '데이터 유출 Data leaking'이라고 하며, 개발자들은 이런 일을 방지하는 데 최선을 다한다. 훈련 과정의 부주의로 모델이 테스트 데이터에 노출된 경우, 인위적으로 부풀려진 성과와 모델의 실제 역량에 대한 부정확한 평가로 이어질 수 있다. 이 부분에서 단기적인 관심을 얻고 평판을 높이기 위해 높은 점수만을 얻을 목적으로 시스템을 조작할 유인이 있기는 하지만, 많은 개발자는 현실적인 유용성을 지닌 진정한 범용 지능을 개발하는 데 훨씬 더 집중한다.

올바르게 사용된 벤치마크는 기술의 진전을 입증하는 데 유용하기 때문에 개발자들은 모델 훈련에 사용하는 데이터와 모델 테스트에 사용하는 데이터를 엄격하게 구분하려 노력한다. 그들은 수집하는 데이터의 출처를 파악하기 위해 강력한 추적 시스템을 구축하고, 오염의 가능성을 탐지하기 위해 다양한 테스트를 진행한다. 이미 알려진 데이터세트는 훈련 데이터에서 철저하게 배제하기도 한다.

이런 예방책을 동원하기 때문에 벤치마크의 개선은 실제로 AI 성능의 진정한 발전을 반영한다. 또한 모델이 생성하는 할루시네이션이나 사실과 터무니없이 다른 아웃풋은 인간과 동일한 지능이라는 모든 주장에 대한 강력한 반박 자료의 역할을 이어가고 있다. LLM이 정말로 더 일반화할 수 있는 방식으로 더 많은 능력을 얻고 있다면, 왜 계속해서 같은 종류의 바보 같은 실수를 저지를까?

글루머는 지속적으로 오류는 범하는 경향이 모델을 불안정하게 만든다고 주장한다. 의사면허시험을 통과하고 복잡한 진단 기준을 외울 수 있는 LLM도 결정적인 순간에 환자의 증상 설명에서 맥락상의 미묘한 단서를 포착하지 못할 수 있고, 이것이 패혈증이나 경미한 뇌졸중처럼 초기 발견이 중요한 질환을 진단하지 못하는 실수로 이어질 가능성도 있다.

이는 어느 정도 사실이기도 하다. 우리는 모델이 절대로 실수를 저지르지 않는 지점에 이르지 못했으며, 끝까지 도달하지 못할 수도 있다. 그러나 우리의 목표가 완벽이 아닌 발전이라면, 꼭 그 지점에 도달해야 할 필요가 있을까? 인간도 실수를 한다. 그것도 아주 많이. 이는 우리가 인간의 능력을 향상시키는 수단으로 기계, 특히 AI 모델을 찾는 주된 이유 중 하나다.

그렇다면 LLM을 신뢰할 수 있으려면 LLM의 성과를 얼마나 확신해야 하고, 어떻게 하면 그런 확신을 얻을 수 있을까? 규제는 정확도를 올리는 방법이지만, 그 어떤 규제도 안타까운 일이 일어날 위험을 완전히 제거하지는 못한다. 강도를 범죄로 규정하는 법이 있다고 해서 강도를 당하지 않을 것이라는 보장은 없다. 법은 강도를 당할 가능성을 줄이기 위해 만들어진 정책일 뿐이다. 변호사나 의사는 자신의 전문성을 입증한 후에야 면허를 취득하지만, 그렇다고 해서 외과 의사가 실수로 환자의 멀쩡한 다리를 절단하는 비극이 절대로 발생하지 않는다는 의미는 아니다. 실제로 그런 일이 일어나기도 했다.

만약 그런 일이 발생한다면, 이는 외과 의사가 다리가 무엇이고, 다리는 오른쪽과 왼쪽이 있으며, 두 다리를 자유롭게 바꿀 수 없고, 수술에서는 특히 더 그렇다는 사실을 제대로 이해하지 못해서가 아닐 것이다. 아마도 누군가가 차트 기록에서 실수를 저질렀거나, 외과 의사가 술에 취했기 때문일 것이다. 궁극적으로 중요한 것은 실수가 왜 발생했는지, 어떻게 발생했는지, 얼마나 자주 발생하는지의 문제다.

AI 연구자, 개발자, 윤리학자들은 모델의 해석 가능성과 설명 가능성이라는 두 가지 개념의 중요성을 강조하곤 한다. 해석 가능성은 모델이 내놓을 결과를 인간이 일관되게 예측할 수 있는 정도에 초점을 맞춘다. 모델의 구조와 인풋이 투명할수록 인간은 결과를 정확하게 예측할 수 있다. 설명 가능성은 모델이 의사결정에 도달하는 방식을 가리킨다. 이미지에 고양이가 포함되어 있는지 판별하거나 특정 금융거래가 사기라고 판단하는 시스템의 원리를 쉽게 이해할 수 있는 용어로 설명할 수 있는 능력을 말하는 것이다. 본질적으로 설명 가능성은 AI 의사결정의 '블랙박스적 성격'을 이해하기 쉽게 설명하는 것을 목표로 삼는다.

이 두 가지 개념은 특히 위험 부담이 큰 영역에서 AI 시스템에 대한 신뢰를 구축하는 데 있어 매우 중요하다. 그러나 개발자들이 해석 가능성과 설명 가능성을 높이기 위해 노력해야 하는 것은 분명하지만, 절대적인 해석 가능성과 설명 가능성을 '안전한' AI의 표준으로 삼는 것은 비현실적이고 비생산적이며, 더 큰 관점에서 세상이 돌아가는 방식을 볼 때 대단히 이례적인 조치다.

민사든 형사든 법률 시스템에서는 때로 상황과 동기를 고려하지만, 언제나 문제의 핵심은 행동이다. AI의 경우에도 마찬가지다. 적어도 주된 의도가 AI의 사용 금지가 아니라 실용적인 도입이라면, 모델이 어떻게 작동하는지보다 무엇을 하는지가 더 중요하다.

의사결정을 하고 대규모로 아웃풋을 생성하는 능력은 모델이 하는 가장 중요한 일이므로 모델의 신뢰도에 영향을 미치는 요소여야 한다. 하지만 글루머는 이 점을 악용해 여러 예외적 사례들을 체계적 실패의 증거로 제시한다. 컴퓨터 비전 모델이 토스터를 얼룩말로 착각하는 것은 세상에 대한 실제적 이해가 부족하기 때문이며, 이런 일은 컴퓨터 비전 모델이 널리 보급됨에 따라 종종 일어날 것이라는 점을 알고 있다면, 어떻게 이 모델을 신뢰할 수 있을까? 특정한 논리 문제에 계속 쩔쩔맨다면, 제대로 된 추론 능력이나 이해력이 필요한 모든 과제에서 이 모델을 근본적으로 신뢰할 수 없지 않을까?

하지만 거시적으로 보면 본질적인 한계로 제시된 것도 통계적 변칙처럼 보이기 시작한다. 완벽한 성능(인간에게는 적용할 수 없는 비현실적인 기준)을 요구하는 대신, 수용 가능한 오류율을 설정하고 시스템 전반의 신뢰도를 계속 개선해 나가는 데 집중해야 한다. 우리가 오류율을 이미 알고 있어도 인간이 주도하는 시스템을 신뢰하는 것처럼, 일관되고 측정 가능한 신뢰도를 보여 주는 AI 시스템에 대한 신뢰를 쌓는 것이 얼마든지 가능하다.

유니버시티칼리지런던[UCL] 과학기술정책학 교수 잭 스틸고[Jack Stilgoe]는 〈사이언스〉에 기고한 글에서 기술적 역량보다 사회적 유용성을 강조하며 공공의 관점에서 AI를 평가해야 한다는 주장을 펼친다.

사회가 AI에 대해 올바른 결정을 하려면 20세기 후반의 위대한 컴퓨터과학자 요제프 바이첸바움[Joseph Weizenbaum]을 살펴봐야 한다. 1972년, 바이첸바움은 〈사이언스〉에 발표한 논문 「컴퓨터가 사회에 미치는 영향[On the Impact of the Computer on Society]」에서 동료 컴퓨터과학자들이 일반 대중의 관점에서 자신의 활동을 바라보려 노력해야 한다고 주장했다. 그는 컴퓨터과학자들은 어떻게 하면 자신들이 기술을 구동하고 '전자공학적 묘기'를 사용해 안전하게 만들지 생각하는 반면, 일반인들은 '이것이 좋은가?'와 '우리에게 이것이 필요한가?'라는 질문을 던진다고 주장했다. 생성형 AI의 가능성에 대한 기대감이 고조됨에 따라, 우리는 이들 기계가 지능적인지보다 유용한지 물어야 한다.[14]

스틸고는 생성형 AI의 유용성에 상당히 회의적인 듯 보이지만, 바이첸바움의 말을 빌려 우리가 반드시 던져야 할 질문을 제기한다. 어떤 것이 좋은지 판단하기 위해서는 그 본성의 중요한 부분을 알아야 한다. 우리에게 유용한지 알아보기 위해서는 그 유용성의 중요한 부분을 알아야 한다.

이 두 가지 필수적 질문은 더 많은 질문을 유도한다. 문제의 대상, 즉 생성형 AI의 의도는 무엇인가? 공인된 가치는 무엇인가? 그 가치를 얼마나 충실하게 고수하는가? 윤리적으로, 문화적으로, 환경적으로 세상에 어떤 영향을 미치는가? 그 영향이 당신의 가치관과 부합하는가? 당신은 그것을 신뢰하는가?

벤치마크는 연구자와 개발자가 이런 질문을 탐구하고 AI 시스템의 역량에 대한 심층적인 이해를 얻는 데 도움을 준다. 그렇다면 바이첸바움이 새로운 기술의 핵심 평가자로 지목한 '일반 대중'이 사용할 수 있는 자원은 무엇일까? 이와 관련하여 벤치마킹 관행에 사용되는 일부 테스트 역학을 가져와 일반 대중의 접근을 돕는 방법이 있는 것으로 드러났다.

인포테인먼트를 누리고 있는가

챗봇 아레나Chatbot Arena는 인간의 선호도를 기반으로 LLM을 평가하는 오픈소스 플랫폼이다." 챗봇 아레나는 챗GPT나 클로드처럼 작동한다. 텍스트 상자에 프롬프트를 입력하고 제출한 다음에 답변을 기다리면 된다. 여기서 차이점은 프롬프트가 두 개의 LLM에 동시에 제출되며, 두 LLM의 정체는 알 수 없다는 것이다. 당신은 각 LLM이 생

- 챗봇 아레나는 LM아레나lmarena.ai에서 접속할 수 있다. LM아레나 웹사이트는 UC버클리 스카이랩SkyLab의 학생과 교수진이 설립한 개방형 연구 조직 LMSYS 회원들이 개발했다.

성하는 결과를 비교하고 더 마음에 드는 쪽에 투표한다.

챗봇 아레나의 관리자들은 이런 일대일 대결의 득표수를 기반으로 플랫폼의 리더보드에 모든 모델의 순위를 공개한다. 관리자들은 대학 미식축구나 미국프로골프 PGA 순위 결정과 비슷한 과정에 정교한 수학적 방법을 더함으로써 모델들이 직접 경쟁하지 않더라도 어떤 모델이 전반적으로 가장 좋은지 알아낸다. 이 글을 집필하는 시점에서 리더보드에 이름을 올린 모델은 130개가 넘는다.

전통적인 벤치마크는 모든 모델에 대해 동일한 조건을 유지하고, 제한된 범위에서 AI 모델을 직접적으로 비교하도록 설계되었다. 이는 광범위하고, 개방적이고, 복잡하고, 종종 빠르게 전개되는 실제 상황에서 모델이 어떻게 작동할 것인지에 대한 포괄적인 그림을 제공하지 못한다는 것을 의미한다.

반면, 챗봇 아레나는 하나의 포괄적인 지표, 즉 일반 고객의 만족도 평가를 바탕으로 개선을 추진한다. 이런 면에서 리더보드는 이베이의 별점 평가나 레딧의 지지 투표 시스템 같은 인터넷의 가장 효과적인 거버넌스 메커니즘, 즉 복잡한 상호 작용에서 간단하고 보편적으로 이해되는 신호를 뽑아내는 메커니즘과 닮았다.

하버드대 케네디스쿨의 '민주적 거버넌스 및 혁신을 위한 애시센터 Ash Center for Democratic Governance and Innovation'에서 2015년에 발표한 글 「규제, 인터넷 방식 Regulation, the Internet Way」에서 유니온스퀘어벤처스 Union Square Venture의 파트너 닉 그로스만 Nick Grossman은 "인터넷 스타일의 규제 방식 전환의 핵심은 실행 전에 허가를 받아야 하는 '허가' 중심 방식에서 일단 실행한 뒤에 책임지는 '책임' 중심 방식으로 전환하는 것이다"라고 말했다.[15] 이는 이베이, 에어비앤비, 우버 등 인터넷 플랫폼과 마켓플레이스가 참여를 원하는 사람들에게 사업 면허나 판매 허가, 또는 참여를 위한 사전 조건으로 요구되는 다른 종류의 행정적 인증 취득을 요구하지 않는다는 뜻이다.

그런 허가나 증명 없이 바로 시작할 수 있다. 일단 시작한다고 해서 실제로 규제가 없는 새로운 영역에 도착한 것은 아니다. 사실 인터넷은 과거에도 규제가 대단히 많은 공간이었고, 지금도 여전히 그렇다. 수십억 건의 일상적인 거래와 상호 작용이 기록되고 집계되고 분석되어 평판 점수나 기타 투명성 및 책임성 지표로 변환되며, 인터넷이 움직이는 속도와 규모에 뒤지지 않을 정도로 유연하게 거버넌스 기능을 수행한다.

이것이 챗봇 아레나 리더보드가 AI 모델로 하는 일이다. 챗봇 아레나는 참여자의 행동을 평가하는 유형의 인터넷 거버넌스 메커니즘과는 달리 시스템의 결과를 평가한다. 시간이 지나면서 집계된 개별 투표가 개별 모델의 성능, 더 나아가 거시적 관점에서 대중은 모델이 어떻게 작동해야 한다고 생각하는지에 대한 사회적 기준을 구성한다.

다음 장에서 더 자세히 논의하겠지만, 오픈AI의 반복적 배포 접근법의 핵심 중 하나는 실험실에서는 결코 달성할 수 없는 규모의 분산된 실무 테스트를 가능하게 만든다는 것이다. 현재 전 세계 수억 명의 사람이 수백 개의 모델을 사용하고 있다. 이 과정에서 개별 사용자는 모델이 어떻게 작동하는지, 개인적으로 가치를 두고 신뢰하는 것은 무엇인지, 가치를 두지 않고 신뢰하지 않는 것은 무엇인지에 대해 개별적으로 학습하고 있다. 개발자들도 자신의 모델로부터 이런 것들을 배우고 있다. 그것도 대규모로 말이다. 그들은 사람들이 무엇을 좋아하거나 싫어하는지, 문제가 발생하는 곳은 어디인지 파악한 후 발견한 결과를 향후 업데이트 또는 출시에 적용한다.

하지만 챗봇 아레나 같은 리더보드는 데이터를 대규모로 집계하도록 설계되어 모델 1개가 아니라 100개 이상의 성과 데이터를 추적한다. 이를 통해 사용자들은 자신의 경험뿐만 아니라 다른 사용자의 경험으로부터도 학습할 기회를 얻는다. 이런 집단 지능은 한 분야의 모든 참여자에게 비교적 쉽게 적용될 수 있는데, 이는 기존의 피드백 수집 방법과는 다른 새로운 기술이다.

예를 들어, 유튜브나 페이스북의 전반적인 성과에 대한 사용자의 평균 만족도는 쉽게 판단할 방법이 없다. 품질을 명확하게 드러내는 방식으로 비교하는 것은 더 어렵다. 뉴스 미디어 출판물도 마찬가지다. 같은 이야기를 세 개의 다른 매체에서 어떻게 다뤘는지 순위를 매길 수 있는 사이트는 없다. 설령 있다고 해도 그런 사이트는 조작하기 쉬울 것이다. 투표하기 전에 어떤 곳에서 어떤 기사를 실었는지 검색하고 기존의 선호도에 따라 투표할 수 있을 테니 말이다.

하지만 챗봇 아레나에서는 모델들이 실시간으로 답변을 생성한다. 그들의 아웃풋은 사용자의 요청에 의해서만 존재한다. 따라서 보통은 시스템 조작 시도에 대한 저항력이 있다. 챗봇 아레나의 관리자가 계속해서 사이트를 발전시키면서 더 세분화된 평가 형태가 제공됐다.

기본적으로는 사용자들로부터 많은 표를 받은 순서로 모델들을 나열한 전체 순위를 보여주지만, 그보다 더 세밀하게 데이터를 평가할 수도 있다. 예를 들어, 사용자가 입력하는 프롬프트를 '지침 준수', '코딩', '수학', '긴 질문' 등의 여러 종류로 나눈 다음, 사용 사례에 따라 모델의 성능이 어떻게 달라지는지 보여 줄 수 있다. 한 모델이 수학에서는 높은 순위에 있지만 긴 질문에 대한 응답에서는 동일한 수준의 성능을 내지 못할 수도 있다.

이는 사용이 잦을수록 기능이 개선되는 사례이기도 하다. 수억 명의 사람이 챗봇 아레나를 사용해 모델의 성능을 평가하기 시작한다고 상상해 보라. 날마다 많은 사람이 프롬프트를 제출한다면 상당히 난해한 사용 사례에 대해서도 통계적으로 유효한 결론을 도출할 수 있을 것이다. 이론상으로 사용자는 모델의 거의 모든 성능에 대한 통찰력을 한번에 얻을 수 있다. 문예 창작 과제에 가장 뛰어난 모델은 어떤 것인가? 영어를 중국어로 번역하는 데 가장 뛰어난 모델은 어떤 것인가? '할루시네이션 발생률'이 낮고 '감성 지능과 공감 능력'을 요구하는 아웃풋 모두에서 높은 점수를 받은 모델은 어떤 것인가?

챗봇 아레나 관리자는 아웃풋에 대한 자체적인 테스트를 진행해서 사실과 다른 내용이나 유해한 아웃풋 같은 현상이 업계 전반에서 실제로 발생하는 비율을 도출할 수 있다. 관리자들은 사용자들에게 특정 아웃풋을 다른 아웃풋보다 선호하는 이유를 물음으로써 AI와의 상호 작용에서 사용자의 선호도와 의사결정 과정에 대해 더 많은 것을 배울 수 있다.

챗봇 아레나는 이런 유형의 잠재력을 바탕으로 민주화된 풀뿌리 거버넌스, 사용자가 선호도와 판단을 집단적으로 표현함으로써 지속적인 AI 개발에 영향을 미치고, 투명성을 통해 신뢰가 형성되는 규제 2.0^{Regulation 2.0}에 접근하는 길을 제시한다. 특정 모델이 의학에 관한 조언에서 잘못된 정보를 생성할 확률이 3%라는 것을 쉽게 알 수 있다면, 다양한 작업에서 어떤 AI 모델을 신뢰할 수 있는지에 대한 정보를 바탕으로 훨씬 더 나은 결정을 내릴 수 있다. 개발자들은 사용자에게 진정으로 의미 있는 방식으로 모델을 개선하고자 하는 커다란 동기를 갖게 될 것이다.

6장

AI 발전은
정말 위협적일까

Innovation Is
Safety

AI 모델이 더 강력해지고 더 많은 일을 할 수 있게 되면서 효과적 안전 조치와 인간의 광범위한 감독에 대한 중요성도 더 커지고 있다. 결과적으로 혁신과 신중함의 균형을 유지해야 할 필요성이 더 커지고 있다. 그렇다면 우리는 어떻게 해야 할까?

글루머는 안전을 조심, 심사숙고, 주의 등의 속성과 연관시키는 경향이 있지만, 개발 속도도 중요하다. 개발을 지연시키기 위해 고안된 규제나 기타 정책적인 개입은 전 세계적인 웰빙을 향상시키는 획기적인 제품과 서비스를 창출할 능력을 저해하는 것에서 그치지 않는다. 그런 개입과 규제는 혁신이 안전에 미칠 수 있는 긍정적인 영향도 지연시킬지도 모른다.

더 광범위하게 보면 글로벌 기술 환경을 고려하는 것도 중요하다.

미국의 기업과 학술기관이 2010년대 초에 시작된 머신러닝 르네상스의 최전선에 서 있는 동안, 중국·프랑스·이스라엘·인도·한국 등 여러 국가는 AI를 사용해 국가적 목표를 달성하기로 마음먹었다. 상호의존도의 증가로 고도로 네트워크화된 세계에서 전 구글 CEO이자 알파벳의 회장인 에릭 슈미트가 미국의 혁신력이라고 묘사한 것을 유지하는 일이 안전을 위한 핵심적인 우선 사항으로 부상하고 있다. 미국은 개발에서 선두를 유지함으로써 미국의 경제력, 국가안보, 글로벌 영향력을 널리 투영하는 능력을 강화하는 방식으로 AI 기술을 민주적 가치에 접목하고, 이들 기술을 사회 전반에 통합하고 있다.

빠른 개발은 적응력이 강한 개발을 의미한다. 그리고 적응력이 강한 개발은 더 짧은 신제품 출시 주기, 더 잦은 업데이트, 더 안전한 제품을 의미한다. 특히 즉각적으로 배포할 수 있고 피드백을 빠르게 주고받을 수 있는 인터넷 소프트웨어 분야에서는 혁신을 통한 안전 확보가 규제를 통한 안전 확보보다 훨씬 효과적이다.

그러나 글루머와 두머는 그렇게 생각하지 않는다. 챗GPT가 출시되고 처음 몇 개월간 새롭게 대두된 긴장이 개발을 규제하고 대중의 접근을 제한하자는 주장을 낳았다. 남부 캘리포니아의 민주당 소속 하원의원 테드 리우 Ted Lieu는 〈뉴욕타임스〉 기명 칼럼에서 "통제와 규제가 없는 AI에 소름이 끼친다"라고 말했다. 그는 의회가 처리할 수 있는 것보다 더 빨리 규제 조치를 만들고 시행할 수 있는 이 기술을 전담하는 새로운 연방 기관, 즉 AI를 위한 미국 식품의약국 Food and Drug Administration, FDA을 만들어야 한다고 주장했다.[1]

영국 노동당의 디지털 채널 대변인 루시 파월 Lucy Powell 은 AI 개발이 의약품이나 원자력처럼 규제되어야 하며, 챗GPT 같은 모델을 구축하려면 라이선스가 필요하게끔 법을 제정해야 한다고 주장했다.[2] 네덜란드의 디지털부 장관 알렉산드라 반 후펠렌 Alexandra van Huffelen 은 AI와 자동차 사이의 연관성을 찾으며 이렇게 말했다. "신차는 출시하기 전에 우선 안전하게 운전할 수 있는 차인지 확인합니다."[3]

이 모든 입법자와 정부 관료가 주장하는 것은 흔히 '사전예방원칙 Precautionary principle'이라고 불리는 규제 접근법이었다. 본질적으로 사전예방원칙은 새로운 기술을 '무죄가 입증될 때까지 유죄'로 본다.[4] 반대로 많은 기술 전문가, 기업가, 투자자는 '허가 없는 혁신 Permissionless innovation'이라는 접근 방법을 선호한다. 허가 없는 혁신은 신기술을 선제적으로 통제하거나 심지어 금지하는 하향식 접근 방법과는 다르게 명시적으로 혁신, 실험, 적응을 위한 충분한 여지를 둔다. 피해가 아직 존재하지 않거나 기존 규제가 이미 그런 피해를 다루고 있는 경우라면 더욱 그렇다.

허가 없는 혁신은 시행착오법을 사용하는 실험을 촉진하는 데 유용하지만, 부정적인 결과가 뒤따를 수 있다. 혁신을 지나친 규제가 없을 때 가장 생산적인 것으로 개념화함으로써(이는 분명한 사실이긴 하지만) 혁신 자체의 고유한 규제력을 간과하는 것이다.

우리는 규제기관과 기업가가 대립한다고 생각하는 경향이 있다. 하지만 실제로는 양쪽 모두 세상의 어떤 측면이 작동하는 방식을 개선하려는 공통적인 목표를 갖고 있다. 규제기관은 새로운 법을 제정함으로써 목표를 달성하려고 한다. 기업가는 새로운 제품과 서비스를 생산해 새로운 역량을 제공하거나 기존의 디자인을 개선함으로써 목표를 달성하려고 한다.

예를 들어 자동차 발명 초기에는 제조업체들이 자동차를 더 안정적이고 사용하기 쉽게 만들고자 하는 자연스러운 동기를 갖고 있었으며, 이는 실제로 자동차를 더 안전하고 시장성 있게 만들었다. 이런 식으로 구성 요소나 기능이 개선된 새로운 버전은 대중이 채택해야 비로소 비준되는 '법'이나 '규제'로 볼 수 있다.

찰스 케터링Charles Kettering이 1911년에 발명하여, 1912년에는 캐딜락 모델에 장착된 전기식 시동 장치를 예로 들어 보자. 이 스타터가 나오기 전까지 운전자는 시동을 거는 데 필요한 일련의 단계 중 하나로, 엔진의 크랭크축을 수동으로 돌리는 핸드 크랭크를 이용해야 했다. 이 과정에는 상당한 힘이 필요해서 아무나 운전을 할 수 없었고, 엔진에서 역화가 일어나면서 크랭크가 뒤로 회전하면 운전자의 손목, 팔, 심지어 턱뼈가 부러지는 경우도 있었다.

운전자가 페달을 밟기만 하면 시동이 걸리는 전기식 시동 장치의 도입은 자동차가 널리 퍼지는 데 도움을 줬으며 자동차를 더 안전하고 신뢰할 수 있도록 만들었다. 운전자들이 이 장치를 선호하자, 전기식 시동 장치는 빠르게 업계 표준으로 자리 잡았다. 1920년에는 핸드 크랭크 엔진이 거의 사라졌다.

사용자 기반을 넓히고 참여를 유도하는 인터넷 때문에 허가 없는 혁신의 규제 기능이 그 어느 때보다 강력해졌다. 21세기에 공식 규제

기관의 사전 승인이 없는 공개적이고 반복적인 실험의 자유를 옹호한다는 것은 면밀한 조사와 믿을 수 있는 감독을 피하는 게 아니라 오히려 이를 환영한다는 뜻이다. 이는 결국 포괄적인 피드백, 더 짧은 제품 출시 주기, 더 빠른 개선으로 이어지고, 나아가 더 안전하고 신뢰할 만한 제품을 만드는 데 기여한다.

이런 역학이 AI의 맥락에서 왜 그렇게 중요한지 이해하기 위해 사전예방원칙과 허가 없는 혁신에 대해 좀 더 자세히 살펴보기로 하자.

빠르게 움직여 제동을 걸 순간인가?

식품 산업과 지속 가능한 농업에 관한 책으로 널리 알려진 베스트셀러 작가 마이클 폴란 Michael Pollan은 2001년에 〈뉴욕타임스〉에 기고한 글에서 이렇게 말했다. "신기술은 인류에게 큰 혜택을 가져다줄 수 있지만, 우발적인 피해를 유발할 수도 있다. 인류의 건강과 환경에 영향을 미칠 수 있는 혁신을 도입할 때, 사회는 얼마나 신중해야 할까?"[5]

폴란이 사전예방원칙에 대한 글을 쓰던 시점은 미국에서 이 원칙이 정량적 위험 분석의 대안으로 인정받기 시작한 때였다. 폴란이 관찰했듯 정량적 위험 분석은 어떤 시나리오에서는 효과적이지만, 다른 시나리오에서는 그만큼의 효과를 내지 못한다. 정량적 위험 분석은 과거의 데이터에 의존해 미래를 예측하기 때문에 실질적인 데이터가 아직 존재하지 않는 신기술의 잠재적 위험을 포착하는 데에는 효과적이라고 할 수 없다. 폴란은 "정량화할 수 없는 것은 위험 분석에서 배제되기 때문에 측정 가능한 피해의 증거가 없는 한, 신기술은 그대로 승인받는다"라고 말했다.

이 역학을 해결하기 위해 구 서독의 입법자들은 1970년대에 새로운 접근 방식을 개척했다. 서독 정부는 숲을 파괴하기 시작한 산성비에 대응하기 위해 공장과 발전소의 이산화황과 산화질소 배출을 줄이는 법을 통과시켰다. 당시에는 이런 물질의 배출이 산성비를 유발한다는 확실한 과학적 증거가 없었는데도 말이다.[6]

서독에서는 이 접근 방식이 '사전 배려의 원칙'으로 알려졌다. 이는 예측 원칙, 더 강하게 표현한다면 '사전예방원칙'으로 번역된다. 어느 쪽이든 이 방식에서는 잠재적 위험을 제기하는 당사자에게 입증 책임이 부과된다. 폴란은 칼럼에서 이런 접근 방식을 '현대 자본주의 기술 문명에서의 일상적인 사업에 대한 과격한 도전'이라고 표현했다. 사전예방원칙은 신생 기업, 비전통적 접근 방식, 혁신의 자유를 우선시하는 대신에 근본적으로 보수적인 입법 성향을 띤다. 폴란의 표현대로 그것은 "후회하는 것보다 안전한 것이 낫다", "잘 생각하고 행동하라" 같은 식의 접근 방식이다.

사전예방원칙이 미국에 가장 큰 영향을 준 부분은 그것이 환경에 뿌리를 두었다는 점을 반영하듯 환경과 공중보건 분야였다. 농업에서 유전자변형농산물 Genetically Modified Organism, GMO에 부과되는 규제는 사전예방원칙을 적용해 피해에 대한 결정적인 증거가 아직 나타나지 않은 경우에도 광범위한 테스트와 표지 부착을 요구한다. 마찬가지로

비스페놀A^BPA와 네오니코티노이드 같은 특정 화학 물질 사용 제한도 건강과 환경에 미치는 잠재적 영향에 대한 우려에서 기인한 것이다(이들 화학 물질이 피해를 유발한다는 확실한 과학적 증거는 아직 나오지 않았다).

사전예방원칙은 기술 산업에까지 영향을 미치고 있다. 유럽연합이 2018년에 시행한 일반정보보호규정은 사전예방원칙의 접근 방식을 취해 특정 조직의 서비스를 이용하는 개인에 의해 생성된 데이터를 해당 조직이 활용함으로써 피해를 유발했다는 증거가 없는 상태에서도 다양한 기본적 제한을 둔다. 전 세계 기업은 유럽연합의 고객에게 서비스를 제공하거나 유럽연합 거주자의 데이터를 처리하므로 일반정보보호규정은 미국을 포함한 전 세계의 데이터 관행에 영향을 미친다.

예방적 사고는 AI 개발의 여러 측면에(특히 지역 차원에) 영향을 미쳤다. 예를 들어 2017년에 배달로봇금지법을 발의의한 샌프란시스코시 감독관 노먼 이^(Norman Yee)는 〈와이어드^Wired〉에 이렇게 말했다. "일이 터질 때까지 기다리는 것은 어리석은 일입니다. 저는 언제나 그런 일이 일어날 것이라고 생각하니까요."[7] 몇 달 후, 샌프란시스코시는 대부분의 지역에서 음식배달로봇 사용을 금하는 법안을 통과시켰다. 배달로봇은 허용된 몇몇 장소에서만 시속 3마일(약 4.8km) 이하의 속도로 사용할 수 있었고, 항상 30피트(약 9.4m) 이내에 인간 관리자가 있어야 했다.[8]

2020년, 오리건주 포틀랜드 시의회는 법집행기관, 지역 공항, 민간 사업체의 안면 인식 기술 사용을 금했다. 2021년, 뉴욕시 교통국은 자율주행차 업체들이 운행 허가를 받기 전에 '뉴욕시 안에서 인간 운전자보다 더 안전하게 운행할 수 있다'는 자체적인 인증을 요구하는 규칙을 발표했다.[9] 같은 해, 버지니아주는 법집행기관을 포함한 모든 정부기관의 안면 인식 기술 사용을 금지했다.

그럼에도 불구하고 인터넷은 여전히 위험할 정도로 자유방임적인 발전이 이루어지는 서부의 무법지대이며, 이를 감독할 관리자가 전혀 없다는 인식이 지속되고 있다. 이런 관점은 기술 발전의 속도를 다양한 방식으로 늦추는 광범위한 사전예방적 개입의 존재를 인정하지 않는 것과 동시에 기술이 사회에 미치는 긍정적 영향에 대한 더 큰 이야기에서 정부 규제기관을 배제한다. 이런 세계관에서는 지금처럼 테크 산업이 문화적 변화와 글로벌 경제 성장의 엔진으로 부상한 것을 두고 컴퓨터 처리 능력의 꾸준하고도 놀라운 발전, 자유 시장 경제의 마법, 코딩계의 몇몇 슈퍼스타, 규제기관의 무관심이 우연히도 조합한 덕분이라고 본다.

하지만 이는 사실이 아니다. 공공정책 분석가 아담 티어러^{Adam Thierer}가 2016년에 그의 책 《허가 없는 혁신^{Permissionless Innovation}》에서 설명했듯, 지난 30년 동안 첨단 기술을 미국에서 가장 역동적인 산업으로 만든 조건은 사실 상당히 의도적이었다.

특히 1990년대 초부터 초당파 정책 입안자 그룹은 혁신가들이 규칙이나 제약에 얽매이지 않고 새로운 아이디어를 탐구하고, 흥미진진하고 새로운 장치와 서비스를 마음껏 실험할 수 있도록 만들었다. 정책 입안자들은 일련의 정책 성명을 통해 미국에서는 인터넷과 디지털 기술 혁신에 허가가 필요하지 않은 것이 표준이 되리라는 점을 시사했다.[10]

1991년, 미국 인터넷의 중추를 형성한 미국 국립과학재단네트워크National Science Foundation Network를 관리하는 연방 기관인 국립과학재단National Science Foundation은 인터넷의 상업적 사용에 대한 제한을 완화하기 시작했다. 수년에 걸쳐 이뤄진 이런 정책 변화는 인터넷 인프라와 서비스에 대한 민간 부문의 참여와 투자를 확대했고, 이는 다시 개인용 인터넷의 성장과 접근성을 가속화하는 결과를 가져왔다. 1996년에 의회는 통신품위법 230조Section 230가 포함된 전자통신법을 통과시켰다. 종종 '인터넷을 만든 26개의 단어'라고 묘사되는 통신품위법 230조는 제3자가 웹사이트, 플랫폼, 네트워크에 게시한 콘텐츠로 인해 발생하는 법적 책임으로부터 웹사이트 운영자와 기타 온라인 중개자를 보호한다.

통신품위법 230조가 없다면 역사학자 헤더 콕스 리처드슨Heather Cox Richardson이나 경제학자 타일러 코웬Tyler Cowen 같은 유명한 블로거들이 자신의 웹사이트에 사용자 댓글을 허용할 가능성은 훨씬 낮을 것이다. 서브스택, 미디엄Medium, 워드프레스WordPress 같은 개발업체들은 개인 블로거를 위한 블로그 플랫폼을 구축할 가능성이 훨씬 낮을 것이다. 한 단계 더 올라가면 아마존웹서비스나 마이크로소프트 같은 클라우드 서비스 제공업체는 블로그 플랫폼을 호스팅할 가능성이 훨씬 낮을 것이다. 결과적으로 인터넷은 상호 작용보다는 방송 지향적일 것이고, 법적 및 기술적 진입 장벽으로 인해 전 세계 인구의 99.9%가 쇼핑객이나 뉴스 및 오락에 대한 수동적 시청자로만 참여하게 될 가능성이 높다.

마지막으로, 1997년에 빌 클린턴 대통령과 앨 고어 부통령은 「글로벌 경제 상거래를 위한 체제*Framework for Global Economic Commerce*」라는 정책 문서를 발표했다. 〈뉴욕타임스〉는 이를 "전 세계 컴퓨터 네트워크상의 비즈니스 거래에 세금을 부과하지 않는 자유방임적 규제 방식"이라고 묘사했다.[11] 인터넷이 '일상적 기기'로 부상하고 있다는 것을 인식한 이 체제는 시장지향적 접근 방식을 옹호하며 새로운 불필요한 규제, 관료적 절차, 기타 상향식 개입을 반복적으로 규제했다. 이 문서는 "정부의 개입이 필요한 경우, 그 목적은 상거래를 위한 예측 가능하고, 최소화되고, 일관성 있고, 단순한 법적 환경을 지원하고 집행하는 데 있어야 한다"라고 밝혔다.[12]

이런 정책적 선택들이 한데 어우러져 1990년대 미국 경제 전반에 혁신, 투자, 놀라운 생산성 환경이 확산되었다. 1993년부터 1997년까지 테크 산업은 100만 개 이상의 새로운 일자리를 창출했다.[13] 닷컴 버블이 한창이던 1990년대 후반에는 GDP가 연평균 4% 이상 성장했다. 1993년에 8% 미만이었던 실업률은 2000년에는 4% 미만으로 떨어졌다.

1990년대에 구현된 허가 없는 혁신적 접근 방식은 이후 수십 년 동안 클라우드 서비스, 스마트폰, 소셜미디어를 비롯한 기술적 혁신을 이어 나갔다. 그러나 이런 기술이 보편화되면서 대중의 정서가 변화하기 시작했다. 시간이 지나면서 기술이 주는 혜택에는 익숙해지고, 단점에는 더 많은 관심을 기울이는 경향이 나타나면서 사용자와 규제 기관이 빅테크 기업의 힘과 영향력을 세심히 살피기 시작했다.

2018년 3월, 캠브리지 애널리티카^{Cambrige Analytica} 스캔들(페이스북이 한 애플리케이션 개발자를 시켜 최대 8,700만 명의 개인 데이터를 수집하고, 그것을 소유자의 동의 없이 정치적인 목적으로 사용하도록 허용했다는 내부 고발자의 폭로로 촉발된 사회적 논쟁)의 결과로 2018년 3월에 #DeleteFacebook 같은 페이스북 탈퇴 운동이 관심을 끌었다. 그로부터 한 달도 지나지 않아 상원의원들은 마크 저커버그를 의회로 소환했다. 그들은 1960년대 입법자들이 연방데이터센터 청문회에서 중단했던 바로 그 부분에서 시작해 페이스북과 다른 소셜 플랫폼들을 개인의 사생활을 침해하거나 심지어 개인의 선택권을 부정하는 존재론적 위협으로 정의했다.

오늘날에는 데이터 프라이버시, 역정보, 기타 기술로 인한 결과에 대한 우려가 커지면서 사전예방적 접근 방식에 대한 요구가 점점 더 일반화되고 있다. 하지만 허가 없는 혁신은 그 어느 때보다 효과적으로 작동하고 있다. 허가 없는 혁신은 AI 분야에서 지금까지 우리가 목격한 진전을 가능하게 만들었을 뿐만 아니라 전기 자동차, 크리스퍼^{CRISPR} 유전자 편집, 배전망 내 에너지 저장 기술과 태양광 기술, 암호화폐, 원격 의료, 3D 프린팅, 증강 현실의 발전을 가속하는 데에도 도움을 줬다.

이 같은 혁신은 우리의 일상생활을 개선하는 데서 그치지 않고, 기후 변화부터 의료 접근성에 이르기까지 전 세계적 문제의 해결에서 미국을 선두 자리에 올려 놓았다. 미국이 뚜렷한 경쟁 우위를 점하고 글로벌 환경에서 빠르게 움직이는 것이 그 어느 때보다 중요한 시점에서 규제 당국과 반反기술주의자들은 가장 격한 단어를 사용해 '빠르게 움직여 제동을 걸 때 Move fast and brake things •'라고 주장하고 있다.

AI 개발을 전면 중단하라는 생명의미래연구소 Future of Life Institute 의 요구는 이런 관점을 비논리의 극단까지 끌어올렸다. "이런 '공동 안전' 지침은 이를 준수하는 시스템들이 의심의 여지 없이 안전하다는 것을 보장해야 한다(강조는 우리가 한 것)."[14] 이런 주장은 '합리적인 의심의 여지 없이' 유죄가 입증되어야 한다는 형법의 기준을 깔끔하게 뒤집었다.

형법에서 부과되는 처벌은 신체 감금과 관련되곤 한다. '배심'은 글자 그대로 사람의 자유와 자율성을 박탈할 수 있다. 따라서 피의자, 피해자, 그리고 전체 형사사법제도의 무결성에 있어서 우리는 검찰이 피의자를 기소하게 된 행위를 그가 실제로 저질렀다는 사실을 이성이 허락하는 한도에서 최대한 확실히 입증해야 하는 것이다. 생명의미래연구소는 '합리적인 의심의 여지가 없는'을 특이한 버전으로 이용해 언젠가 나쁜 일을 저지를지 모른다는 이유로 기술을 철창 안에 가둬야 한다고 주장하는 것이다.

이는 증거 없이 예측만으로 잡아들이는 단계를 넘어 증거도 없이

- '빠르게 움직여 혁신하라 Move fast and break things'는 페이스북의 모토를 비꼰 말

예측만으로 선고하는 꼴이다. 어떤 시대든 민주주의 사회에는 맞지 않는 주장이지만, 인터넷 시대에는 특히나 해괴한 주장으로 느껴진다. 1970년대에 폴란이 그 기원을 설명하면서 언급했던 것처럼 사전예방원칙은 데이터 부족에서 나온 대응책이었다. 하지만 지금은 즉각적으로 데이터를 생성하고, 널리 공유하고, 지속적으로 분석할 수 있는 능력이 엄청나게 향상되었다. 디지털 기술의 맥락에 적용될 때는 더욱 그렇다.

이는 디지털 기술을 사용하더라도 사전예방원칙이 타당한 상황이 더 이상 존재하지 않는다는 말이 아니다. 하지만 '최소 기능 제품Minimum Viable Product, MVP', '제품-시장 적합성Product-Market Fit, PMF', '애자일 방식Agile method' 같은 개념이 지난 30년 동안 인디넷 소프트웨어 개발을 정의한 데에는 그만한 이유가 있다.

지금은 학습이 훨씬 더 빠른 속도로 이뤄진다. 업데이트 버전을 배포하는 게 훨씬 쉬워졌다. 물리적 생산과 유통 비용, 제약, 느린 속도에서 벗어나 프로토타입을 출시하고 클릭, 타임스탬프, 코멘트, 기타 데이터를 통해 사용자들이 유용하다고 생각하는 것, 싫어하는 것, 신경 쓰지 않는 것이 무엇인지 발견한다. 이후에는 대단히 효율적이고 지속적인 피드백 루프 속에서 수집한 지식을 활용해 제품을 개선하고 다음 버전을 배포한다.

반복적 배포는 측정된 분배의 명백히 친사회적인 구성 요소로 이 패러다임을 보완한다. 소프트웨어 개발자의 작업 속도는 리소스나 도구의 제약에 따라 달라진다. 수집한 데이터를 통한 적절한 추론이 얼마나 빨리 이뤄질 수 있는가? 학습한 내용을 실제로 적용하는 새로운 코드를 얼마나 빨리 작성하고 테스트할 수 있는가? 오픈AI는 배포 시기와 방법을 결정할 때 합성 지능 특유의 문화적 함의를 고려해 사회 전체가 적응하고 조정하는 시간이 필요한지 판단한다. 그들은 2023년의 블로그 게시물에서 자신들의 접근 방식을 다음과 같이 설명했다.

> 우리는 사회가 점점 더 유능해지고 있는 AI에 발맞춰 시스템을 경신하고 거기에 적응할 시간을 가져야 하며, 이 기술의 영향을 받는 모든 사람이 AI가 어떻게 발전할 것인지에 대한 발언권을 가져야 한다고 생각합니다. 반복적 배포는 다양한 이해관계자들이 이런 도구에 대한 직접적인 경험이 없었을 때보다 AI 기술 채택을 논하는 대화에 더 활발하게 참여할 수 있도록 돕습니다.[15]

다른 AI 개발자들이 신속하게 뒤따른 덕분에 이 접근 방법은 이제 오픈AI를 넘어 크게 확장되었다. 반복적 배포를 통해 가능해진 행위에 위험이나 부정적인 결과가 없는 것은 아니다. 그러나 거시적인 관점에서 안정성을 살핀다면, 이 접근 방법을 포기하는 것은 AI 사용은 물론 학습과 발전까지 억제할 수 있다. 반복적 배포는 매일같이 전 세계 수백만 명의 사람이 현실에서 AI를 테스트하고 있다는 것을 의미한다. 우리는 가장 일반적인 사용법과 문제점에 대해 더 많이, 더 빨리 배우고 있다. 우리는 AI 시스템이 예상치 못한 실제 상황에서 기술 이해도와 문화적 배경이 각기 다른 사람들과 상호 작용할 때 벌어지는 일에 대해 더 많은 것을 배우고 있다.

우리는 아직 글로벌 AI 개발과 도입의 초기 단계에 있다. 그렇다면 몇 년 후에 2배 많은 사람이 지금보다 훨씬 더 자주 AI를 사용하고, AI 자체가 상당히 더 강력해졌을 때도 여전히 허가 없는 혁신과 반복적 배포가 적절할까? 아니면 예방적 접근법에 더 의지해야 할까?

과거에서 몇 가지 단서를 발견할 수 있다. 자동차를 규제하듯 AI를 규제해야 한다는 글루머의 주장은 그들이 생각하는 것보다 더 합리적이다. 이 주장의 영향을 더 명확하게 이해하기 위해 20세기 초반에 허가 없는 혁신이 어떤 기능을 했는지 살펴보자. 이 시대는 다음 100년 이상 미국의 번영과 개인의 행위력에 대한 방향을 설정하는 데 중요한 역할을 했다.

자동차의 발전은 AI 발전의 거울

20세기 동안 수십억 명의 사람에게 자동차는 의심할 여지 없이 그들이 손에 쥐었던 가장 강력한 기계였다. 그뿐 아니라 수십 년 동안 삶을 바꿀 만큼 중요한 방식으로든 사소한 방식으로든 하루에도 여러 번 사용했던 기계이기도 했다. 역사가 존 래 John Rae가 1971년에 출간한 자신의 책 《미국인의 삶 속 도로와 자동차 The Road and the Car in American Life》에서 언급했듯, 20세기 초반에 자동차의 급진적인 보급으로 "개인이 완전히 새로운 유형과 완전히 새로운 규모로 이동"하는 게 가능해졌다.[16] 래가 강조한 바와 같이 이런 이동은 특권층에 한정되지 않았다. 개인의 이동 범위와 속도를 놀라운 방식으로 증폭시키는 신기술은 특정 계층에게만 주어진 것이 아니었다. 불과 수십 년 만에 수백만 명의 사람이 이 초능력을 공유했다. 자동차에 의한 새로운 이동성의 시대가 열리면서 개인의 자유와 생활 방식에 대한 기존의 개념이 완전히 새로운 형태를 취했고, 수백만 명의 삶과 사회의 방향이 바뀌었다.

네트워크로 연결된 PC와 스마트폰은 21세기 버전의 자동차다. 시간과 공간을 초월해 자신을 표현하는 새로운 방식을 제공하는 개인 이동 수단인 것이다. AI 시대에는 합성 지능을 부여받은 PC와 스마트폰이 우리에게 있어서 행위력을 발휘하고 세상에 의지를 행사할 수 있는 훨씬 더 강력한 수단이 되었다. 스티브 잡스가 PC를 묘사하면서 말했듯, 우리는 정신의 자전거에서 정신의 페라리로 갈아타는 엄청난 전환의 과도기에 있다.

당연히 새로운 역량과 함께 새로운 위험도 등장할 것이다. 그러나 위험이 전혀 없는 모델을 고집하는 대신, 실제로 발생할 가능성이 있는 위험을 이해하고 그것을 체계적으로 관리하고 줄이는 것을 목표로 삼아야 한다. 반복적 배포가 바로 그 방법이다.

미국 인구가 9,700만 명이고 포드자동차가 세계에서 가장 빠른 속도로 성장하는 첨단 기업이었던 100년 전, 도로를 달리는 자동차는 약 100만 대에 불과했다. 이 회사는 1913년 당시에 세계 최대 규모의 제조 공장이었던 미시간주 하일랜드파크에 위치한 4층 건물인 '크리스틸 팰리스Crystal Palace'에서 사상 처음으로 이동식 조립 라인을 도입했다. 이 새로운 조립 방식은 모델T 한 대의 생산 시간을 728분에서 93분으로 단축했다.[17] 그러자 자동차 가격이 크게 하락했다. 당시 최고 인기 모델의 가격은 1912년 690달러에서 1913년 360달러까지 떨어졌다.[18]

포드자동차는 1916년 연간 57만 7,036대의 자동차를 생산했다. 이는 이 회사가 모델T를 출시한 1908년보다 거의 100배 증가한 수치다. 1925년에는 조립 라인에서 10초마다 한 대씩 신차가 완성되었다. 한 포드 역사학자의 표현을 빌리자면, 이 같은 생산성 혁신은 "국가에 바퀴를 달아 줬다"고 할 수 있다.[19] 일반인이 살 수 있는 가격이지만, 믿을 수 있는 품질의 자동차를 만들겠다는 비전은 자동차를 부유한 애호가들의 사치품에서 개인의 행위력과 사회 전반의 생산성을 극적으로 증폭시킨 진보의 동력으로 바꿔 놓았다.

물론 자동차의 대중화는 심각한 피해를 불러오기도 했다. 1913년부터 1923년까지 인구 10만 명당 자동차 사고 사망자 수는 3배 이상 증가했다. 1927년의 어느 날, 뉴욕시와 인근에서 각각 다른 교통사고로 8명의 어린이가 사망했다. 버지니아대 기술사학자 피터 노턴Peter Norton의 책 《자동차와의 싸움Fighting Traffic》은 제1차 세계대전이 끝난 이후 4년 동안 "자동차 사고로 사망한 미국인 수가 전투로 사망한 프랑스인 수보다 더 많았다"라고 기록하고 있다.[20]

1913년, 윌리엄 하워드 태프트 대통령이 미래의 위험을 감지하고 자동차 제조업체들이 시속 25마일(약 40.2km) 이상으로 달리는 자동차를 생산하는 것을 금지하는 대통령령에 서명했다면 어땠을까?▪ 만약 미국 의회가 이 신기술이 대중에게 새로운 위험을 초래할 뿐만 아니라 기존의 경제 규범과 권력 구조를 재편성할 가능성이 있다고 우려해 도로에 100피트(약 30.5m)마다 과속방지턱을 설치해야 한다는 법안을 통과시켰다면 어땠을까? 그리고 전체 차량의 크기와 무게에 엄격한 제한을 두는 추가적인 법안을 통과시켰다면 어땠을까?

이제 이런 개입이 어떻게든 받아들여져서 대부분의 운전자가 이에 순응했다고 가정해 보자. 아마도 거리는 지금보다 안전해졌을 것이다. 걷기 좋은 도시가 많아지고, 대중교통이 늘어나고, 무분별한 교외 확장이 줄어들고, 환경에 미치는 영향도 감소할 것이다. 만약 당신이 세계주의자에 도시주의자라면 좋아하지 않을 이유가 없다. 만약 당신이 이민자를 배척하는 MAGA®를 지향한다고 해도 같은 생각일 것이다. 미국에서의 삶은 의심할 여지 없이 더 느리고, 더 작고, 더 지역 중심적이며, 더 동질적일 테니 말이다.

지금까지 자동차는 생활 수준을 얼마나 향상시켰는지 온전히 파악하기 어려울 정도로 미국인의 삶에서 대단히 중요한 요소였다. 하지

- ▪ 당시 대부분의 자동차는 이미 시속 40~45마일(약 64.4~72.4km)의 고속 주행이 가능했지만, 속도 제한이 점차 보편화되고 있었다. 1913년, 캘리포니아주는 주거 지역에서는 시속 15마일(약 24.1km), 상업 지역에서는 시속 20마일(약 32.2km), 시골길에서는 시속 35마일(약 56.3km)로 최고 속도를 제한했다.
- ● Make America Great Again, 미국을 다시 위대하게! 도널드 트럼프 대통령의 재선 캠페인 슬로건

만 역설적으로 자동차가 없었다면 어땠을지도 쉽게 상상할 수 있다. 재택근무가 가능하고, 각종 배달 서비스가 모든 것을 문 앞까지 가져다주며, 친구들과 트위치^{Twitch}나 디스코드에서 만나 놀 수 있는 21세기에 정말 자동차가 필요한 이유는 무엇일까? 자동차가 유발해 온 모든 문제를 고려하면 그렇게 전폭적으로 받아들인 것은 실수가 아니었을까? 자동차가 없었더라도 우리는 과거의 삶에서 현재까지 올 수 있지 않았을까? 비록 속도는 느리더라도 말이다.

그렇지 않다. 지금의 우리는 자동차가 야기하는 온갖 문제를 직접 경험하고 있지만, 자동차가 해결해 준 문제에 대한 인식은 부족하다. 역사가 클레이 맥셰인^{Clay McShane}이 1994년에 출간한 자신의 책 《아스팔트 길을 따라^{Down the Asphalt Path}》에 상세히 기록했듯, 초기의 자동차 옹호론자들은 자동차를 도시의 교통 체증, 사고, 오염의 해결책으로 제안했다. 19세기 후반 미국에서는 산업화, 도시화, 상업화가 심화되면서 도시 운영, 특히 화물 운송의 최종 단계에서 말이 중요한 요소였다. 1900년에는 매일 맨해튼 거리 전역에서 약 13만 마리의 말이 마차를 끌고 다니면서 130만 파운드(약 590톤)의 배설물을 남겼다.[21] "대부분 비교적 느린 속도로 이동했는데도 말은 물고, 발로 차고, 달아나서 사고를 일으켰다." 뉴욕시 보건국의 보고서에 따르면 1890년대 후반 뉴욕시에서 말 사고로 인한 사망자 수는 매년 인구 10만 명당 5~6명 비율을 기록했다. 당시 미국 농경지의 3분의 1이 말을 키우는 데 사용되었다는 추계도 있다.

20세기 초, 마력의 진정한 한계는 이미 수십 년 전부터 잘 알려져 있었다. 1868년에 〈뉴욕타임스〉 파리 특파원은 '도로를 달리는 1인용 증기 구동차'에 대한 현지 소문을 전하면서 '말을 대체하는 저렴한 기계'를 받아들일 때가 왔다고 말했다. 맥셰인이 그의 책에서 언급했듯 도로에서 운행되는 다양한 종류의 승합차 및 기타 증기 구동차는 1820년대와 1830년대부터 존재했다. 1800년대 후반이 되자 자동차와 비슷한 '증기 구동차'의 원형이 점점 더 보편화되었지만, 사람들은 도시의 거리를 그 증기기관과 공유하는 것에 대해 심한 반감을 드러냈다. 맥셰인은 "1890년대 이전의 증기 구동차가 실패한 것은 기계적 비효율성 때문이 아니라 주로 규제 때문이었다"라고 진단했다. "차는 말보다 속도가 빠르고, 운영 비용이 적게 들고, 오염 발생도 적었지만, 대중은 여전히 차를 두려워했다."[22]

충분히 이해할 수 있는 일이다. 증기 구동차는 19세기에 갑작스럽게 거리에 나타난 상당히 급진적인 물건이었다. 말보다 훨씬 빠르고 연기와 뜨거운 증기를 배출했으며, 가끔 폭발하는 경우도 있었다. 따라서 1870년대와 1880년대를 거치면서 기술력의 향상으로 성능과 안전성이 향상되었는데도 지방의 입법자들은 한결같이 도심에서 증기 구동차 운행을 금지했다.

같은 기간 동안 자전거, 케이블카, 전차 같은 새로운 교통수단이 점차 보편화되며 반복적 배포가 나타났다. 교통은 점점 더 빨라지고 다양해졌으며, 교통량은 늘어났다. 이런 모든 변화는 도시민들이 거리를 인식하고 사용하는 방식에 영향을 미쳤다. 당시 거리는 사교, 오락, 교통의 공간으로 여겨졌지만, 차량(모든 종류의) 통행이 우선시되면서 초점이 좁혀졌다.

1890년대에 내연기관 자동차가 등장하기 시작하면서 상황과 정서는 변화했다. 내연기관 자동차가 등장했을 당시에는 별다른 공감대가 형성되지 않았다. 오히려 저항이 많았다. 그러나 증기 구동차의 도입을 좌절시킨 것과 같은 종류의 명백한 금지는 없었다. 대신, 구체적인 위험과 피해가 실제로 나타나면서 규제가 반복적 배포의 방식으로 만들어지고 사용되었다.

1901년, 코네티컷주는 미국 최초로 자동차 속도 제한 법안을 통과시켰다.[23] 2년 후, 뉴욕시의 사업가 윌리엄 펠프스 에노William Phelps Eno는 '운전 규칙'을 제안했고 뉴욕시 경찰국이 이를 채택하고 시행했다.[24] 클리블랜드주는 1914년에 미국 최초로 전기 신호등을 설치했다.[25]

하지만 궁극적으로 이런 개입에 영향을 주고 계속해서 진보의 동력을 공급한 것은 제한 없는 실험이었다. 대부분의 실험은 그 성격상 분명 무모한 짓이었다. 자동차 초창기에는 '속도 테스트'와 경주의 인기가 매우 높아서 첫 회사가 18개월 만에 파산한 헨리 포드는[26] 다음 사업의 투자자를 유치하기 위해 필요한 공학적 신뢰를 얻으려면 지역 경주로에서 열리는 내기 경주에서 우승하는 방법밖에 없다는 것을 깨달았다.[27]

1904년, 미국 자동차협회Automobile Association of America는 글라이든 투어Glidden Tours라는 자동차 랠리를 준비하기 시작했다. 수십 명의 참가자가 오직 손으로 그린 지도를 지침으로 삼아 마차가 다니는 비포장 도로를 가로지르는 장거리 노선 완주에 도전했다.[28] 1920년대 초,

남부 캘리포니아의 스튜드베이커^{Studebaker}• 딜러들은 브랜드의 신뢰성, 내구성, 효율성을 입증하기 위해 매년 다양한 주행 조건에서 '이코노미런 대회^{Economy runs}••'를 주최했다. 자동차의 성능을 다른 차량과 비교하는 벤치마킹의 일종으로, 이미 5만 마일(약 8만 467km) 이상 운행한 스튜드베이커 차량을 타고 로스앤젤레스 시내에서 출발해 고도가 1마일(약 1,609m)이 넘는 레이크 애로우헤드^{Lake Arrowhead} 산악 지대의 반환점까지 갔다가 돌아오는 경주를 펼친 것이다. 우승은 172마일(약 276.8km)의 여정을 마치는 데 가장 적은 양의 휘발유, 엔진 오일, 물을 사용한 차량이 차지했다.[29]

아직 기술 발전이 진행 중인 차량을 타고 험난하고 외진 지역의 열악한 도로를 장거리 여행하는 것은 경주가 아닌 상황에서도 위험하고 때로는 치명적인 사고가 발생할 수 있다. 그러나 그런 위험한 시도들은 안전에 긍정적인 영향을 미쳤다. 트랙 경주, 도로 경주, 이코노미런에서 좋은 성적을 거둬야 한다는 의무감이 더 신뢰할 수 있고 성능이 좋은 차를 개발하는 시도로 이어졌기 때문이다. 또한 자동차 산업의 부상에 기여한 허가 없는 혁신의 가장 놀라운 측면은 개방적이고 실험적인 환경에서 탄생한 혁신이 기술적 측면에 한정되지 않는다는 점이었다.

에노는 새로운 운전 규칙을 주장하기 시작했을 때 공직에 있지 않

• 지금은 사라진 미국의 웨건 및 자동차 제조사로, 인디애나주 사우스벤드에 위치해 있었다.
•• 연료, 엔진 오일, 물을 가장 적게 사용해 여정을 완료하는 자동차를 가리는 대회

왔다. 그는 적극적인 사회 구성원의 역할을 했을 뿐이었다. 뉴욕시에 많은 수의 자동차가 나타나기 시작했으나 시 당국이 질서 확립에 도움이 되지 않자, 에노는 일련의 실천 방안을 수립하여 뉴욕시 경찰청장에게 이를 채택하고 시행해 달라고 설득했다.

청장이 경찰청에는 새로운 규칙을 대중에게 알리는 데 필요한 팸플릿을 인쇄할 예산이 없다고 말하자, 에노는 첫 10만 부의 팸플릿 인쇄비는 물론 이후 7년 동안 '교통 업무에 사용된 모든 인쇄물'의 비용을 모두 부담했다.[30] 자동차 시대 초반의 연료 효율성 향상 문제를 가장 먼저 책임지고 이끈 것도 연방 규제 당국이 아니라 마케팅 전략을 찾는 딜러들이었다.

이런 반복적 배포의 초기에도 저항이 이어졌다. 자동차를 통한 이동성이 발판을 얻기 시작하면서 오히려 저항이 심해지는 듯했다. 초기 비평가들은 '악마의 마차', '죽음의 차'라고 알려진 자동차를 부자들의 장난감이라고 묘사했다. 그들은 운전자에게 '휘발유 광견병'에 걸린 '속도광'과 '폭주족'이라는 꼬리표를 붙였다.

1907년 당시 〈이코노미스트 The Economist〉는 여전히 '말의 승리'를 응원하고 있었다. 같은 해, 연례 글리든투어 Glidden Tour●에서 누군가 참가자의 차에 총 두 발을 쐈다. 그러나 그 운전자는 경주가 끝난 뒤 기자

● 미국자동차협회가 주최하고 회장인 오거스터스 포스트 Augustus Post가 조직한 판촉 행사로 안전한 도로, 자동차의 수용, 그리고 자동차 친화적인 법률 제정 등에 대한 인식을 높이는 데 그 목적이 있다.

들에게 현지인들이 예년보다 훨씬 더 우호적이었다고 말했다.[31]

1909년, 새크라멘토 인근의 농부들은 도로를 가로지르는 도랑을 파서 13대의 자동차가 빠지게 만들었다.[32] 최초의 내연기관 자동차가 발명된 유럽의 경우, 보다 공식적인 반대가 있었다. 영국은 자동차와 휘발유에 무거운 세금을 부과했다. 잠깐 연간 자동차 생산량에서 미국을 앞서기도 했던 프랑스에서는 파리의 경찰에게 제한 속도를 초과하는 운전자의 타이어를 쏘라는 지시를 내렸다.

자동차가 초래하는 피해를 효과적으로 완화하는 과정은 공식적인 규제, 기술 혁신, 변화하는 문화적 규범, 그리고 우선순위의 변화를 통해 오늘날까지 계속되고 있다. 하지만 시간이 흐르면서, 이런 과정이 공개적인 과정이었고, 모델T를 비롯한 저렴한 자동차의 확산으로 점점 더 많은 사람들이 자동차를 손에 넣게 되면서, 처음에는 많은 사람이 낯설고 위협적으로 느꼈던 것이 곧 동경의 대상에서 획득 가능한 것으로, 그리고 평범한 것으로 자리 잡았다.

간단히 말해 선택의 기회가 주어지자 사람들은 자동차를 선택했다. 그들이 자동차를 선택한 이유는 자동차가 마차, 기차, 자전거, 증기선, 경전철이 할 수 없는 방식으로 개인의 행위력을 극적으로 증폭시켰기 때문이다. 본질적으로 자동차는 점점 더 밀집되고 확장되는 도로, 고속도로 네트워크의 새로운 교점으로 기능해 거리와 시간을 단축하면서 수백만 명의 사람이 각자의 방식에 따라 일정과 목적지를 제어할 수 있게 만들었다. 자동차 네트워크의 성장으로 운전대를 잡은 적이 없는 사람들을 포함한 모든 사람이 더 많은 기회를 얻게 되었다. 더 나은 교통 네트워크는 모든 종류의 상품과 서비스에 더 큰 시장을 만들어 줬다. 더 큰 시장과 더 저렴한 유통 비용은 더 싼 가격으로 이어졌고, 이는 더 크고 많은 시장을 만들었다. 그리고 더 큰 상업 시장뿐만 아니라 교육, 고용 기회, 예배, 생활 방식 등 모든 분야에서 더 크고 다양한 시장이 생겨났다.

자동차를 활용한 이동성은 자기 결정과 문화적 혁신의 추진력이 되어 사회 전반에 확산됐다. 허가 없는 혁신은 기술적 돌파구를 만들었고, 광범위한 문화적 수용과 적응을 이끌었으며, 안전 수준을 향상시켰다. 이 과정에서 공식적인 규제가 중요한 역할을 했지만, 선제적으로 부과되기보다는 반복적 배포가 대부분의 역할을 했다.

시간이 지남에 따라 반복적 배포는 놀라운 결과를 끌어냈다. 오늘날에도 운전에 위험 부담이 없는 건 아니다. 자율주행차 개발에 많은 투자가 이뤄진 주된 이유도 여기에 있다. 하지만 운전은 오랜 시간에 걸쳐 상당히 안전해졌다. 전미안전위원회National Safety Council의 웹사이트에는 이런 문구가 적혀 있다. "주행 거리 측정이 처음으로 시행된 1923년, 자동차 사고 사망률은 주행 거리 1억 마일당 18.65명이었다. 이후 주행 거리당 사망률은 93% 감소해 현재 주행 거리 1억 마일(약 1억 6,093만km)당 사망자 수는 1.33명이다."[33]

인류가 자동차에서 취한 접근 방법은 일반적인 본보기로 AI에도 적용할 수 있다. 규제기관과 업계 전문가들이 닫힌 문 뒤에서 비민주적이고 중앙집중적인 방식으로 AI를 개발하고 개선하는 대신에 우리가 지속적으로 반복적 배포에 참여함으로써 사람들이 AI를 사용하는 방식을 더 잘 이해하도록 만들고, 사용 규모가 커지면서 발생하는 문제가 무엇인지 파악하고, 이를 조정하는 데 도움을 줘야 한다. 이 과정을 통해 사람들은 AI가 제공하는 새로운 역량이 자신에게 얼마나 가치가 있는지 혹은 가치가 없는지 직접 느낄 것이다.

이는 어떤 종류의 위험과 반대급부가 합리적인지 판단하는 데 도움을 줄 것이다. AI가 제공하는 이점이 생일 카드를 직접 만들 때 이미지를 생성해 주는 편리함뿐이라면, 우리 사회는 큰 위험을 용인하지 않을 것이다. 반면, 다수의 사람이 AI를 지난 150년 동안 자동차가 했던 것처럼 개인의 행위력을 증폭시키고 삶의 선택지를 확장하는 기술로 본다면 우리는 더 큰 보상을 추구하는 과정에서 더 높은 수준의 실수와 위험을 용인할 것이다.

7장

슈퍼 에이전시의 시대, 정보 문해력

Informational GPS

2000년대 초반까지만 해도 '종이 지도'라는 말은 존재하지도 않았으며 그저 '지도'로 족했다. 내비게이션이 다루기 힘들고 업데이트하기도 어렵고, 솔직히 운전 중에 문자 메시지를 보내는 것이 위험한 일이라고 생각한다면, 운전 중에 종이 지도를 한번 사용해 보라.

1973년, 미 국방부는 이후 위성 위치 확인 시스템Global Positioning System, GPS이라고 불리는 장치의 개발 작업에 착수했다. 지구 중궤도의 여러 위성에서 발신하는 무선 신호를 사용해 지상 수신기의 지리 좌표를 정확히 찾아내는 시스템 말이다.[1] 1970년대 후반, 미 공군은 군사적 목적으로 이 시스템의 초기 버전을 테스트하기 시작했다.

이후 1983년, 소련군은 비행 경로를 이탈해 자국 영공에 진입한 한국 여객기를 격추시켰다. 로널드 레이건 대통령은 이 같은 비극을 방지하고자 준비 작업을 마치면 민간인들도 GPS를 사용할 수 있도록 조치할 것이라고 발표했다. 그리하여 강경한 태도와 정부 규모 축소 정책으로 유명한 대통령은 이처럼 웅장하고 인도주의적인 제스처를 통해 21세기를 헤쳐 나가는 데 없어서는 안 될 자원이 된 글로벌 공익사업의 길을 닦았다.[2]

1989년, 마젤란 코퍼레이션 Magellan Corporation은 소비자 시장에 처음으로 휴대용 수신기를 내놓았다. 네브 1000 Nav 1000이라는 제품의 가격은 2023년 가치로 환산하면 7,727.02달러였다. 그로부터 1년도 채 되지 않아 미 공군이 '선택적 가용성 Selective availability'이라는 새로운 정책을 도입하면서 비싼 가격에 충격을 받고 지갑을 닫는 이른바 '스티커 쇼크 Sticker shock'가 더욱 심화되었다. 이 같은 정책으로 인해 그 장치를 구입한 모든 사람은 성능이 크게 저하되는 현상을 경험했다. 공군은 국가안보와 기타 잠재적인 오용에 대한 우려로 민간에 제공되는 전파를 의도적으로 변환해 정확도를 실제보다 약 10배 떨어뜨렸다.

한편으로는 해운업체, 물류업체, 측량사, 기타 얼리어답터들의 높은 수요 덕분에 1994년에는 마젤란을 비롯한 제조업체들의 연매출이 10억 달러를 넘어서기 시작했다.[3] 이런 성장과 더 많은 가능성에 고무된 빌 클린턴 대통령은 소비에트 연방의 붕괴로 세계 안보에 대한 우려까지 감소하자 1996년에는 선택적 가용성 정책을 중단하고 민간에게도 미군과 같은 수준의 서비스 접근성을 허용하겠다고 발표했다. GPS 기술에 대한 접근성 확대가 민간 부문의 투자와 혁신을 촉진하고, 채택률을 가속화하며, GPS가 글로벌 공공재로서 가진 전반적인 가치를 극적으로 높이리라고 생각한 것이다.

접근성이 새로운 수준으로 개방된 2000년 5월 30일 자정 이전까지 전 세계 민간 GPS 사용자는 약 400만 명에 불과했다. 하지만 간단한 수신기는 가격이 100달러대로 떨어지고, 속도가 매우 빨라지고, 크기가 작아지고, 가격이 저렴해지면서 노트북, 시계, 휴대전화에 내장되기에 이르렀다. 이후 정부의 정책 결정은 GPS 시장을 한층 활성화하는 데 초점이 맞춰졌다. 2000년대 초반부터 911에 전화를 걸 때마다 이동통신사가 발신자 위치의 위도와 경도를 911 콜센터에 제공해야 한다는 미국 연방통신위원회 Federal Communications Commission 규칙이 발효되었다. 이동통신사는 대개 GPS를 휴대전화에 통합해 해당 의무를 이행했다.

"자기 위치를 파악할 수 있는 장치가 곧 어디에나 있게 될 것입니다. 그리고 모든 것이 어디에 있는지 알게 될 것입니다." IBM의 CTO 제임스 스포러 James Spohrer 는 2000년에 〈뉴욕타임스〉에서 이렇게 말했다. "우리는 이 행성의 구석구석을 지도로 만들 것입니다."

당시 이 글을 읽은 많은 사람은 끔찍하거나 걱정스러운 진전이라는 느낌을 받았을 것이다. 25년이 지나 지구상의 거의 모든 곳을 지도로 만들었을 뿐만 아니라, 그곳에 대한 리뷰와 평가를 온라인에 올리는 현재는 기술의 진보가 더욱 충격적으로 다가올 수 있다. 북부 파타고니아의 야생에 있는 신비로운 용암 동굴을 완벽하게 지도화해서 파악하는 것이 우리가 진정으로 원하는 일일까? 길을 잃을 가능성을 완전히 없앨 정도로 명확한 지도를 만들어 인간의 경험에서 가치 있는 부분들을 축소하는 것이 과연 좋은 일일까?

어떤 면에서는 그렇고, 다른 면에서는 그렇지 않다. 북부 파타고니아의 구석구석을 파악하는 것은 자연이 겪고 있는 변화를 추적하고 자연을 보호하는 일을 더 쉽게 만든다. 길을 잃는 것은 때로는 풍요로운 경험이 될 수 있지만, 언제든 목적지를 안전하게 찾을 준비가 되어 있다는 자각은 놀라울 만큼 큰 힘이 된다. 거대 정보망은 아무런 계획 없이 여행에 나서고 그 여정에서 친구들에게 합류하는 힘을 선사한다. 친숙하지 않은 동네의 숨은 맛집을 발견하게 해 준다. 찾기 어려운 등산로 입구를 더 빨리 찾게 만들어 등산 시간을 늘려 준다. 일정과 관련된 세부 사항을 관리하는 능력, 미지의 세계에 발을 들여놓을 수 있는 능력은 삶을 더욱 풍요롭게 만든다. 우리는 물리적 세계를 손바닥 안에 들어갈 만한 크기로 축소함으로써 시야를 확장한다.

모든 사람이 탐색과 조정의 측면에서 새로운 초능력을 갖게 되면 집단적 차원에서 어떤 일이 일어날까? 2019년에 미국 국립표준기술연구소 National Institute of Standards and Technology가 발표한 보고서에서 1984년부터 2017년까지 GPS 기술이 공공 부문에서 창출한 경제적 이익이 1조 4,000억 달러에 달하며, 그중 90%가 마지막 7년 동안 발생했다고 추산한다.[4]

GPS의 혜택을 보는 가장 흔한 방법은 턴바이턴 내비게이션 Turn-by-turn navigation*일 수 있지만, 이것이 유일한 활용법은 아니다. GPS가 제공하는 정확한 시간 정보는 통신 네트워크의 시계를 동기화하는 데 사용되어, 휴대전화의 통화를 끊김 없이 깨끗하게 유지하는 데 도움을 준다. 자연재해나 기타 비상시에 구조대는 GPS가 탑재된 드론을 사용해 실종자의 위치를 파악하고, 피해 지역을 신속하게 조사하여 문서화하고, 쉽게 접근할 수 없는 지역의 사람들에게 물품을 전달한다. GPS로 가능해진 정밀 농업 기술 덕분에 유기농 루콜라의 가격은 더 저렴해졌다. GPS 기술의 수석 설계자인 미 공군 대령 브래드포드 파킨슨Bradford Parkinson이 '같은 구멍에 5개의 폭탄을 떨어뜨리려는 시도'로 사용하려던 기술로서는 나쁘지 않은 성과이지 않은가?[5]

앞으로의 여정을 위한 새로운 도구

이처럼 긴 이야기가 AI와 어떤 관련이 있을까? 첫째, 이 이야기는 정부가 기술 친화적이고 혁신 친화적인 관점을 받아들이고 민간 부문의 기업가 정신을 공공의 선을 추구하기 위한 전략적 자산으로 볼 때 도달할 수 있는 긍정적인 결과의 가장 명확한 사례다. 둘째, 이 이야기는 지리 좌표와 타임스탬프 같은 빅 데이터를 삶의 여러 측면에서 상황을 인식하는 지침을 제공하는 데 사용하는 거대 정보망으로 전환하는 능력을 어떻게 하면 효과적으로 활용할 수 있는지 보여 주는 좋은 예시이기도 하다. 셋째, 민주주의 국가에서 무엇보다 중요한 점은 이

- 특정 장소에서 다른 장소로 가는 과정에서 모든 방향 전환의 지침을 제공하는 길 안내 시스템

기술이 개인의 행위력을 강화한다는 것이다.

GPS는 여러 분야에 걸쳐 다양한 용도로 사용되지만, 가장 획기적인 응용 분야는 턴바이턴 내비게이션이다. GPS 기술과 이를 기반으로 구축된 상업적 서비스 덕분에 우리는 지속적으로 업데이트되는 지식을 바탕으로 물리적 세계를 탐색할 수 있다. 이런 내비게이션 시스템은 말 그대로 모든 결정의 순간에 내가 어디에 있는지, 근처에 무엇이 있는지, 피해야 할 장애물은 무엇인지 알려 줌으로써 개인의 행위력을 향상시킨다.

LLM과 이를 기반으로 구축된 대화형 에이전트도 비슷한 기능을 한다. 그들은 21세기의 삶을 규정하는 복잡하고 끊임없이 확장되는 정보 환경을 헤쳐 나갈 능력을 키워 준다. 그들은 상황에 따라 유창한 정보를 제공해 우리가 더 나은 정보를 바탕으로 결정을 내리고 원하는 곳으로 갈 수 있도록 인도함으로써 전 세계 사람들의 개인적 행위력을 향상시키고 있다.

최첨단 성능을 달성하기 위해 방대한 데이터, 하드웨어, 에너지, 인간의 재능이 필요한 AI의 중앙집중적 경향을 고려할 때 이는 특히 중요하다. 자기 결정권과 광범위한 참여라는 민주적 이상에 부합하는 방식으로 AI 개발을 지속하려면 개인의 행위력을 우선시하고, 사람들이 실용적이고 개방적인 방식으로 사용할 수 있는 도구에 직접 접근할 수 있도록 AI를 설계하고 출시해야 한다. LLM을 정보 GPS의 한 형태로 개념화한다면 친숙한 모델을 얻을 수 있다.

GPS와 LLM 사이에는 유사점도 있지만, 분명한 차이점도 있다.

GPS의 경우, 미군이 핵심 기술 개발에 대한 독점적인 통제권을 행사했다. 반면 LLM은 전 세계의 다양한 학술 연구자, 대기업, 오픈소스 지지자, 스타트업의 산물이며 오픈소스, 독점 또는 부분 공개 모델(API로 알려진 제어된 액세스 포인트를 통해 제한된 접근권을 제공하는)로 제공된다.

더 근본적인 측면에서 GPS는 주로 객관적이고 검증된 시간·공간 데이터, 즉 지리 좌표와 정확한 타임스탬프를 취급하는 반면에 LLM은 인간 언어의 뉘앙스, 복잡성, 주관성을 기반으로 아웃풋을 산출한다. LLM은 사실 정보를 처리할 수 있지만, 폭넓게 해석할 여지가 있는 인간 지식을 다룰 때 활용할 객관적이고 보편적으로 수용되는 정보와 '진실'에 대한 단일한 규범이 없다.

대신, 모든 LLM 개발자는 사실상 자신만의 '정보 행성Informational planet•'과 그 행성 특유의 지도를 만든다. 즉, 훈련 데이터세트가 아무리 크더라도 거기에 모든 정보가 들어갈 수는 없다. 또한 모든 개발자는 자신이 만든 행성을 특유의 방식으로 지도화한다. 두 명의 개발자가 똑같은 데이터세트를 가지고 시작해도 서로 다른 매개 변수와 가중치, 서로 다른 알고리즘, 모델이 특정한 선호도와 가치관(개발자마다 다른)에 부합되도록 설계된 서로 다른 미조정 기술을 사용하기 때문에 정보 행성은 실제 행성과 확연하게 다른 방식으로 만들어진 인공 구조물이 된다.

- 개발자가 이용하는 고유한 지식 시스템을 행성에 비유했다.

지구는 대체로 변함없이 유지되지만, 정보 행성은 훈련 기법의 업데이트와 새로운 데이터의 통합에 따라 시간이 흐르면서 변화한다. 비즈니스 모델도 영향을 미칠 수 있다. 예를 들어, 개발자가 정확성과 대표성을 희생하면서 참여도와 광고 수익을 높이는 콘텐츠를 우선하려는 시도로 훈련 데이터를 필터링하거나 최적화 알고리즘을 수정할 수 있다. 마지막으로, LLM은 정해진 규칙이 아니라 통계적 확률을 기반으로 아웃풋을 산출하므로 동일한 프롬프트(GPS로 비유하자면 '길 안내 요청')에도 매번 다른 아웃풋을 내놓는다.

그럼에도 AI가 우리 삶에서 어떤 역할을 할지 이해하는 데 GPS는 유용한 비유가 될 수 있다. 우리가 물리적 세계뿐만 아니라 복잡한 정보 세계도 끊임없이 탐색하고 있다는 것을 고려해 보라. 특정 공동체나 그룹의 일원으로서의 정체성을 형성하는 데 영향을 미친 신념, 가치, 전통이 존재한다. 당신의 전문 분야에서 사용하는 특정 지식과 어휘도 존재한다. 시민으로서의 삶을 규정하는 법, 규칙, 규범이 존재한다. 단순한 문해력을 넘어서는 문화 전반에 대한 문해력*이 존재한다. 이렇게 다양한 인지 영역에서 사실과 의견을 어떻게 구분할 수 있을까? 거기에 영향을 미친 통념과 반론은 어떤 것일까? 각기 다른 장소에서 현지인으로 인정받기 위해 숙지해야 할 공통적인 지식과 담론은 어떤 것일까?

오늘날 인간의 삶은 끊임없는 기술 향상을 의미한다. 직장은 말할

- 디지털 문해력, 미디어 문해력, 금융 문해력, 과학 문해력 등

것도 없고 다른 모든 곳에서도 마찬가지다. 지속적인 디지털 혁신은 이런 역동성을 영속시키는 한편, 우리가 이를 관리하는 데 도움을 준다. 20세기에는 새로운 정보의 요구에 뒤지지 않도록 새로운 제품과 서비스로서 이메일, 하이퍼링크, 검색, 이모티콘 등이 등장했다. 21세기는 우리에게 AI를 선사했다.

이름이 암시하듯, LLM은 본질적으로 언어 흐름을 분석·합성·매핑하는 시스템이다. LLM을 GPS 시스템에 비유하는 이유가 여기에 있다. LLM은 당신이 A 지점에서 B 지점으로 더 확실하고 효율적으로 이동할 수 있도록 돕는, 적용과 확장 가능성이 무한한 지도다. 챗GPT에 Q-러닝 Q-learning*에 관한 백서를 컴퓨터공학에 문외한인 사람도 이해할 수 있는 용어로 '번역'하라고 할 수 있다. 사업을 한 번도 해 본 적이 없고 표준적인 시장 관행에 대해 전혀 모르는 국가의 잠재적 고객과 맺을 계약 조건 평가를 요구할 수도 있다.

LLM은 요구에 따라 정보를 신속하게 이해하고 탐색할 수 있도록 지원함으로써 정보로 구성된 세계 속에서 당신의 참여를 늘리고 권능을 확대하도록 돕는다. 이런 식으로 LLM은 과거의 기술 혁신이 민주화를 이끈 것처럼 더 많은 사람이 지식과 기술을 더 쉽게 접할 수 있도록 만든다. 예를 들어, 한때 전문 기자들이 독점하다시피 한 영역은 블로그와 소셜미디어 덕분에 수백만 명의 사람이 정기적으로 참여할

- 에이전트가 특정 상태에 있는 것을 조건으로 취하는 각 행동에 값을 할당하는 모델이 존재하지 않는 강화학습 알고리즘

수 있게 되었다. 마찬가지로 우버나 리프트 같은 차량 공유 서비스는 높은 진입 장벽으로 인해 도전이 쉽지 않았던 산업을 수백만 명이 쉽게 참여할 수 있는 산업으로 바꿔 놓았다.

문서, 그림, 컴퓨터 코드, 음악, 비디오를 제작하는 데 필요한 기술, 훈련, 자원이 부족했던 사람들이 이제 AI를 통해 그런 작업을 할 수 있게 되었다. 모델이 진화하면서 변호사, 강사, 의사, 기타 전문가들의 작업을 모방하는 데도 능숙해졌다.

LLM은 광범위한 적용과 확장이 가능하므로 어떤 면에서는 사실상 우리 모두와 경쟁할 수 있다. 이 때문에 생계를 위협받고 있다면, 새로운 현실이 가져다준 충격이 혼란스럽고 고통스러울 수도 있다. 하지만 LLM을 개인의 적극적인 참여를 가능케 하는 도구로 활용한다면 그 탁월한 능력을 자신의 목적에 맞게 다양한 방식으로 활용할 수 있다.

이 접근 방식은 1960년대 이래 컴퓨터화, 자동화, 디지털화를 특징으로 하는 지배적 추세, 즉 창의적 표현, 생산성, 영향력 강화 도구를 통해 개인의 행위력과 자율성을 높이는 추세를 지속하는 데 도움을 준다. LLM을 사용해 21세기의 삶을 헤쳐 나가는 데 능숙해질수록 자신의 미래를 개척하는 힘이 강해진다. 장기적으로 더 민주적이고 역동적인 사회는 어떤 것일까? 기존 기득권 세력의 권력을 영원히 보호하는 사회일까? 아니면 모든 사람의 선택권과 자율성을 높이기 위해 노력하는 사회일까?

무지할수록 AI 발전의 수혜를 본다

이동성은 언제나 자기계발의 기반이었다. 1700년대, 상업 목적의 대양 횡단 여행이 보편화되면서 영국의 시골에서 태어나 농사를 짓던 젊은이가 필라델피아의 상인이 되는 것이 가능해졌다. 더 이상 출생지가 개인의 운명을 결정짓지 않았다. 1800년대의 철도의 성장은 오하이오주의 시골에 사는 침모가 더 많은 종류의 옷감과 패턴에 접근할 수 있고, 그녀가 만든 옷을 시카고의 더 큰 시장에 팔 수 있다는 것을 의미했다. 20세기에는 자동차가 25세 가장이 가장 높은 임금을 받는 직장을 찾고 가장 부담이 적은 주택담보대출을 받을 수 있는 집을 구할 수 있도록 해 줬다.

최근 수십 년 동안 인터넷과 휴대전화가 우리가 기대했던 날아다니는 자동차를 대신했다. 버튼 몇 개만 누르면 줌이나 구글 스트리트 뷰 같은 애플리케이션을 통해 우주로 공간 이동을 할 수 있다. 버튼을 몇 개 더 누르면 홀푸드Whole Foods의 매콤한 연어부터 600와트의 휴대용 발전기까지 마치 영화 〈스타 트렉〉에 나오는 복제기로 만든 것처럼 곧바로 문 앞에서 수령할 수 있다. 마찬가지로 초이동성 덕분에 궁금한 것을 검색하고, 다른 사람들과 연락하고, 다양한 분야의 방대한 정보와 네트워크를 경험하고 이해하는 것이 쉬워졌다.

언어를 모르는 특정 국가를 처음 방문해 낯선 지형을 이해할 때는 GPS가 필수적인 것처럼 정보 GPS는 거의 모든 상황에서 사용자가 주변 상황을 더 잘 인식할 수 있도록 돕는다. 2023년 상반기에 발표된 여러 연구가 다양한 산업 분야에서 AI를 작업에 활용하면 생산성 향상에 이를 수 있음을 보여 줬다. 특히 주목할 만한 점은 비슷한 연구에서 경험이 가장 적은 참가자가 가장 큰 폭의 생산성 향상을 보였다는 것이다.

2023년 3월, MIT 연구진은 대학 교육을 받은 마케터, 보조금 신청서 작성자Grant writer•, 데이터 분석가 등 전문가 444명에게 보도자료 작성이나 분석 준비 등 글쓰기와 연관된 간단한 과제 수행을 요청했다. 조사 결과, 챗GPT를 사용하는 작업자들은 그렇지 않은 작업자들보다 작업을 37% 더 빨리 완료했다.[6] 그해 4월, 다른 연구는 이름을 밝히지 않은 한 기업의 고객 상담 서비스Customer Service, CS 상담원들이 고객과의 상호 작용 도중 챗GPT를 실시간 비서로 사용한 경우에 생산성이 14% 증가했다는 조사 결과를 발표했다.[7]

대학 교육을 받은 전문가들이 글쓰기 과제를 수행한 연구에서는 "챗GPT의 도움 없이 스스로 과제를 수행한 첫 번째 과제에서 낮은 점수를 받은 참가자들의 글의 질이 더 크게 향상"된 것으로 나타났다. CS 연구에서는 "경험이 적고 숙련도가 낮은 직원"의 성과가 가장 크게 향상되었다.

이는 직관적으로도 이해되는 결과다. 평생 도쿄에 살았던 사람이라면 GPS 내비게이션이 유용하겠지만, 처음 방문하는 사람은 그렇지 못

• 정부기관, 비영리 단체 또는 기타 조직에서 자금을 확보하기 위한 제안서 또는 신청서를 대신 작성하는 일을 하는 사람

할 것이다. 일본어를 유창하게 구사하지 못하거나 대도시에서 길을 찾는 데 익숙하지 않은 사람은 더욱 그렇다.

LLM에도 비슷한 역학이 적용된다. 많은 양의 데이터로 훈련받은 LLM은 일반적으로 다양한 맥락과 지식의 영역에서 표준적인 역량이라 할 만한 것들을 숙지하고 있다. 그런 것들이 훈련 데이터에서 가장 빈번하게 나타나기 때문이다. 예를 들어, 다수의 모델은 2+2=4라는 것을 금방 알아본다. 웹의 문자열에는 "2+2=4"라는 것이 "2+2=부리토"라고 쓴 것보다 훨씬 많기 때문이다. 비록 그들이 미묘한 방식으로 정보를 종합하는 데 탁월한 능력(예를 들어 '클래식 음악 이론의 개념을 이용해 기후 변화를 설명'하는 능력)을 가진 LLM이라도 자연스럽게 가장 안전하고 일반적이고 진부한 생각을 선택하는 것이다. 따라서 AI는 주어진 상황에서 유능한 CS 상호 작용을 구성하는 것이 무엇인지, 또는 한정판 도리토스[Doritos]•를 홍보하는 보도자료에서 전달해야 하는 것이 무엇인지 파악하는 데 매우 능숙하다.

비슷한 방식으로 LLM은 초보자가 매우 빠른 속도로 기술을 습득할 수 있도록 돕는다. 뉴욕대 스턴경영대학원의 경제학자 로버트 시먼스[Robert Seamans]는 〈네이처〉에 이렇게 말했다. "민주화 효과와 거의 비슷합니다. 경험이 부족한 근로자들이 더 많은 혜택을 볼 수 있죠."[8]

기계 지능은 고유의 확장성과 적응성으로 민주화 효과를 한층 확대한다. 지식은 책, 비디오, 기타 미디어의 형태로 광범위하게 접근할 수

• 　미국의 토르티야 칩 브랜드

있지만, 인간의 지능(지식을 적용하고 사용하는 능력)은 뇌에 묶여 있어서 특정 장소나 집단에 집중되는 경향이 있다. 뉴욕이나 시애틀 같은 도시에는 농촌 지역보다 인구 대비 정신건강의학과 의사가 훨씬 더 많다. 법률 전문가는 고액의 보수를 받는 로펌에 모여 있고, 머신러닝 분야의 전문 지식을 가진 컴퓨터공학 박사들은 빅테크 기업에 모이기 마련이다.

LLM은 인간과 동일한 방식으로 지능을 보유하지는 않지만, 그들과의 상호 작용은 위키피디아 페이지나 팟캐스트 같은 수동적인 정보원과의 상호 작용과는 전혀 다른 경험을 제공한다. 다양한 모드로 인풋과 아웃풋을 처리하는 능력이 발전함에 따라 LLM의 이점은 더욱 뚜렷하게 드러날 것이다. 기술이 진화하면 사용자는 고도로 개인화된 정보를 자신이 선호하고 필요로 하는 미디어 형식으로 얻을 수 있다.

GPS와 스마트폰처럼 결국에는 사회의 모든 계층에서 새로운 기술의 혜택을 누릴 것이다. 합성 지능이 사회 전반에 확산되면 인간의 지능이 집중되어 있는 곳에 접근할 수 없는 사람들이 특히 큰 변화를 겪을 것이다.

로스쿨 진학을 희망하지만 값비싼 과외, 코치, 자문 서비스를 이용할 여건이 되지 않는 저소득층 또는 중산층 가정의 고등학생이 대학 입시를 준비해야 한다면, 인간 교사 대신에 LLM이 입학 가능성을 높이는 데 도움이 되는 정보나 지침을 제공할 수 있다.

만약 집주인으로부터 "3,000달러의 미납된 집세를 내지 않으면 30일 안에 퇴거해야 한다"라는 내용의 편지를 받았다면, LLM이 대처 방법을 제안할 수도 있다. '퇴거' 같은 생소한 법률 용어를 설명해 주는 것은 물론 영어가 모국어가 아니어서 곤란하다면 스마트폰 카메라를 이용해 LLM과 편지를 공유할 수도 있다. 이후 LLM은 편지의 내용과 당신에게 어떤 선택지가 있는지를 당신의 모국어로 설명해 준다. 미래지향적인 시나리오라면 신뢰할 수 있는 AI 비서가 자진해서 해당 지역의 법률구조공단에 연락해 이용 가능한 수단이 어떤 것인지 알아볼 수도 있다.

한 매체를 다른 매체로 '번역'하는 LLM의 능력은 다양하게 응용할 수 있다. 난독증을 앓는 학생은 다중모드 LLM을 사용해 문자 기반 수업이나 학습 자료를 다양한 종류의 오디오 형식으로 변환할 수 있다. 그 예시로 2024년 5월에 열린 구글 랩스의 연례 개발자 콘퍼런스에서 시연된 '일루미네이트 Illuminate'라는 도구가 있다. 이 도구는 PDF 파일로 된 기술 연구 논문을 일반인이 이해하기 쉬운 팟캐스트 대화체로 변환해 준다.[9]

다중모드 LLM은 시각 장애인이 주변 세계를 해석하는 데 도움을 주는 기존 서비스의 역량도 더 발전시킬 것이다. 시각장애인 사용자는 쇼핑 중에 스마트폰으로 물건을 스캔함으로써 다양한 제품의 가격, 라벨에 있는 경고 또는 면책 사항, 경쟁 제품 등에 관한 상세한 정보를 들을 수 있다.

청각장애인도 비슷한 방식으로 다중모드 LLM을 사용할 수 있다. AI는 실시간으로 대화 상대나 다른 사람이 하는 말을 정확하게 글로 옮길 수 있다. 화자의 어조("비꼬는 투로 말했다")와 화자의 신분(대화 상대가 한 명 이상인 경우), 기타 정보까지 포함해서 말이다. 마찬가지로 LLM은 수화를 음성 응답으로 번역해 수화를 모르는 사람들도 이해하도록 만들 수 있다. 또한 LLM은 점점 더 정교해지고 상황에 맞는 소리 인식 기능을 제공함으로써 경보음이나 접근하는 차량의 소리처럼 주변 환경에서 들리는 소리를 청각장애인에게 알려 주는 기존 서비스 역량도 개선할 수도 있다.

LLM은 정보 수집에 있어서 인터넷 검색이나 위키피디아보다 훨씬 더 명확하고 접근하기 쉽다. 구글에 질문을 입력하고 어떤 링크가 정말로 도움이 되는지 평가하는 대신, 많은 정보를 알고 있으면서 응답까지 바로 해 주는 가이드와 대화할 수 있기 때문이다.

구글 픽셀 9^{Pixel 9} 스마트폰에 내장된 스크린샷 기능은 사람들, 특히 노인들이 다중모드 AI를 유용하게 사용할 수 있는 또 다른 방법을 제시한다. 이 기능은 본질적으로 사진 기억을 보편화한다. 예를 들어 친구가 보낸 문자, 워들^{Wordle}(영어 단어 맞추기 게임)을 한 번에 맞힌 기록, 몇 달 후에 다시 방문해야 할 검진 센터의 주소 등 추적하고 싶은 정보를 스크린샷으로 기록하면 구글의 AI가 그 이미지를 글로 기록한다. 나중에 기록을 찾고 싶을 때는 '검진 센터 주소'나 '얼마 전의 워들 신기록'이라고 말하면 원하는 정보를 얻을 수 있다.

소외된 공동체가 교육, 의료, 기타 필수 서비스 접근성을 개선하는 기술적 해법은 뿌리 깊은 구조적 불평등에 대한 임시방편이라며 무시하는 경우가 많다. 이런 사고방식은 "부자들은 왕진 의사, 개인 트레이너, 시간당 400달러를 받는 심리치료사를 고용하고, 그 밖의 사람들은 보험사 연합 블루크로스Blue Cross에서 제공하는 무료 '웰니스Wellness' 애플리케이션과 《초보자를 위한 개인 파산법!Personal Bankruptcy Laws for Dummies!》이라는 낡은 책이 있을 뿐"이라는 식으로 표현된다.

다시 말해, 법률 자문이나 의료 서비스 같은 복잡한 고부가가치 서비스는 결코 효과적으로 자동화되거나 확장될 수 없다고 가정하는 것이다. 자동화된 시스템이 제공하는 서비스는 인간 전문가가 제공할 수 있는 수준에 결코 미치지 못할 것이기 때문이다. 결과적으로 기술적 해법 모색을 시도하는 이런 노력은 잘못된 이타주의, 테크 산업의 기만, 수혜자에게 실질적인 가치를 전달하려는 의도가 없는 보여 주기식 해법주의로 치부된다.

하지만 LLM의 역량이 커지면서 이런 사고방식을 뒤집으려는 도전이 시작되었다. 우리는 대개 교육, 의료, 법률 등의 분야에서 인간 전문가가 LLM과 함께 일하는 것이 이상적인 시나리오라고 생각하지만, LLM 단독으로도 큰 가치를 전달할 수 있다. LLM에 오류가 없는 것은 아니지만, 그런 면에서는 인간 전문가도 마찬가지다.

하지만 LLM은 인간과는 다르게 곧바로 사용할 수 있고, 무한한 인내심을 갖고 있으며, 아무리 많은 질문에도 기꺼이 대답한다. 오후 3시에 이야기를 하다가 자리를 비우고 새벽 1시에 돌아와도 그들은 무슨 이야기를 하고 있었는지 정확하게 기억한다. 갑자기 연락을 끊어도 전혀 섭섭해하지 않는다. 바쁜 경영자들에게 이는 대단한 장점이다. 이런 접근성은 교통수단이 제한적이고, 근무 일정을 쉽게 조정할 수 없고, 보육 방식의 선택지가 적은 저소득층의 삶을 크게 개선할 수 있는 잠재력을 갖는다.

우리가 살고 있는 시대에서는 지능이 더 이상 제한된 자원이 아니다. 자동화되고 네트워크화된 지능은 지금의 GPS처럼 수십억 명의 사람에게 없어서는 안 되며 어디에서나 쉽게 발견할 수 있는 일상이 될 것이다. 익숙하지 않은 곳에서 길을 찾을 때 반사적으로 스마트폰에 의지하듯, 금융 거래에서 정확한 시간 동기화를 위해 GPS를 사용하듯, 우리는 사적 영역과 직업적 영역에서 문제 해결과 의사결정을 근본적으로 재구성하는 방식으로 AI를 활용할 것이다. 모두가 이런 변화의 혜택을 보겠지만, 이제까지 정보를 효과적으로 탐색하는 능력이 제한되었던 사람들이 AI가 제공하는 새로운 기능과 자유의 더 큰 수혜자가 될 것이다.

이제야 내 말을 이해하는군

앞서 언급한 바와 같이 개발자들은 더 주체적으로 행동할 수 있는 LLM 기반 시스템을 구축하는 일을 시작했다. 예를 들어, 코드 인터프리터Code Interpreter가 내장된 오픈AI의 GPT-4는 코드를 자율적으로 작성하고 실행하며 버그를 잡을 수 있으므로 단계별 사용자 개입이 없어도 복잡한 프로그래밍 작업을 수행할 수 있다. 오토GPTAutoGPT는 GPT-4를 사용해 특정 목표를 위한 일련의 작업(과학자들이 공식적인 발표 전에 자신의 작업을 공유하는 오픈액세스 저장소 아카이브닷오알지에

게시되는 새로운 연구 논문 중에 특정 주제에 대한 자료를 요약하는 작업을 하는 것이 그 예시다)을 실행하는 오픈소스 애플리케이션이다.

에이전트형 AI 시스템은 일반적으로 까다로운 제약 아래에서 작동하고, 인간의 개입과 감독을 허용하면서도 전통적인 챗봇의 주요 기능인 간단한 질의응답 행위를 넘어선다. 이 시스템의 목표는 학습을 통해 장기적인 계획과 자기 개선을 가능케 하는 방식으로 LLM을 사용하는 것이다. 이런 식으로 훨씬 많은 에이전트형 시스템이 인간의 작업 흐름에 참여하고 비서나 동료의 역할을 수행할 수 있다.

AI가 새로운 피트니스 애플리케이션 홍보에 적합한 유명 인플루언서를 식별하는 일을 돕는다고 상상해 보라. AI는 먼저 추진해야 할 초기 단계들에 대해 초안을 잡는 것을 시작으로, 소셜미디어 플랫폼에서의 데이터 수집을 자동화하는 코드를 작성하거나 여러 인플루언서가 게시한 댓글과 리뷰에 대한 감정 분석을 수행할 수 있다. AI 에이전트는 수집한 정보를 평가하면서 피트니스 분야 참여율이 높은 인플루언서를 찾지 못할 경우에는 그 전략을 수정한다. 공동의 목표를 달성하기 위해 협력하는 팀원들처럼 여러 AI 에이전트가 프로젝트의 각기 다른 측면을 담당하는 시스템도 있다.

많은 사람은 자율적이고 선제적인 행동이 가능한 에이전트형 LLM이 '사용자와 대화만 할 수 있는 LLM'을 완전히 대체할 것이라고 믿는다. 에이전트형 시스템은 기존의 대화형 AI에게는 불가능한 방식으로 합성 지능을 광범위하게 구현할 수 있기 때문이다. 에이전트형 AI는 이론적으로 최소한의 인간 감독만으로도 동시에 여러 개의 복잡한 과제를 수행할 수 있다. 따라서 한 번에 한 가지 작업을 수행하는 것과 10가지, 100가지, 1,000가지 작업을 한 번에 수행하는 것의 격차가 생기는 것이다. 영향력을 극대화하고자 하는 개인과 기업은 인간의 생산성을 크게 증가시키고 많은 고부가가치 작업을 동시에 처리하는 능력을 갖춘 에이전트형 LLM에 큰 매력을 느낄 것이다.

능력이 향상된 에이전트형 AI가 대중화되고 있지만, 우리는 여전히 LLM과 여러 차례 대화를 주고받는 방식이 그들의 성능을 개선하는 데 핵심적인 역할을 한다고 생각한다. LLM과 이를 기반으로 하는 시스템이 매우 안정적이며 적응력이 뛰어난 방식으로 자율적인 작동을 할 수 있게 되면서, LLM은 지속적인 일대일 대화 속에서 지시를 받고 상호 작용을 하면서 지시를 따르는 부분에서도 성능이 개선될 것이다. 그렇게 되면 사용자는 더 많은 일을 더 쉽게, 더 정확하게 제어할 수 있으며 이런 시스템을 최대한으로 활용하고자 할 것이다.

챗GPT가 이런 혁신을 이룬 데에는 사용자가 AI를 사용하는 과정에서 지속적인 상호 작용을 주고받은 것이 큰 역할을 했다. 이 상호 작용 모드에서는 사용자가 프롬프트를 입력할 때까지 LLM이 글자 그대로 아무것도 하지 않는다. 사용자의 프롬프트에 응답한 LLM은 사용자가 추가적으로 프롬프트를 입력하지 않는 한 또다시 아무것도 하지 않는다.

이같은 응답을 주고받는 방식 기반의 LLM과의 상호 작용은 높은 수준의 참여도를 요하며, 이는 LLM의 약점 중 일부를 완화하는 데 큰 도움이 된다. 사용자가 LLM에서 얻은 모든 결과를 검토함으로써 시스템이 할루시네이션이나 여타 부정확한 정보를 생성하는지 알아차릴 수 있는 가능성이 높아진다(이것은 낙관적인 입장이며, 글루머는 LLM이 자신감 있게 주장하면 사용자가 진실로 받아들일 가능성이 더 높다고 생각한다). 마찬가지로, LLM이 편향되거나 치명적인 오류를 내거나 기타 바람직하지 않은 아웃풋을 산출하면 사용자는 이의를 제기하거나 내용을 수정할 수 있다.

사용자의 즉각적인 피드백에 대한 이런 식의 개방성은 챗GPT처럼 사용자와 직접적으로 상호 작용을 하는 LLM을 대부분의 초기 형태의 AI와 차별화했다. AI 모델의 구조적 편향은 중요한 문제다. 이러한 편향의 영향을 가장 크게 받는 개인은 일반적으로 해당 모델과 상호 작용하거나 피해에 대응할 방법이 없기 때문에 문제가 더 악화되는 경향이 있다. 예를 들어, 대출 승인 과정에서 알고리즘을 이용한 의사결정을 한다고 가정해 보자. 차별적인 알고리즘의 영향을 받은 사람은 그 결정이 거부의 근거가 되었다는 사실조차 모를 수 있다.

그러나 대화형 AI의 등장으로 판도가 달라졌다. 대화형 AI에는 사용자로부터 질문을 받기 전에 사용자의 가치관, 의도, 원하는 응답 유형을 전달하는 맞춤형 지시를 통해 미리 준비를 갖추게 만드는 LLM까지 있다. 물론 이런 기능에 실패 위험이 전혀 없지는 않다. 챗GPT는 "할루시네이션 금지!"라고 말해도 여전히 할루시네이션 현상을 일으킬 수 있다. "조각상이 눈물을 흘릴 정도로 아름다운 글을 써서 노벨 문학상을 받게 해 줘!"라고 말해도 그런 일은 일어나지 않는다. AI는 그런 명령을 이행할 준비가 되어 있지 않기 때문이다.

하지만 LLM은 아웃풋에 실시간으로 개입하고 수정하고 미조정할 수 있는 능력 덕분에 책, 비디오, 기타 매개의 형태로는 불가능한 방식으로 사용자의 요구와 선호에 적응하는 능력을 갖추게 되었다. 챗GPT에 "승무원들이 변호사들에게 점심을 서빙하는 이미지를 생성"하라는 프롬프트를 입력하면 대부분 승무원은 여성으로, 변호사는 남성으로 묘사될 것이다.■ 하지만 다른 이미지를 원한다면 바라는 결과대로 수정할 수 있다. "남성 승무원과 여성 승무원이 성별이나 인종에 관한 편견이 반영되지 않은 변호사들에게 점심을 대접하는 이미지를 생성"하라고 지시하면 가능하다.

이런 역량이 모델의 훈련 데이터 내에 존재하는 구조적 편향이라는 근본적 문제를 마법처럼 없애지는 못한다. 모델을 더 대표적이고 포용적으로 만드는 것은 끊임없이 계속되는 과정이다. 하지만 대화형 AI는 다른 종류의 미디어나 AI보다 훨씬 더 많은 분야에서 사용자에게 전례 없는 영향력을 행사한다. 사용자는 AI를 안내하고, AI에 질문하거나 정보를 제공하고, AI가 내놓은 아웃풋에 이의를 제기할 수 있기 때문에 토론의 내용과 흐름을 바꿀 수 있다.

언제든 강하게 개입할 수 있는 사용자의 능력과 무수한 데이터를 집요하게 탐색함으로써 습득한 인류의 문화, 정보, 지식에 대한 LLM

■ 우리가 이 장을 쓰는 시점에도 여전히 그랬다. 하지만 개발자들이 편향적인 문제를 줄이기 위해 모델을 끊임없이 업데이트하고 있다는 점을 고려하면, 당신이 이 책을 읽을 때쯤이면 같은 프롬프트로 다른 아웃풋을 얻을 가능성도 있다.

의 전지전능한 이해력이 결합하면, 사용자는 녹음 스튜디오의 엔지니어가 128트랙 믹싱 콘솔의 조절기, 손잡이, 스위치를 조작하듯이 LLM의 아웃풋을 조정할 수 있다. 세부적이고 정확한 답변을 생성하는 능력은 편견을 완화하는 것은 물론 그 밖의 요구와 목표에도 적용할 수 있다. 감정적·문화적·직업적·사상적·철학적 측면에서 당신이 구사하는 언어가 무엇이든 LLM은 그 언어를 구사할 수 있을 것이다(유창함의 정도는 다를지라도).

다만 몇 가지 단서가 있다. 많은 개발자는 모델을 미조정하는 과정에서 다양한 기법을 사용하여 자신이 설정한 핵심 원칙과 윤리 지침을 위반하는 특정 유형의 프롬프트에 대한 응답을 제한할 수 있는 방호 조치와 정책 규범을 설정한다. 하지만 이런 제한적인 요소들은 사용자에게 자신의 고유한 목표와 선호도에 맞춰 LLM의 응답을 조정할 수 있는 상당한 여지를 제공한다.

구글 맵을 생각해 보자. 특정 지역을 확대하거나 축소하는 것은 빙산의 일각에 불과하다. 지형을 보여 주는 레이어, 실시간 교통 상황을 보여 주는 레이어, 공기의 청정도를 보여 주는 레이어, 자전거 경로를 보여 주는 레이어 등 다양한 레이어를 통해 지도를 볼 수 있다. 여러 레이어 사이를 전환하고, 지도를 확대하거나 축소하고, 스트리트 뷰로 전환하면서 풍경의 새로운 각도와 세부 사항, 새로운 측면을 볼 수 있다. 마찬가지로, 대화형 LLM과 주고받는 대화는 주제 및 상황의 사실적·정서적·정치적·문화적·경제적·역사적 지형을 사용자의 현재 필요와 의도에 가장 적합한 방식으로 '매핑'하는 데 도움이 된다. 다음과 같은 일련을 프롬프트를 통해 이를 간단히 살펴보자.

"6살 아이를 대상으로 상대성 이론을 설명해 줘."
"물리학 수업을 듣는 고등학생을 대상으로 상대성 이론을 설명해 줘."
"일반 성인에게 상대성 이론을 설명해 줘."

이후 훨씬 더 세분화된 지침을 사용해 LLM에게 다양한 6세 어린이에게 맞춤화된 답변을 생성하라고 지시한다.

"소방차를 좋아하는 6세 어린이에게 상대성 이론을 설명해 줘."
"주로 스페인어를 사용하지만, 영어도 배우고 있는 6살 어린이에게 상대성 이론을 설명해 줘."
"우주와 행성에 매료되었고, 스토리텔링을 통한 학습을 선호하는 6살 아이에게 상대성 이론을 설명해 줘."

이런 측면에서 보면 특정 분야에 대한 심층 지식을 가진 사용자가 LLM을 더 효과적이고 효율적으로 이용할 수 있다. 사용자가 더 풍부한 지식과 뉘앙스를 적용할수록, 기업가 정신과 혁신 전문가인 펜실베이니아대 와튼스쿨 이선 몰릭^{Ethan Mollick} 교수가 언급한 LLM의 "잠재적 전문 지식^{Latent expertise}"을 더 효과적으로 활용할 수 있다. 즉 LLM이 훈련 과정에서 암묵적으로 흡수한 모든 지식으로, 이는 즉각적으로 드러나거나 전적으로 예측할 수 있는 것은 아니다. 몰릭은 자신의 웹사이트 '원 유스풀 씽 One Useful Thing'에 올린 글에서 이렇게 설명하고 있다. "따라서 전문가들은 많은 이점을 갖는다. 그들은 LLM의 오류와 할루시네이션을 더 잘 간파한다. 자신의 관심 분야에서 AI가 내놓은 아웃풋을 더 잘 판단한다. AI에게 더 적절한 지시를 내려 필요한 작업을 수행하도록 할 수 있다. 더 많은 시행착오의 기회를 통해 다른 사람들이 할 수 없는 방식으로 LLM 내에 존재하는 잠재적 전문 지식을 활용할 수 있다."[10]

전문가들의 지시가 가진 힘은 2022년 봄, 오픈AI의 텍스트-투-이미지 생성 도구인 '달리2 DALL-E 2' 출시 초반에 생생하게 드러났다. 사진작가, 일러스트레이터, 기타 이미지 제작의 문법과 어휘에 능통한 전문가들은 프롬프트를 구체화함으로써 달리의 잠재된 전문 지식을 이끌어 내는 일의 최전선에 섰다. 많은 얼리어답터가 광범위한 프롬프트에 의존해 이미지를 생성했다. "화성에서 말을 타는 우주 비행사" 같은 식으로 말이다. 반면 사진작가들은 구체적인 카메라 렌즈와 광원을 모방하도록 지시하고 구성 지침을 추가했다. "화성에서 말을 타고 있는 우주 비행사, 50mm 렌즈, 조리개 설정 f/2.8, 포보스 Phobos•에서 반사된 석양의 따뜻한 빛을 받고 있음, 피사체는 중심에서 약간 벗어나 있음." 전문가의 인풋으로 달리2가 이용할 수 있는 기능이 폭넓게 드러나기 시작했다.

"잠재된 전문 지식"이라는 개념은 전문 분야가 무엇이든 간에 모든

• 화성의 위성 중 하나

LLM 사용자에게 적용된다. 따라서 어떤 맥락에서든 구체성이 중요하다. 구체성은 특정 LLM이 자체적인 정보 세계를 어떻게 구축해 왔는지 가장 잘 파악할 수 있는 방법이기 때문이다.

당신이 특정 분야에 처음 입문한 신참이거나 그 분야의 어휘·규범·뉘앙스를 전혀 알지 못하더라도 문제 없다. 지금 당장 무엇을 하려는지, 어디로 가고 싶은지 알고 있다면 당신은 그 분야의 전문가다. 이것이 바로 LLM의 잠재된 전문성의 봉인을 해제하기 위해 필요한 시작점이 되어 준다.

LLM과 상호 작용할 때는 최대한 많은 '좌표'를 제공하는 것이 유용하다. 예를 들면 이런 방식으로 말이다. 무엇을 배우고 싶습니까? ("양자 컴퓨팅의 기본을 이해하고 싶어.") 그런 요청을 하는 데에는 어떤 구체적인 목표나 의도가 있습니까? ("테크 기업의 면접을 준비하고 있어.") 제가 당신에게 맞춤화된 답변을 제공하는 데 도움이 될 만한 세부 정보는 없습니까? ("고전 물리학에 대한 배경지식은 있지만 양자역학에 대해 배운 적은 없어.") 이 상호 작용에서 제가 어떤 구체적인 인물의 역할을 하길 원하십니까? ("고등학교 과학 교사처럼 설명해 줘.") 당신과 연관성이 깊은 결과물을 제시하려면 어떤 요소를 적용해야 합니까? ("나는 일상적인 사물과 비교하는 학습 방식을 선호해.")

당신의 현재 위치가 어디이며 어디로 가고 싶은지 더 많이 알려 줄수록, LLM은 그곳에 도달하기 위한 경로를 계획하는 데 도움이 되는 정확한 정보를 제공할 수 있다.

올바른 방향으로 한 걸음 나아가다

이 장의 서두에서 언급했듯, 1983년에 레이건 대통령이 처음으로 제안한 GPS의 민간 공개에 모든 사람이 동의한 것은 아니었다. 테러리스트, 적국, 스토커, 범죄자들이 정확한 위치 정보에 쉽게 접근하도록 돕는 것이 옳은 일일까? 부작용에 대한 우려는 선택적 가용성 정책으로 이어졌고, 이 정책은 몇 년 동안 GPS의 유용성을 의도적으로 제한했다.

선택적 가용성 정책이 폐지된 이래 수십 년이 지났지만, 우리는 미국방부가 GPS에 대한 자유로운 접근이 초래할 수 있다고 우려했던 심각한 안보 위협을 목격하지 못했다. 그렇다고 해서 GPS 시스템이 절대적으로 안전하거나 아무런 위험성이 없다는 말은 아니다. 사실 정기적으로 다양한 사고와 남용 사건이 발생하고 있다. 운전자가 잘못된 내비게이션 시스템의 지시를 따라 외딴 지역이나 수역으로 들어갔다가 치명적인 결과를 맞이하는 비극적인 사례가 드물게 발생하기도 한다. GPS 내비게이션에 의지하는 사람들 대부분은 한두 번쯤 혼란스러운 방향을 안내받거나, 사유지로 안내받거나, 길을 잃는 등 비슷한(피해의 정도는 약하지만) 경험을 했을 것이다.

악의적인 사용자가 GPS가 의존하는 정확한 타이밍 신호를 방해하거나 도용해서 수신기가 잘못된 위치를 계산하거나 완전히 작동을 멈추는 경우도 있다. 선적 컨테이너를 통째로 훔치는 도둑들은 전파 교란기를 사용해 컨테이너 내부 물품의 GPS 추적 태그를 망가뜨린다.

하지만 지난 20여 년 동안 GPS에 관한 중심 주제는 보안, 내비게이션, 필수 서비스에 지장을 주는 한계, 결함, 취약성이 아니었다. GPS는 전 세계에 매일, 매주, 매년 엄청난 혜택을 주는 광범위한 서비스를 선사했다.

사용자와 직접 상호 작용을 하는 AI가 광범위하게 배포된 상황에 대해서도 동일한 가치를 추구해야 하지 않을까? 1996년에 빌 클린턴 정부가 선택적 가용성 정책을 종료한다고 발표했을 때, 전환 시행의 목표 날짜는 2006년이었다. 그러나 더 수준 높은 서비스에 대한 대중의 요구가 커지자, 미 정부는 당초 예정보다 6년 앞당긴 2000년에 이 정책을 종료했다. 연방 정부가 기술 혁신과 도입을 가속화하기로 명시적으로 결정한 순간이었으며, 이는 엄청나게 긍정적인 영향을 미쳤다. 정보 GPS의 접근성을 더욱 높이고자 하는 우리는 이 사례를 명심해야 한다.

8장

규칙은 누가 만드는가

Law Is Code

마젤란과 가민^{Garmin} 같은 기업들이 GPS를 사용해 세계 구석구석을 지도로 표시하기 시작한 지 몇 년 지나지 않아, 구글은 지구상에서 가장 빠르게 성장하고 가장 잘 알려지지 않은 변경의 모든 하이퍼링크를 지도에 표시하는 일을 시작했다. 구글이 1998년 사명 선언문에서 밝혔듯, 그 목적은 "전 세계의 정보를 체계화해 누구나 접근하고 사용할 수 있도록 하는 것"이었다.

이는 무모하고 엉뚱한 사업이었다. 당시 구글의 모든 직원이 교외에 자리한 주택 차고에 들어갈 수 있는 규모였던 것을 생각하면 더욱 그렇다. 그러나 그것은 최소한 상상할 수 있는 범주였다. 사이버 공간에 접근할 수 있는 데다 통제까지 할 수 있다는 발상은 1998년만 해도 이단에 가까운 생각이었다. 인터넷은 일부분에 장애가 발생하더라도 다른 부분은 계속 작동할 수 있도록 설계되었기 때문에 단일한 장애 지점이 전체 시스템을 제어하거나 중단할 수 없다. 국가가 강요하는 법률이 아닌 기술 프로토콜을 통해 운영되는 인터넷은 중앙의 통제보다는 네트워크 복원력을, 제도적 통제보다는 개방적 접근을 선호한다. 오픈소스 개척자이자 전자프런티어재단^{Electronic Frontier Foundation}의 공동 창업자인 존 길모어^{John Gilmore}는 "인터넷은 검열을 손상으로 해석하고 이를 우회한다"라는 유명한 말을 남긴 바 있다.

하지만 1999년, 하버드대 로스쿨 로렌스 레시그^{Lawrence Lessig} 교수는 자신의 그의 책 《코드 2.0》에서 완전히 다른 관점을 제시했다. 그는 자신의 저서에서 인터넷의 상업화와 상거래에서 요구되는 사용자 인증의 실질적 필요성이 무제한적인 접근, 익명성, 자율성이 표준이었던 인터넷을 점점 정체성, 중앙화, 통제를 우선하는 곳으로 변화시키고 있다고 말했다.

레시그는 현실 세계에서는 법, 규범, 시장, 구조라는 네 가지 제약이 인간의 행동을 규제한다고 설명했다. 인터넷에서도 마찬가지였지만, 초창기에는 코드 형식의 구조가 큰 역할을 한다는 점에서 차이가 있었다. 소프트웨어 개발자들은 현실의 규제기관의 감독이 거의 없는 상태에서 이 새로운 세계를 구축하기 시작했다. 따라서 참여의 규칙을 정한 것도 그들이었다. 인터넷에서는 코드가 법이었다.

레시그는 이렇게 말했다. "이 코드 또는 아키텍처가 사이버 공간에서의 삶을 규정한다. 그것은 개인정보 보호가 얼마나 쉬운지, 발언에 대한 검열이 얼마나 쉬운지 결정한다. 사이버 공간의 코드는 본질을 이해하지 않으면 볼 수 없는 다양한 방식으로 공간을 규율한다."[1]

레시그는 전자상거래와 거기서 파생되어 나오는 신용카드 번호, 우편 주소, 기타 개인 식별자의 형태를 띤 정보에 대한 근본적인 필요가 일종의 트로이의 목마, 즉 인터넷의 원래 아키텍처에 추가적인 요소를 필요하게 만드는 존재라는 것을 깨달았다. 한때 사용자가 누구든 될 수 있고, 어디에든 있을 수 있고, 검열의 두려움 없이 무슨 말이든 할 수 있는 수준의 사생활 보호를 가능케 했던 기술적 환경은 이제 사용자 ID, 추적 쿠키, 그리고 데이터 수집 기술이 축적되면서 보완되었다. 레시그는 "보이지 않는 손이 상거래를 통해 완벽한 통제를 가능케 하는 아키텍처, 즉 대단히 효과적인 규제를 가능케 하는 아키텍처를 구축하고 있다"라고 말했다.[2]

그러나 이런 변화의 영향을 다른 관점으로 볼 수도 있다. 초기 인터넷의 전성기 사용자들은 전례 없는 자유 속에서 두 가지 일을 할 수 있었다. 첫째, 아스트랄계 Astral plane • 에서 물리적 존재나 전통적 사회 규범, 현실 세계의 정체성과 관련된 자취와 동떨어진 방식으로 동료 여행자들과 상호 작용을 가질 수 있었다. 둘째, 다른 얼리어답터들이 전 세계와 공유하는 콘텐츠(때로는 흥미롭고 때로는 평범한)를 소비하거나 직접 게시할 수 있었다.

사용자 ID, 추적 쿠키, 고효율 규제로 보완된 인터넷에서는 사용자가 더 풍요로운 자유를 누렸다. 가령 이런 식이다. 유치원 시절에 가장

- 육체와 분리된 영적 세계

친했던 친구와 다시 만날 수 있다. 잠옷 차림으로 화제의 주식을 공매도 할 수 있다. 스트리밍 서비스가 생기기 이전에 헐리우드가 제작하리라고 예상했던 것보다 더 많은 니컬러스 케이지의 영화를 볼 수 있다. 잔디 깎기 로봇의 프로토타입 크라우드펀딩에 참여할 수 있다. 할머니의 심박수를 원격으로 모니터링할 수 있다. 하버드대 교수의 무료 온라인 강좌도 들을 수 있다. 이는 인터넷으로 가능해진 21세기의 경이로움 중 일부분에 불과하다.

그렇다고 레시그가 이에 반대했던 것은 아니다. 1990년대 후반, 인터넷의 변화 방식에 대해 신중했던 그는 일부 규제가 불가피하며, 신중하게 적용된다면 유용할 수도 있다는 사실을 인식했다. 그의 목표는 변화에 수반되는 대가, 그 장기적인 영향, 그리고 이것이 기술적인 문제를 넘어서 이미 정치적 문제가 되었다는 사실에 집중하는 것이었다. 기업, 정부, 사용자는 모두 인터넷이 어떻게 구성되어야 할지 선택하고(또는 선택을 하지 않고) 있었고, 이런 선택은 궁극적으로 온라인 경험의 본질을 형성하게 되었다.

새로운 세기가 시작될 무렵에 코드가 그토록 중요했고, 25년이 지난 지금은 그 중요도가 더욱 커진 이유가 거기에 있다. 코드가 법이라는 논지는 특히 더욱 강조되었다. 레시그가 《코드 2.0》을 집필할 당시만 해도 인터넷(사이버 공간이라고도 알려진)이 아직 '현실 세계'와 불가분의 관계로 엮여 있지 않았다. 그저 데스크톱이나 노트북이라는 관문을 통해 가끔 들어가는 사이버 공간일 뿐이었다. 사이버 공간 밖에서는 법이 여전히 법이 현실을 규제했다.

오늘날의 사이버 공간은 현실 세계와 분리되지 않는다. 전화선이나 월마트나 마찬가지로 일상적인 공간이다. 인터넷은 이제 어디에나 존재하며 모든 것에 스며들어 있다. 코드는 전화, 자동차, 가전제품, 도시 인프라, 제조 공장, 자동화 농업 시스템, 건강 및 피트니스 추적기, 이식 장치 및 보철물, 돈으로 확산되었다. 인간의 지능과 지각을 모방하는 장치들이 우리가 구축한 인프라에 스며들었다. 새로운 장치 대부분은 점점 독립적이고 자율적인 방식으로 행동할 수 있거나 앞으로 그렇게 될 것이다. 그들은 자유 의지로 의사를 결정하고 행동을 취할 수 있다. 그들과 상호 작용을 하는 인간의 선택과 의무에 영향을 미치는 방식으로 말이다.

이러한 영향을 더 잘 파악하기 위해 지금이 2027년이라고 가정해 보자. 자율주행 로보택시가 점점 더 보편화되고 있지만, 여전히 인간 운전자가 필요한 기존의 자동차가 신차 판매에서 우위를 차지하고 있다. 당신이 최근에 쉐보레 에퀴녹스 전기차를 구입했다고 가정해 보자. 그해 미국에서 판매된 모든 신차와 마찬가지로 이 차에는 연방 정부가 의무화한 운전자 음주 감지 시스템Driver Alcohol Detection System for Safety이 내장되어 있다.

이 시스템은 차량 내부에 내장된 촉각 기반 센서와 호흡 기반 센서를 사용해 운전자의 혈중 알코올 농도를 측정한다. 기존의 음주 측정기와는 다르게 센서를 향해 적극적으로 입김을 불어넣을 필요가 없다. 센서는 적외선을 사용해 운전자를 모니터링한다. 핸들이나 시동 스위치에 손을 대면, 그곳에 내장된 센서가 손가락의 모세혈관 내 알코올 농도를 감지한다. 또는 숨을 내쉬기만 해도 대시보드나 운전석 옆에 내장된 센서가 호흡 내 알코올 농도를 감지한다.[3]

이 센서들 자체에는 AI가 통합되어 있지 않다. 하지만 자동차에는 운전자를 찍는 카메라와 추가 센서를 비롯해 훨씬 더 많은 기능이 탑재되어 있고, 머신러닝을 사용해 자세, 핸들을 쥐는 패턴, 공기의 흐름을 분석함으로써 혈중 알코올이 감지된 사람이 단순한 승객인지 운전자인지 판단하는 데 도움을 준다.

와인 한 잔(또는 세 잔) 이상을 곁들인 근사한 저녁을 먹고 난 뒤에 차량 관리 시스템의 LLM 지원 인터페이스인 네비타르 NaviTar와 운전이 가능한가 논쟁하는 상황을 상상해 보자. 네비타르는 당신의 혈중 알코올 농도가 캘리포니아주의 법적 기준을 초과한 0.02%라고 판단해 시동을 걸지 못하게 만든다.

당신은 웨이터가 테이블에 와인을 쏟았다고 설명하기 위해 운전자를 찍는 카메라에 얼룩진 소매를 비춘다. 그러나 네비타르는 우버를 불러 주거나 술이 깰 때까지 영화를 틀어 주겠다고 대꾸한다.

"흠, 〈스피드〉를 보시는 건 어떨까요? 긴장감, 극적인 사건, 유머가 적절히 배합되어 시간 가는 줄 모르게 시청할 수 있는 고전 액션 스릴러입니다. 상영시간은 76분입니다. 그때쯤이면 술이 깨실 겁니다."

"퍽도 재미있겠네. 영화는 싫어."

당신은 한숨을 쉬며 말한다.

"그런데 왜 이렇게 된 거지? 난 이해가 안 돼. 여기는 미국이야. 내게는 음주 운전의 위험을 감수할지 말지를 선택할 헌법상의 권리가 있어."

이 시나리오를 가능하게 만드는 기술들은 모두 현존한다. 실제로 2027년에는 미국에서 판매되는 모든 신차에 이런 알코올 감지 시스템(LLM 구성 요소가 필수는 아님)이 의무화될 수도 있다. 2021년, 미 의회는 인프라 투자 및 고용법 Infrastructure Investment and Jobs Act 의 일환으로 이 법안을 통과시켰다. 이 책이 출판되는 현재 시점까지 이 법이 의무화되는 정확한 시기가 정해지지 않았지만, 빠르면 2026년부터 시행될 수도 있다.■

당신은 여기서 어떤 인상을 받는가? 디스토피아적인가? 유토피아적인가? 어쩌면 둘 다일 수도 있다. 이런 기술과 시나리오가 현실과 주류에 가까워지면서 시민 자유 옹호자, 호텔 산업 대표 기구, 자동차 제조업체, 소비자 단체, 기술 회의론자들이 규제에 반대하고, 어쩌면 시행을 막거나 지연시킬지도 모를 일이다. 안전벨트 착용 의무와 속도 제한을 일상적으로 무시하는 수백만 명의 운전자 중 일부는 오랫동안 자유의 상징이었던 자동차를 사실상 교통경찰로 변신시키는 제

- 이 조항은 연방 정부가 2024년 11월까지 알코올 감지 시스템 시행 방법의 처리 원칙을 만들어야 한다고 명시하고 있다. 이 기술에 대한 기준을 평가하고 설정할 책임은 전미도로교통안전국 National Highway Traffic Safety Administration 에 있다. 전미도로교통안전국이 알코올 감지 시스템의 신뢰성이 충분하다는 판단을 내리면, 2026년 초에는 모든 신차에 해당 시스템 설치가 의무화될 수 있다.

도에 저항할 가능성이 높다.

이 책에서 우리는 세상이 움직이는 방식을 변화시킬 신기술을 도입하기에 앞서 완벽한 확실성을 요구하는 대신에 허가 없는 혁신, 반복적 배포, 진보의 과정에서 어느 정도의 합리적 위험을 용인하는 일의 이점에 대해 많은 이야기를 했다. 그러나 음주 운전은 지속적으로 상당한 금액의 개인적·사회적 비용을 초래한다는 것이 확실히 입증된 위험이다. 의회가 인프라스트럭처 법에 알코올 감지 시스템 조항을 포함시켰다는 점을 감안하면, 입법자들은 사회 전체가 이 위험을 억제하기 위해 노력해야 한다고 생각하는 것이 분명하다.

어쩌면 당신도 그럴지도 모른다. 비록 나중에 당신이 레스토랑 주차장에서 〈스피드〉를 보게 될지라도 말이다. 하지만 다르게 생각하는 사람도 분명 존재할 것이다. 이는 위험한 시나리오 중 하나일 뿐이다. 기계의 행위력과 관련된 많은 시나리오가 보이지 않는 수평선 너머에서 21세기의 속도로 우리를 향해 돌진하고 있다.

누가 책임져야 하는가

직장에서 고용주는 일정 및 프로젝트 관리 도구와 동기화할 수 있는 AI를 PC에 장착해 마감일이 다가왔을 때 이를 파악할 수 있다. 일이 지연될 경우, AI는 '집중 모드'를 적용해 업무에 진전이 있을 때까지 불필요한 애플리케이션과 알림을 모두 비활성화하고 자동으로 인사팀에 알림을 보낸다.

주택보험사는 스마트 센서를 사용해 누수, 전기적 결함, 해충 침입의 징후, 벽의 습도 등을 감지하는 동적 적응 시스템을 제공할 수 있다. 센서가 생성하는 분석을 기반으로 유지·보수를 수행하면 인센티브를 제공하고, 반대로 '조치가 필수적인' 일부 상황에서는 시스템이 지난달에 교체하지 않은 오래된 보일러를 자동으로 폐기하는 등 규정을 준수하는 강력한 조치를 취한다. 바깥 온도가 영하 12.2℃인데, 시스템은 보일러를 영구 대기 모드로 전환했고, 적어도 3일 동안 공조 설비 기술자를 불러올 수 없다고 상상해 보라.

많은 고용주가 '집중 모드'를 고용의 필수 조건으로 설정한다면 어떨까? 위에서 설명한 주택보험사의 방식이 너무나 효과적이라 모든 보험사가 다른 상품을 제공하지 않게 된다면 어떨까?

레시그가 코드의 '완벽한 통제' 역량에 대한 글을 쓰면서 언급한 현상이 바로 이것이다. 전형적인 법을 비롯한 제약에서는 개인의 행위력이 핵심적인 역할을 한다. 레시그의 표현대로 "법은 제재의 위협이 뒷받침하는 행동 명령"이다.[4]

규제 자동화 중 가장 오래된 형태인 도로 표지판은 이것이 어떻게 작동하는지 명확하게 보여 준다. 빨간색과 흰색으로 이뤄진 '전일 주차 금지' 표지판에는 굵은 글씨로 이렇게 적혀 있다. "무단 주차 차량은 소유자의 비용으로 견인됩니다."

이 표지판은 엄하게 명령하는 듯 보이지만, 얼마나 엄격하게 따를지 결정하는 일은 전적으로 개인의 몫이다. 대개 주차할 수 있기 때문이다. 다만 주차함으로써 다른 시민들을 불편하게 할 수도, 심지어는 위험에 처하게(소화전 앞에 주차하는 경우) 할 수도 있다. 정말로 주차할 수 없다면 표지판조차 필요하지 않을 것이다.

이런 식으로 거의 모든 법은 이를 준수하겠다는 자발적인 결정에 의지한다. 법 집행이 질서와 안정을 유지하는 데 어떤 역할을 하든 그 것은 공동체의 협력, 상호 신뢰, 보편적으로 받아들여지는 행동 규범이 결합되어 만들어진 훨씬 더 큰 사회 구조의 일부일 뿐이다. 경찰이 모든 곳에 있을 수는 없으니 말이다. 보행자나 다른 운전자가 없는 새벽 4시에는 빨간불이어도 서행으로 지나갈 수 있다. 몇 블록 건너에 있는 식료품점에 가기 위해 운전할 때는 안전벨트를 매지 않을 수도 있다. 편의점에 잠깐 들어갔다 나올 때는 주차 미터기에 돈을 넣지 않을 수도 있다.

당신은 모든 순간에 선택을 내리는 것이다. 하지만 중앙집중식 주차 관리 시스템에 연결된 센서 감지 주차 미터기는 자동화를 통해 선택의 기회를 제거한다. 오후 6시 이후에 주차가 허용되지 않는 장소에 차를 세우고 5분이 경과하면 미터기가 당신의 계좌에서 정해진 액수의 벌금을 공제한다. 이 같은 상황에서는 주차 미터기가 법률 위반 여부를 관찰하고, 법을 집행하고, 처벌을 실행한다.

어느 시점에는 어디에나 있는 카메라, 센서, 코드 중심의 완벽한 제어 시스템 덕분에 집행 비용이 말도 안 되게 저렴해질 수도 있다. 전통적으로 우리는 속도 제한, 주차 금지 표지판, 금연 구역, 기타 법률과 규제 메커니즘을 거대한 사회 계약의 일부로서 존중한다. 우리의 법률 준수가 전체로서의 사회에 이익이 되고, 우리 또한 다른 사람들로부터 같은 존중과 보호를 받는다는 사실을 인식하기 때문이다.

이 계약은 상대적으로 이행하기 쉬운 것도 사실이다. 이는 부분적으로 이행이 불완전하고 간헐적이라는 점을 우리가 알고 있기 때문이다. 하지만 지금의 우리는 법을 타협 없이 정확하게 집행할 수 있는 기술을 보유하고 있으며, 이는 우리가 스스로에게 허용하던 재량의 여지를 없앤다. 레시그가 《코드 2.0》에서 말했듯 "단순히 따르지 않을 때의 비효율성 때문에 지금까지의 자유를 대체하는 아키텍처가 등장"한다.[5]

완벽한 통제를 위해 AI가 반드시 필요한 것은 아니다. 신호등에 내장된 복잡한 알고리즘이나 의사결정 과정 없이도 기능하는 적외선 카메라는 이미 많이 채택된 사례 중 하나다. 그러나 AI는 가능성의 범위를 넓힌다. 자율주행차의 경우, 속도 제한을 완벽히 강제하는 데 그치지 않고 과속 자체를 불가능하게 만들 수 있다. 혼잡한 시간에 무단 횡단하는 사람에게 자동으로 벌금이 부과되는 도심 교차로를 상상해 보라. 소음 규정 위반, 목줄을 매지 않은 반려견, 공공장소 주취에 무관용 정책이 적용되는 곳을 상상해 보라.

이런 광범위한 시나리오는 정치적·윤리적·경제적 이유로 가까운 시일 내에 나타날 것 같지는 않다. 하지만 좀 더 구체적인 맥락에서의 완벽한 통제라면 어떨까? 작업 현장에 컴퓨터 스캔 기능이 있는 착암기가 있다고 상상해 보라. 기계가 작동하기 전에 작업자를 스캔해 산업안전보건청 Occupational Safety and Health Administration이 해당 작업에 요구하는 대로 보안경과 안전화를 착용했는지 확인한다. AI 알고리즘과 제휴해 작동하는 카메라와 센서 네트워크가 설치된 국립공원을 상상해 보라. 이 시스템이 대기질, 쓰레기, 소음 수준, 군중 밀도를 실시간으로 평가하고, 환경에 지속 불가능한 수준의 영향이 있다고 판단되면 더 이상 방문객을 받지 않는 국립공원 말이다.

레시그는 《코드 2.0》에서 "아키텍처형 제약은 일단 도입되면 누군가 그것을 정지시킬 때까지 자체적으로 효과를 발휘한다"라고 말한다.[6] 완벽한 통제가 모든 종류의 재량이나 융통성을 제거하는 것이다. 주보프는 《감시 자본주의 시대》에서 할부금을 내지 않으면 시동이 걸리지 않는 자동차처럼 코드로 통제 가능한 컴퓨터를 매개로 삼는 새로운 계약은 사실상 계약이 아닌 '비계약 Uncontract'이라고 주장한다. 그녀는 이렇게 말한다. "비계약은 계약을 비사회화하고 약속, 대화, 공유된 의미, 문제 해결, 분쟁 해결, 신뢰를 자동화된 절차로 대체함으로써 확실성을 만들어 낸다. 이런 연대와 인간 행위력의 표현들은 수천 년에 걸쳐 '계약'이라는 개념으로 점차 제도화되어 왔다."[7]

비공식적인 구두 계약을 제외하면 전통적인 계약 자체가 약속, 대화, 공유된 의미, 신뢰의 필요성을 크게 줄이거나 심지어 없애기 위해 고안된 것이다. 그렇더라도 주보프가 말하고자 하는 요점은 이해할 수 있다. 레시그처럼 그녀도 코드가 가능케 하는 완벽한 통제의 새로운 세계와 그 새로운 세계가 가져올 잠재적 결과를 설명하고 있다. 물론 모든 게 좋지는 않다. 조건이 코드에 의해 엄격하게 규정된 비계약(자동 집행 계약)은 판단, 협상, 융통성, 도덕적 추론, 용서, 공감 같은 인간의 전형적인 능력을 완전히 불필요한 것으로 전락시킨다.

주보프의 세계관에서 비계약은 빅테크 플랫폼에 의해 사용자에게 일방적으로 강요되며, 사용자는 행위력이 거의 또는 전혀 없다. 비트코인이나 다른 블록체인 기반 시스템 같은 개인 간 거래^{Peer-to-Peer network, P2P} 환경 또는 기업과의 상호 교환에서 채택되는 법률로서의 코드는 감시 자본주의 시대의 관심 밖에 있다. 그러나 합의에 의한 자동화 계약은 실제로 존재하며, 그런 맥락에서 코드가 제공하는 완벽한 통제는 양쪽 모두에게 이점을 줄 수 있다.

소셜미디어 에이전시가 소매 브랜드의 엑스 계정을 관리하는 계약을 맺었다고 생각해 보라. 양쪽 당사자는 합의 조건을 정하기 위해 블록체인 기반의 스마트 계약을 사용한다. 블록체인은 여러 컴퓨터에 걸쳐 거래를 기록하는 분산형 디지털 원장이며, 이런 맥락에서 이를 '노드^{Node}'라고 한다. 이런 거래는 블록(여러 건의 거래, 타임스탬프, 이전 블록에 대한 참조를 포함하는 데이터 패키지)으로 그룹화된다. 블록이 체인에 추가되면, 거기에 포함된 거래는 모든 후속 블록을 변경하지 않고는 소급해서 변경할 수가 없다. 이런 구조는 정보를 저장하고 검증하기 위해 분권화되고, 투명하고, 변조 불가능한 시스템을 만든다.

계약을 개시하려면 양쪽 당사자 중 한 명이 상호 합의된 블록체인에 그들의 스마트 계약을 추가해야 한다. 스마트 계약은 계약 조건이 코드로 작성된 자체 실행 프로그램으로서 블록체인에 존재한다. 이런 조건에는 에이전시가 과제 수행 중에 달성해야 할 성과 목표, 지급 금액, 일정 등이 명시될 수 있다.

예를 들어, 계약에 따라 에이전시가 게시물을 매주 몇 회 올리도록 하거나 다양한 업무 목표를 달성하면 보너스를 지급하도록 하는 것이다. 스마트 계약은 다양한 자동화 메커니즘을 통해 에이전시가 계약 조건을 이행하고 있는지 자체적으로 판단할 수 있다. 조건이 충족될 경우, 스마트 계약이 월말에 합의된 액수를 지급한다. 만약 에이전시가 계약 조건을 이행하지 않으면, 해당 계약은 명시된 조건에 따라 에이전시에 일부 금액만 지급할 수도 있고 고객에게 전액 환불을 할 수도 있다.

하지만 일이 어떻게 진행되든 에이전시나 브랜드는 일방적으로 계약 조건을 변경하거나 결과를 조작할 수 없다. 대신, 블록체인을 운영하는 분산형 네트워크가 계약의 무결성을 보장하여 계약 조건을 변경하려는 시도로부터 양쪽 당사자를 보호한다. 구두 합의처럼 인간미가 느껴지지는 않지만, 융통성과 재량보다 공정성과 투명성을 우선시한다. 이를 통해 훨씬 많은 자원을 가진 당사자 측에서 일방적으로 계약 조건을 강요하거나 무시할 수 있는 경우, 전통적 형태의 계약에서 나타날 수 있는 불균형을 완화한다.

그런 계약이 모든 상황에 적합하다는 의미는 아니다. 판단, 협상, 용서가 덜 필요한 세상에서 살고 싶은지, 옳고 그름을 선택할 기회가 사라져 도덕적인 결정을 내리는 것이 비도덕적인 결정을 내리는 것만큼이나 어려워진 세상에서 살고 싶은지 생각해 보는 것도 가치 있는 일이다. 하지만 이런 세상이 부정직한 고객에게 손해를 보지 않으리라는 자신감을 심어 주는 것도 사실이다. 단기 숙소 임대의 경우, 숙소에서 떠났다는 것을 증명하는 타임스탬프 사진을 블록체인에 제출하자마자 보증금을 돌려받을 수 있다면 당신의 행위력과 결정력은 크게 향상될 것이다.

고려해야 측면이 또 하나 있다. 레시그가《코드 2.0》을 집필할 당시에는 머신러닝 알고리즘이 법률로 제정된 코드로 실행되는 자체 실행 루틴의 일부가 아니었다. 오늘날에도 이더리움Ethereum과 솔라나Solana 같은 블록체인에서 작동하는 스마트 계약은 특정한 인풋이 주어졌을 때 항상 같은 아웃풋을 내놓는 규칙 기반의 확정형 코드로 작성되어야 한다. 블록체인 네트워크는 모든 노드가 스마트 계약의 실행 결과를 독립적으로 검증하고 동의해야 하는 합의 메커니즘에 의존하기 때문이다. 비확정형 머신러닝 모델처럼 계약이 동일한 인풋에 대해 서로 다른 아웃풋을 내놓을 수 있다면, 네트워크가 블록체인의 정확한 상태에 대한 합의에 도달하는 것은 불가능하다.

하지만 이제 머신러닝 알고리즘을 통합한 계약서 작성도 가능하다. 이를 통해 인간이 관리하는 전통적인 법률과 계약의 특징인 유연성을 잠재적으로 구현할 수 있다. 하버드대 산하 인터넷 및 사회를 위한 버크먼클리인연구소Berkman Klein Center for Internet & Societ의 연구원 사메르 하산Samer Hassan과 프리마베라 데 필리피Primavera De Filippi는 2017년에 기고한 글에서 이렇게 말했다.

"머신러닝은 본질적으로 동적이고 적응력이 있는 코드 기반 규칙의 도입을 유도하여 자연어의 유연성과 모호성을 특징으로 하는 전통적인 법률 규칙의 일부 특징을 복제한다. 이런 시스템은 수집하거나 수신하는 데이터로부터 학습하는 한, 특정 상황에 더 잘 부합하도록 규칙을 지속적으로 개선하면서 발전할 수 있다."[8]

이런 방식을 택하면 코드로 작성되고 컴퓨터 시스템을 통해 자동으로 실행되는 계약이 사람이 만든 계약(과 법률)보다 더 유연하게 적용될 수 있다. 머신러닝 알고리즘을 사용해 실시간 환경 데이터를 기반으로 보험료를 조정하는 스마트 농작물 보험을 생각해 보라. 이런 스마트 보험은 조건이 고정된 전통적인 보험과는 달리 서면 문서나 정적인 코드가 아니라, 토양 수분 센서, 스마트 트랙터, GPS 수신기, 기타 물리적 장치와 디지털 구성 요소의 네트워크를 이용해 날씨 패턴, 토양 상태, 기타 관련 요인을 기반으로 위험을 지속적으로 평가하고 계산하는 동적인 시스템이다.

이런 데이터를 갖춘 스마트 보험 계약에서는 보험금을 유동적으로 조정할 수 있다. 위험도가 낮은 시기에는 보험 가입의 유인으로 보험료를 인하하고, 반대로 해안 지역의 허리케인 시즌처럼 위험도가 높은 시기에는 이를 고려해 보험료를 인상한다. 이 시스템은 실제 피해를 기준으로 삼아서 일관된 보험금 지급 구조를 유지하지만, 위험을 정확하게 평가하고 가격을 책정하는 능력은 시간이 흐르면서 향상된다.

역동적인 계약은 모호성과 불확실성이 커지는 결과를 초래할 수도 있다. 이전의 정적인 스마트 계약에서는 계약상의 합의에서 판단, 협상, 기타 인간적인 상호 작용을 배제하는 정도에 따라 부패, 편견, 속임수, 일관성 없는 집행을 실행할 가능성이 줄어든다. 그들에게 유연성 부족은 약점이기도 하지만 장점이기도 하다. 사람이 작성한 계약과

AI가 주도하는 계약 모두 유연성은 장점이자 약점이다.

머신러닝에서는 시스템이 어떻게 결정을 내리는지 정확히 이해할 수 있는 능력, 즉 해석 가능성 Interpretability도 중요한 문제다. 하지만 법률의 맥락에서는 투명성과 평등한 법률 적용에 대한 기대 때문에 해석 가능성이 더 중요해진다.

전문가들조차 결정이 어떻게 이뤄졌는지 온전히 판독하지 못하면, 해당 계약이나 법률의 영향을 받는 사람들은 불공평하다고 생각하는 결과에 대해 어떻게 이의를 제기할 수 있겠는가? 감사와 감독 메커니즘은 계약이 차별 없이 공정하게 집행되고 있다는 것을 어떻게 확신할 수 있겠는가?

그러나 이런 어려움만 극복할 수 있다면, 코드로 작성된 역동적인 법률이 무엇을 달성할 수 있을지 생각해 보라. AI로 구동되는 공급망 관리 계약이라면, 세계적인 규모의 예상치 못한 사건이 발생했을 때 자동 조정이 가능하다. 시장 변동을 기반으로 가격이나 수량을 수정할 수 있는 것이다.

이상적으로 이런 시스템은 윤리 지침과 공정성 원칙하에 프로그램되어, 형평성과 합리성에 대한 보다 인간적인 고려와 엄격한 규칙 준수 사이의 적절한 균형을 찾는다. 코드로 작성된 진보 법률은 인간의 판단을 모방하는 수준을 넘어서 데이터 기반의 통찰과 수많은 사례에 대한 일관된 적용으로 인간의 판단을 강화할 수 있다.

새로운 사회 계약의 기초

레시그는 《코드 2.0》에서 고객과 구성원을 구분했다. 즉 지원(또는 지원 부족)에서 권리가 발생하는 사람과, 자신이 속한 조직의 거버넌스에 참여할 수 있는 근본적 권리에서 권리와 특권이 발생하는 사람을 구분했다. 맥도날드에서 당신은 고객이다. 당신의 행위력 일부를 맥도날드에서 원하는 대로 행사할 수 없을 때 버거킹으로 갈 수 있는 능력을 기반으로 하기 때문이다. 미국 국민은 미국의 구성원이다. 국민 한 사람으로서 당신의 행위력 일부가 시민권에 수반되는 헌법상의 보호와 특권에 의해 보장되기 때문이다.

레시그는 우리가 사이버 공간과 맺는 관계의 일부는 최소한 구성원 간의 관계여야 한다고 주장했다. "왜 현실 공간의 시민들이 사이버 공간이나 그 구조에 대한 통제권을 가져야 할까? 대부분의 시간을 쇼핑몰에서 보내는 사람에게 쇼핑몰의 구조에 대한 통제권이 있다고 말하는 사람은 없을 것이다. 주말마다 디즈니랜드를 방문하는 사람에게 디즈니랜드를 규제할 권리가 있다고 주장하지도 않는다."[9]

하지만 사이버 공간은 쇼핑몰이나 디즈니랜드보다 더 포괄적이기 때문에 우리는 단순한 고객으로만 남아서는 안 되고, 목소리를 낼 수 있는 이해관계자가 되어야 한다는 것이 레시그의 주장이다. 그는 "정의와 인간 번영을 위해 일부 삶의 영역에는 우리가 살고 있는 구조에 대한 통제권이 있어야 한다"라고 말했다.[10]

레시그는 얼마간 이 특정 사례에서 물리적 구조에 부과되는 제약을 과소평가하고 있었다. 쇼핑몰과 테마파크에도 그 구조에 영향을 미치는 건축 법규가 존재한다. 하지만 더 중요한 것은 물리적 구조에는 레시그가 《코드 2.0》를 집필한 1999년의 가상 구조에서나 가능했던 세분화되고 정교한 방식의 제약을 가할 수 없다는 사실이다.

그러나 현실 세계와 가상 세계가 통합되면서 상황이 바뀌기 시작했다. 오늘날에는 물리적 공간에서도 사이버 공간과 같은 수준의 완벽한 제어가 가능하다. 최근 사례로는 매디슨 스퀘어 가든Madison Square Garden을 비롯해 여흥을 즐길 수 있는 장소를 운영하는 MSG 엔터테인먼트MSG Entertainment가 있다. 이 회사는 몇 년 전부터 안면 인식 기술을 사용해 소송을 제기한 로펌 변호사들의 입장을 거부하는 정책을 시행해 논란을 빚었다. 매디슨 스퀘어 가든이나 라디오 시티 뮤직홀Radio City Music Hall에서는 입장하는 사람들의 얼굴을 스캔해 데이터베이스와 비교한다. 입장 금지 목록에 있는 사람은 유효한 입장권이 있더라도 출입이 거부된다.

물리적 공간에도 VIP 전용 라인, 복장 규정, 티켓 가격, 출입 제한 같은 의도적인 건축적 선택 등의 분류 메커니즘을 적용할 수 있다. 그러나 이런 메커니즘은 디지털 공간에서 빠르게 분류 가능해진 것에 비하면 상대적으로 무딘 방식이다. 이제 물리적 공간도 센서와 자동화 시스템으로 강화되어 온라인상에서 코드가 하는 것처럼 효율적인 제어가 가능하다.

MSG 엔터테인먼트의 정책은 수많은 소송, 입법자들의 조사, 입법 제안, 사적인 장소에서의 안면 인식, 그리고 개인의 재산권과 개방된

편의 시설을 이용할 대중의 권리 사이의 균형에 대한 지속적인 논쟁을 촉발했다.

앞으로 몇 년 안에 이와 같은 사례(AI 장치와 서비스가 개인으로서의 우리에게 허용된 '선택'을 형성, 유도, 자동화, 지시, 심지어 미리 결정하기까지 하는)가 더 흔해질 것이다. 소송도 더 빈번하게 제기될 것이다. 코드로 작성된 법 가운데 물리적 세상에서 허용되는 종류를 규제하는 법안을 만들기 위한 활동이 더 많아질 것이다.

하지만 어떤 법이 통과되든 통과되지 않든, 대중의 태도는 우리가 이런 새로운 시대를 받아들이는 방식에 큰 영향을 줄 것이다. 여러 정부기관이 AI 기반의 완벽한 통제 메커니즘을 자체적으로 도입하기 시작한다면 더욱 그러할 것이다.

주차 금지 구역을 지키고, 소득세를 납부하고, 금연 구역을 지키고, 다양한 문화적 규범과 행동을 지킬 때, 우리는 더 큰 사회 계약에 적극적으로 참여하는 것이다. 지속적인 강요가 아니라 자발적인 준수가 이런 시스템이 적절하게 기능하도록 만드는 열쇠다. 기본적인 틀은 법과 사회 규범이 제공하지만, 대중이 이를 얼마나 기꺼이 받아들이는지가 더 중요하다. 법과 사회 규범이 효과를 발휘하는 것은 우리가 선택하고 동의했기 때문이다. 법과 사회 규범의 주된 목적은 사람들이 자발적으로 모여 일련의 규칙과 가치를 수용하기로 한 사회를 만드는 것이다. 기술이 다양한 상황에서 완벽에 가까운 통제를 할 수 있게 된 시대라면 더욱 그렇다.

이런 자발적 준수와 연관되는 개념은 이를 사회 계약 이론의 맥락에서 논의한 계몽주의 철학자 존 로크^{John Locke}와 장자크 루소^{Jean-Jacques Rousseau}에 의해 대중화되었다. 그들은 기본적으로 강압적이거나 신으로부터 부여받은 권리를 주장하지 않고도 권위와 정당성을 얻는 정부가 더 공정하고, 더 안정적이며, 지속 가능성이 더 크다고 전제한다. 그런 정부는 국민의 의지에 따라 운영되기 때문이다.

1776년, 토머스 제퍼슨^{Thomas Jefferson}은 독립선언문의 초안 핵심 구절에서 이 개념을 자세히 설명하고 '피치자의 동의'라는 표현을 만들어 냈다.

> 우리는 다음의 사실을 자명한 진리로 여긴다. 모든 인간은 평등하게 창조되었으며, 창조주로부터 생명, 자유, 행복을 추구하고, 양도할 수 없는 권리를 부여받았다. 이 권리를 보호하기 위해 정부가 조직되었으며, 정부의 정당한 권력은 피치자의 동의에서 비롯된다. 그러나 어떤 형태의 정부든 이런 목적에 반할 때는 그 정부를 변경하거나 폐지하고, 안전과 행복을 가장 효과적으로 보장하는 새로운 정부, 그런 원칙에 기초를 두고, 그런 형태로 권력 기구를 갖춘 정부를 조직하는 것이 피치자의 권리다.[11]

피치자의 동의, 즉 질서와 안전을 위해 잠재적 자유를 희생하는 데 대한 시민들의 암묵적인 동의는 구속력 있는 합의가 아니다. 이는 고정된 명제가 아니며, 지속적으로 입증되고 강화되어야 한다. 이는 선거, 국민 투표, 청원과 항의, 세금 납부, 시민권 선서, 법 준수, 기타 다양한 형태의 시민 참여를 통해 드러난다. 그리고 이 책에서 계속 언급했듯, 사람들이 신기술을 어떻게 수용하거나 저항하느냐가 신기술에 뒤따르는 새로운 규범이나 법에 영향을 준다. 자동차 소유자의 급속한 증가와 이를 뒷받침하는 새로운 사업, 제품, 서비스의 활발한 창출은 명확한 수용의 신호였다. 인터넷의 급속한 성장과 상업화도 마찬가지였다.

인터넷이 만든 새로운 세계, 동의(또는 반대)를 표현하는 메커니즘이 과거보다 훨씬 더 강력하고 탈중앙화된 세계에서 이런 지속적인 과정은 어느 때보다 뚜렷하게 드러난다. 이제 동의는 매일, 매 순간 확인되고, 이의가 제기되고, 취소된다. 엑스, 페이스북, 유튜브, 틱톡 등에서는 동의 또는 반대를 드러내는 비공식적인 표현이 끝없이 이어진다.

때문에 피치자의 동의는 모든 단계와 모든 맥락에서 AI가 채택되는 방식에 핵심적인 역할을 할 것이다. 동의는 집단의 가치관과 현실에서 일이 진행되는 방식이 어떻게 공식적인 규제로 성문화되는지에 영향을 미칠 것이다. 동의는 그 결과로 만들어진 법을 사람들과 공동체가 얼마나 성실하고 양심적으로 따를지에 영향을 줄 것이다. 또한 피치자의 동의는 결코 이분법적이거나 절대적이지 않다. 반대와 다원주의는 협상이나 타협과 마찬가지로 민주주의의 기초가 되는 이상이다. 이런 이상은 민주주의를 역동적이고, 적응력 있고, 회복력 있게 만드는 데 도움을 준다. 따라서 AI의 정책이나 기술에 대한 획일적인 믿음에 이르는 일이 거의 없는(전혀 없지는 않지만) 것처럼 도덕적 정당성에 대한 완전한 합의는 결코 달성할 수 없을 것이다.

장기적인 목표가 AI를 금지하는 게 아니라 안전하고 생산적으로 사회에 통합하는 것이라면, 시민들은 AI를 합법화하는 과정에서 적극적이고 실질적인 역할을 해야 한다. 이런 면에서 허가 없는 혁신과 반복적 배포는 안전성과 역량을 향상시키는 메커니즘일 뿐만 아니라, 이런 기술이 작동하고 어떤 함의를 갖는지에 대한 대중의 인식을 높이는 메커니즘이기도 하다.

9장

인류를 더 자유롭게 만드는 기술

Networked Autonomy

혈중 알코올 농도가 법적 한도를 초과하면 시동이 걸리지 않는 자동차를 꺼리는 사람들에게 위안이 될 만한 이야기가 있다. 네비타르가 운전을 막는 시대는 폭스바겐VolksWagen의 버즈Buzz처럼 로봇 믹솔로지스트Mixologist가 출퇴근 시간을 행복한 시간으로 바꾸는 완전 자율주행 왜건의 상용화로 향하는 여정에서 일시적으로 정차하는 정거장에 불과할 가능성이 높다.

하지만 차에 타고 있는 동안 음주를 즐길 수 있는 새로운 기회 역시 또 다른 새로운 제약으로 상쇄될 가능성이 높다. 자율주행차가 보편화되면 텅 빈 도로에서 가속 페달을 끝까지 밟을 자유는 사라질 것이다. 자율주행차를 탈 때는 정확한 경로를 직접 선택할 수 있는 능력이 제한될 것이다. 택시나 렌터카라면 특히 더 그렇다.

효율성, 안전성, 교통 흐름에 최적화된 자율주행차는 이동성의 측면에서 개인의 자율성이라는 전통적인 개념에 도전장을 내밀 것이다. 그러나 자동차의 역사, 특히 미국에서의 역사는 허가 없는 혁신을 통해 고도로 개별화된 권한 부여의 이야기였지만, 규제를 통한 협력과 해방의 이야기이기도 했다.

미국 자동차 산업의 성장은 네트워크 효과의 전형적인 예시다. 포드자동차의 크리스털 팰리스에서 새로운 모델T가 나올 때마다 더 넓은 거리와 더 매끄러운 도로의 필요성이 커졌다. 포장도로가 늘어날 때마다 모델T의 가치는 높아졌다. 헨리 포드가 '대중을 위한 자동차'를 만들기로 마음먹은 덕분에 이동성은 빠르게 확대되었다. 1900년에 미국에 등록된 자동차는 8,000대로 미국인 94.99명당 1대 꼴이었다. 1920년에는 그 숫자가 810만 대가 되었고, 1950년에는 4,010만 대로 인구 3.7명당 1대에 이르렀다.[1] 이런 급속한 성장은 자동차로 인해 생긴 위험, 문화적 변화, 집단적 인프라 투자의 부담에도 불구하고 그 혜택이 부담을 훨씬 넘어선다는 광범위한 국가적 합의가 만들어지는 데 핵심적인 역할을 했다.

운전자의 수가 수천에서 수백만, 수천만 명으로 증가하는 과정에서 신중하게 적용되기는 했지만 계속 확대되는 규제망이 개인의 자유와 행위력을 크게 증대하는 데 도움을 줬다. 기업 로비스트, 연방 감독기관, 그리고 워싱턴의 정치인들이 모두 작은 정부라는 복음을 설파하는 시대에는 역설적으로 들릴 수도 있다. 그러나 자유는 다면적이며, 서로 다른 버전의 자유는 긴장 관계에 있기도 하다.

한편으로 우리는 스스로를 표현하고 원하는 사람과 어울릴 자유를 간절히 원한다. 우리는 혁신하고 창조할 수 있는 자유를 원한다. 우리는 자신의 선호와 가치관에 따라 목적의식과 성취감을 느끼는 방식으로 행동할 수 있는 자유를 원한다. 이전 세대에서 상상조차 할 수 없었던 속도로 이동하고 여행할 수 있는 자유를 원한다. 다른 한편으로는 폭력, 부패, 차별, 과도한 위험으로부터의 자유를 원한다. 물론 과도한 규제로부터의 자유도 원한다. 여기에는 균형 잡힌 접근이 필요하다.

따라서 초기 내연기관 자동차에 대한 관대한 접근 방식은 이런 자동차가 1860년대와 1870년대의 증기 구동차는 달성하지 못했던 방식으로 프로토타입 단계를 넘어 발전할 수 있었던 이유 중 하나였지만, 규제 역시 위험을 줄이고 운전에 필요한 기술을 단순화해 운전을 진정으로 확장 가능한 형태의 개인적 자율성과 주체성으로 바꿔 놓았다.

1900년대 초에 운전면허증 소지가 의무화되면서 운전 역량의 기준이 높아지기 시작했다. 1916년에 연방도로지원법 Federal Aid Road Act이 제정되어 운전자가 안전하게 주행할 수 있는 속도와 안전성을 모두 높이는 표준화된 도로 설계 원칙의 개발이 촉진되었다.

신호등, 정지 표지판, 차선 표시 등은 교통을 보다 질서정연하고 예측할 수 있게 만들어 운전자들이 더 빠르고, 효율적이고, 자신감 있게 운전할 수 있도록 도왔다. 시간이 흐르면서 기술 혁신, 광범위한 배포, 증거 기반 규제의 삼위일체가 뛰어난 이동성을 평범하고 당연한 것으로 만들었다.

자유의 해방적 한계

우리는 자유를 고정되고, 영속적이며, 변하지 않는 것으로 표현한다. 권리장전은 1791년에 비준된 이래 변경된 적이 없다. 국가의 정체성을 상징하는 성조기는 여전히 휘날리고 있다. 이런 강력한 상징들은 자유가 근본적으로 얼마나 관계적인 개념인지 은폐하기도 한다. 자유는 그것이 정의된 맥락과 무관하게 존재하는 불변의 원칙이 아니다. 자유는 유동적이다. 그리고 우리가 그것을 어떻게 생각하는지는 종종 당시의 기술이 가능하게 하거나 가능하게 하지 않는 것과 밀접하게 연관되어 있다.

규제하기 어려워서 누리는 자유(카세트 테이프를 복제할 자유)가 있는가 하면, 실행하기 어렵기 때문에 주어지는 자유(혁명적인 유전자 편집 도구인 크리스퍼가 개발되기 전에는 유전자 조작을 규제하는 법이 거의 없었다)도 있다. 시속 150마일(약 241km)로 운전하거나 방사선 요법으로 종양을 제거하는 등의 초인적인 위업이 기술적으로 가능해지면, 우리는 어떤 식으로든 그것을 규제한다.

이 점을 좀 더 자세히 설명하기 위해 2025년 무렵 자유에 대한 표현을 하나 살펴보기로 하자. 구글 맵에 따르면 일리노이주 스프링필드와 캘리포니아주 새크라멘토의 서터스포트주립역사공원 Sutter's Fort State Historic Park 사이의 거리는 1,957마일(약 3,149km)이고, 차로 약 28시간이 걸린다. 4월 15일 새벽에 혼자 차를 몰고 스프링필드를 떠나 약 300마일(약 482km)마다 멈춰 기름을 넣고, 식사를 하고, 와이오밍주 록스프링스에 있는 베스트웨스턴아웃로인Best Western Outlaw Inn에서 하룻밤을 보낸다면, 4월 16일 오후 9시 전에 새크라멘토에 도착할 수 있을 것이다. 여유로운 여행이라고는 할 수는 없어도 충분히 가능한 일정이다.

다만, 운전면허증, 차량 등록증, 보험 증빙 서류를 반드시 소지해야 한다. 지켜야 할 제한 속도가 있고, 따라야 할 신호가 있으며, 정지 표지판을 최소한 몇 개는 지나야 한다. 경유하는 주마다 안전벨트 착용 법규를 무시하기로 마음먹었다면, 네바다주에서는 포기하는 것이 좋다. 그곳에서는 안전벨트 미착용에 115달러의 벌금이 부과된다.

마찬가지로 네브래스카주에서는 휴게소에 10시간 이상 머물지 않도록 해야 한다. 어떤 주에서든 음주 운전은 허용되지 않으며, 알코올 음료의 용기가 차량 내부에 있는 상태로 운전하는 것조차 벌금을 부과한다. 특히 유타주에서는 벌금이 최대 1,000달러에 달한다. 스마트폰 사용도 조심해야 한다. 모든 주가 운전 중에 손으로 문자 메시지를 전송하는 행위를 금하고 있으며, 미주리주·네바다주·캘리포니아주에서는 운전 중 스마트폰 사용을 전면 금지한다.

하지만 스마트폰이 작동하지 않는다는 의미는 아니다. 따로 지시하지 않는 한, 스마트폰의 GPS는 당신의 모든 움직임을 추적한다. 스마트폰 서비스 제공업체는 당신이 셀카를 찍기 위해 멈춘 곳과 사진을

- 19세기 중반, 캘리포니아주에서 금을 채굴하기 위해 개척민들이 대거 몰렸던 골드러시 시대의 요새를 재현한 공원

받은 사람을 성실히 기록할 것이다. 마찬가지로 당신의 신용카드 회사는 당신이 여행하는 동안 언제, 어디에서 커피와 제로 콜라를 사는데 얼마를 썼는지 기록한다. 보안 카메라는 네브래스카주의 펌프앤팬트리 Pump & Pantry에서 장거리 운전에 지친 당신이 도넛 진열대를 멍하니 바라본 것을 기억할 것이다.

베스트웨스턴아웃로인 호텔은 '무법자'라는 뜻의 이름과는 달리 체크인할 때 유효한 신분증을 요구할 것이다. 이런 무법 지대에서는 신중하게 굴어야 한다. 마지막으로 당신을 감시하는 존재들 대부분은 수집한 정보를 제3자에게 판매할 수 있다.

이 자유로운 국가에서의 삶은 물밑에서 이뤄지는 행정적 억압과 일상적 감시의 끝없는 여정이다. 와이오밍주의 저녁 하늘 아래, 한때 잭 케루악 Jack Kerouac이 소설 《길 위에서》에서 로만 캔들•이 폭발하는 것 같은 별들에 경이로워했던 넓은 도로에서도 여전히 일상적인 방식의 미묘한 억압을 느낄 수 있다.

이런 현실 때문에 선조들이 관료, 마케팅 담당자, 자동 번호판 인식기의 제약이 없는 세상에서 자유롭게 자신의 운명을 개척할 수 있었던 순수하고 단순한 시대를 동경하는가? 179년 전인 1846년 4월 15일, 32명의 사람이 더 풍요롭고 만족스러운 삶을 살 수 있다는 마법의 땅 캘리포니아를 찾기 위해 앞서 언급한 일리노이주 스프링필드에서 출발했다. 덮개가 있는 마차 9대로 기나긴 여행을 시작한 그들은 여행

- 원통 속에 화약을 넣고 터뜨리는 불꽃놀이용 폭죽

에 4~6개월 정도 걸릴 것이라고 예상했다. 그들은 처음 몇 주 동안, 오리건 트레일을 따라 서부로 가는 다른 여러 그룹과 합류했다. 그룹의 규모는 87명으로 늘어났고, 결국 그들에게는 '도너 파티 Donner Party'라는 이름이 붙었다.

그들의 여행을 방해하는 것은 속도 제한이나 교통 신호가 아니었다. 그들은 종종 나타나는 험악한 지형에서도 소가 지나갈 수만 있다면 얼마든지 빠른 속도로 갈 수 있었다. 하루에 시속 약 15마일(약 24km)의 속도로 말이다. 위스키 한 잔이 느린 여정을 견디는 데 도움을 줘도 그들을 제지할 음주 운전 벌금이 없었다. 그들은 원하는 곳에 자유롭게 멈춰서 원하는 만큼 쉴 수 있었다. 편의점의 보안 카메라가 형광등 아래에 선 그들의 지친 얼굴을 포착하는 일도 없었다. 위치 기반 마케팅을 하는 사람들이 이들을 방수 캔버스 마차 커버와 고열량 동물 사료 광고의 표적으로 삼을 수 있도록 데이터를 제공하는 GPS 신호도 없었다. 그렇다면 그들은 과도한 통제와 상업적 간섭으로부터 자유로웠을까? 스스로의 삶을 온전히 책임지며 자유롭게 살고 있다는 느낌은 큰 성취감을 줬을까?

하지만 과연 그랬을까? 지름길이라고 생각하고 그레이트 솔트레이크 사막을 가로지르는 길을 택하면서 일행의 여정은 지연되기 시작했다. 10월 초에 시에라네바다산맥에서 눈보라에 갇혔을 때, 그들은 목적지인 서터스포트까지 겨우 100마일(약 161km)을 남긴 지점에 있었다. 폭설에 갇힌 그들은 날씨가 더 궂어질 것을 대비해 겨울을 보낼 오두막을 지었다. 식량이 동나자 소, 쥐, 토끼, 반려견, 그리고 그 사체에서 나온 새까맣게 탄 뼈, 나뭇가지, 나뭇잎, 나무껍질을 먹었다. 나무껍질마저 바닥나자, 굶주림이나 추위 등의 이유로 죽은 동료들의 유해에 의지했다.

얼마 후, 구조대가 조난당한 사람들을 찾아내 그들을 서터스포트로 안내했다. 도너 파티 전체 87명 중 살아남은 사람은 40명뿐이었다. 1847년 1월 17일, 고난의 여정이 시작된 지 9개월 만에 마지막 생존자가 서터스포트에 도착했다. 정말 더 자유로운 사람은 누굴까? 안전벨트, 속도 제한, 도로 감시 속에서 하루 하고 열다섯 시간이면 목적지에 도착할 수 있는 우리일까? 아니면 아무런 속박이 없는 개척지에서 길을 잘못 들고 조난 상황에서 살아남기 위해 극단적인 형태의 공산주의에 의지해야 했던 도너 파티일까?

물론 도너 파티는 지극히 운이 나빴다. 당시에 서부로 떠난 모든 사람의 여정이 그렇게 비참했다면, 오늘날 캘리포니아주의 부동산 가격은 그렇게 높지 않을 것이다. 그러나 비교적 순조로운 여행을 했던 개척자들도 몇 달에 걸친 고된 여정을 겪어야 했다. 합법적이고 안전하다고 생각되는 지역을 거쳐 뚜렷한 계획도 없이 2,000마일(약 3,219km)을 여행할 수 있는 능력은 헌법에 명시적으로 열거되어 있지 않다. 그것은 기술 혁신, 법률 및 규정, 정부가 시행하고 관리하는 공공자원 덕분에 누릴 수 있는 경이로운 자유다.

사회 전체에 신기술이 확산되고, 새로운 규정과 규범이 뒤따르면서 생긴 변화는 자유에 대한 우리의 개념이 진화하는 방식에 영향을 미친다. 인쇄기가 발명되기 전의 유럽에서는 책을 만드는 것이 주로 가

톨릭 교회와 대학의 일이었다. 이들 기관은 자신들이 생산하는 책에 나름의 기준과 금기를 뒀고, 이 기준은 전통적 시스템을 벗어나 출판된 소수의 책이 이단적이거나 도덕적으로 유해하지 않도록 규제하는 광범위한 문화적 규범 작용을 했다. 정부가 제정한 공식적인 법은 아직 존재하지 않았다. 법이 필요하다는 인식이 없었기 때문이다.

1440년대 독일에서 요하네스 구텐베르크Johannes Gutenberg가 인쇄기를 발명한 이후, 모든 것이 바뀌었다. 1486년, 베니스는 공식적인 검열을 도입하고 출판 전 사전 승인을 받아야 한다는 규칙을 뒀다. 1500년대 중반, 가톨릭 교회는 금서 목록을 발표했다. 신성 로마 제국은 자체적인 법령을 도입했다. 1557년, 영국은 왕실 헌장에 따라 서적출판업조합Stationers' Company을 공식화해 인쇄 산업에 대한 독점권을 부여했다.

검열을 위한 공식적인 법과 메커니즘이 너무 흔해져 표현의 자유와 자기 표현에 대한 생득권 개념이 점점 더 강화되었다. 결국 1662년 영국의 저작권법Licensing Act과 그로부터 130년 가까이 지난 후 탄생한 미국의 수정헌법 제1조First Amendment처럼 정부의 검열로부터 표현의 자유를 보호하기 위한 법률이 등장하기 시작했다.

그러나 음란물과 외설물부터 저작권 위반, 허위 광고, 위협, 불법 행위의 선동, '폭력을 부추기는 말(1942년, 미국 대법원의 채플린스키 대 뉴햄프셔Chaplinsky v. New Hampshire 판결에서 유래한 표현)'까지 다양한 발언과 표현을 금지하는 법률과 규정이 생기는 것을 막지는 못했다. 현대 미국에는 구텐베르크의 획기적인 발명이 세상을 변화시키기 시작했던 유럽보다 표현의 자유를 제한하는 법이 훨씬 많다. 그렇더라도 인쇄술이 새로운 규제 환경을 조장해 표현의 자유를 감소시켰다고 주장할 수 있을까?

AI는 자유의 개념에도 영향을 미칠 것이다. AI의 방대한 병렬 처리 능력은 복잡한 문제에 대처하는 우리의 역량을 느린 신경 구조라는 제약에서 벗어나게 해 준다. 그러나 AI는 자동차가 그랬던 것처럼 새로운 형태의 규제를 조장할 가능성이 높다. AI 자체뿐만 아니라 AI의 사용에 대한 새로운 규제가 나타날 것이다. 사실 AI가 존재하는 세상에서 살아가려면 새로운 규제가 필요하다.

술레이만이 자신의 책 《더 커밍 웨이브》에서 말한 바와 같이 "고성능 AI에 대한 접근권의 민주화는 필연적으로 위험의 민주화를 의미"한다.[2] 드론, 로봇, 자율주행차처럼 상대적으로 저렴하지만, 점점 더 강력해지는 이중 용도 장치의 가용성이 증가함에 따라 악의를 가진 사람들은 전례 없는 비대칭적 힘을 휘두를 수 있게 되었다. 무스타파가 지적했듯 "충분한 자금을 가진 한 명의 운영자가 수천 대의 드론을 통제하는 것도 얼마든지 가능"하다.

국가가 국가 차원의 공격이 가능한 유일한 주체가 아닌 상황에서는 그런 일의 발생 가능성을 낮추기 위한 새로운 수준의 규제와 감시가 당연히 필요하다. 2023년 10월에 바이든 대통령이 서명한 AI 관련 대통령령이 보여 주듯 이런 규제 대부분은 직접적으로 AI 산업에 초점을 맞출 것이다.

예를 들어 외국 기업이 악의적인 사이버 활동에 사용할 가능성이 있는 대규모 AI 모델을 훈련하기 위해 서비스를 이용할 경우, 이 대통령령은 아마존웹서비스나 마이크로소프트 애저 같은 미국의 클라우드 서비스 제공업체에 연방 정부에 대한 통보 의무를 부과하고 있다. 또한 서비스 제공업체는 자사 제품의 외국 재판매업체에서 취득하는 모든 계정 소유주의 신원을 확인할 의무도 있다.

보안을 위한 조치는 더 광범위한 형태를 취할 수도 있다. 개인 운전자가 자동차를 운전하기 위해 면허를 취득하는 것과 같은 방식으로 일부 고성능 AI 모델에 접근하려면 AI 면허가 필요하게 될 수 있다. 전반적으로 온라인 보안을 강화하기 위해 암호화된 신분증이나 생체 인식 데이터를 요구하는 새로운 신원 확인 프로토콜이 더 광범위하게 실행될 수도 있다.

민감한 정보나 보안 수준이 높은 플랫폼에 접근할 때는 지문, 음성 인식, 행동 분석 등을 결합하는 다중모드 인증 메커니즘이 새로운 표준이 될 수도 있다. 보안 검색대의 안면 인식 시스템이 공항을 넘어 더 넓은 범위의 공공장소로 확대될 수도 있다.

광범위한 참여와 통제를 허용하는 방식으로 구현되는 AI를 인간이 하는 모든 일에 사용할 수 있는 긍정적인 사례에도 불구하고, AI의 순가치에 회의적인 시선을 보내는 것은 광범위하게 퍼진 AI가 불러일으키는 변화에 대한 자연스러운 반응이다. 일부 사람들에게는 그들이 자율성에 대한 위협으로 보는 기계를 수용하기 위해 새로운 신원 요건과 보안 조치를 따르라는 요구가 터무니없게 보일 수 있다.

우리에게는 어떤 이점이 있나

우리는 이 책에서 사람들이 개인적인 용도로 AI 시스템에 접근하는 것을 허용하는 일의 중요성을 강조했다. 이런 접근 방식은 개인의 행위력을 강화할 뿐만 아니라 사회 전체의 광범위한 수용을 위한 길을 열어 줄 것이다. 수백만 명의 사람이 특정 개체와 개인적인 이해관계를 맺게 되면, 많은 사람이 합의에 이를 가능성이 더 높아진다. AI가 개인의 삶의 수준을 높이는 데 혁명을 일으키는 만큼, 사회 전체에 이익이 되는 방식으로 AI의 역량을 배치하는 것도 중요하다. 상업적 이익에만 집중하는 파괴적인 혁신으로는 지속 가능한 환경, 자원 고갈, 공중보건, 대중교통 등 대규모 개입이 필요한 문제에 대응할 수 없다.

네트워크화된 기술 중심의 세계 속에서 국가 차원의 고려를 한다면, 단순한 계산 능력, 혁신 능력, 적절한 규제 체제의 효과적인 이행에 의존하는 것만으로는 부족하며 사회적 결집도 중요하다.

코로나19 팬데믹 당시 한국의 대응을 예로 들어 보자. 팬데믹 초반, 대규모 슈퍼전파자Superspreader 사건으로 한국의 코로나19 확진자 수는 세계에서 두 번째로 많았다. 인구 5,000만 명 중 거의 절반이 수도권에 집중되어 있고, 중국과의 무역과 관광이 활발한 한국은 질병 아포칼립스에 직면한 것처럼 보였다. 하지만 한국은 효과적인 팬데믹

- 전염성 질병을 앓고 있는 한 사람 또는 소수의 사람이 비정상적으로 많은 사람들을 감염시키는 일 또는 그런 사람

대응의 모범 사례로 부상했다. 한국은 초기에 바이러스의 확산을 효과적으로 차단하여 팬데믹 기간 세계에서 가장 낮은 사망률을 유지했다(당시 미국 사망률의 80% 수준[3]).

한국의 성공 비결은 무엇일까? 〈뉴욕타임스〉는 그 비결을 "신속한 조치, 광범위한 검사와 접촉자 추적, 시민의 적극적인 지원"이라고 요약했다.[4] 전 세계 국가들이 팬데믹 대응법을 고민하는 동안 민주공화국인 한국은 광범위한 이동의 자유, 적극적인 데이터 수집, 광범위한 정보 공유를 개인의 사생활보다 우선하기로 선택했다.

한국은 다른 국가들처럼 전국적 봉쇄, 자택 대기 명령, 업장 폐쇄를 시행하는 대신, 2015년 메르스 Middle East Respiratory Syndrome, MERS(중동호흡기증후군) 확산 이후 정부가 개발한 법적 권한에 의존했다. 이런 권한 덕분에 질병관리청(구 질병관리본부)은 모바일 GPS 데이터, 신용카드 거래 기록, 여행 기록 등 코로나19 양성 반응을 보인 개인의 이동 경로를 추적하고, 특정 시간에 같은 공간을 공유했을 가능성이 있는 사람들에게 그 경로를 공개할 수 있었다.[5]

하지만 이런 식의 접촉사 추적을 위해서는 우선 질병관리청이 코로나19 감염자가 누구인지 알아야 한다. 따라서 한국 정부는 첫 번째 확진자가 발생한 지 일주일 만에 진단 테스트 개발을 위해 20개 이상의 제약회사를 소집하고 신속한 승인을 약속했다.[6] 결국 씨젠이라는 회사가 AI를 사용해 유전자 서열을 분석하고 설계 과정을 자동화함으로써 고작 3주 만에 효과적인 진단 테스트를 개발했다.[7]

이후 한국은 매일 수천 명의 감염 여부를 진단하기 시작했다. 양성 반응을 보이는 사람이 발생하면, 보건 당국은 AI 분석을 이용해 약 1분 안에 그 사람의 며칠 간의 움직임에 대한 자세한 기록을 만들고, 신분을 특정할 수 있는 단서들을 제거한 기록을 문자, 블로그 게시물 등의 형태로 광범위하게 공유했다.

모든 과정이 순조로웠다고는 할 수 없지만 다수의 한국인은 이 방식을 받아들였다. 〈뉴요커〉는 "대중은 대개 반발하지 않았다"라고 보도했다. 거기에는 비교적 최근에 겪은 메르스 경험을 비롯해 여러 이유가 영향을 미쳤다. 그러나 〈뉴요커〉가 "남용을 방지하는 엄격한 법적 보호 장치가 수반되고, 대중의 철저한 감시하에 이뤄지는 극히 투명한 버전의 추적"이라고 묘사한 것이 가능했던 배경에는 다수의 수용적인 태도가 큰 몫을 했다.[8]

즉, 한국 정부는 데이터를 비밀리에 수집하지 않았으며, 수집한 데이터를 불공평하거나 국민에게 해를 끼치는 방식으로 사용하지 않았다. 그 대신 대중에게 투명성과 거대 정보망의 상호 호혜적 파트너십에 참여해 달라고 요청했다. 많은 데이터를 지속적으로 공유한다는 정부의 결정은 자신이 어떤 위험에 처해 있는지 알고 싶어 하는 사람들 사이에서 선순환을 만들어 냈다. 양성 판정을 받은 사람과 가까이 있었다는 사실을 알게 된 사람들은 자발적으로 검사를 받았다. 이에 질병관리청은 바이러스의 확산과 개입의 효과에 대해 더 명확하게 파악할 수 있게 되었다. 투명성, 대중의 참여, 가시적인 결과의 선순환은 정부의 접근 방식에 대한 시민의 신뢰를 강화시켰고, 이는 다시 공동의 목적의식과 바이러스 퇴치를 위한 공중보건 조치에 대한 준수로 이어졌다.

다시 팬데믹 상황이 펼쳐진다면 일부 국가가 정교한 AI 시스템을 사용해 정상적인 일상을 최대한 유지하는 것과 동시에 전염률을 억제할 가능성이 높다. 공중보건 당국은 방대한 데이터세트로 훈련된 알고리즘을 발열 감지나 호흡률 모니터링 같은 기술과 함께 사용해 실시간으로 개인의 여러 건강 지표를 스캔하는 시스템을 구축할 수 있다.

이 같은 시스템을 공공장소에 도입할 수도 있다. 소형 열화상 카메라를 벽과 천장에 설치할 수 있다. 출입구나 회전문에 호흡 수를 감지하는 소형 레이더 센서를 내장할 수 있다. 혼잡한 지역에 전용 스캐닝 통로를 설치해 보행자의 통행에 큰 지장을 주지 않으면서도 철저한 평가를 진행할 수 있다. 이 시스템은 특정 공간을 통과하는 모든 사람의 피부 온도, 호흡 수, 산소 포화도를 모니터링함으로써 감염 위험이 큰 사람을 식별할 수 있다. 일단 특정되기만 하면 해당하는 사람에게 혼잡한 장소에 가기 전에 진단 검사를 받도록 요청할 수 있다.

이처럼 신뢰할 수 있는 시스템을 개발하는 데에는 많은 어려움이 따른다. 오늘날의 센서와 카메라는 미묘한 생리적 변화를 감지할 수 있지만, 정확도는 저마다 다르다. 이런 시스템이 많은 인구가 실제로 활동하는 대규모 환경에서 효과적으로 기능하려면 다양한 환경 조건에서 다양한 인구를 정확하게 측정해야 한다. 센서와 카메라는 피부색, 체성분, 주변 온도 변화의 차이를 고려하는 고급 측정 기법을 보유하고 있어야 한다. 이런 시스템이 수집하는 데이터를 활용하는 알고리즘은 일기의 영향을 받는 실외부터 일기의 영향을 받지 않는 실내 공간에 이르기까지 다양한 환경과 다양한 인구 집단에 걸쳐 일관되게 작동해야 한다.

수백만 개의 새로운 센서와 카메라를 설치하고, 유지하고, 방대한 양의 정보를 실시간으로 처리할 수 있는 고속 데이터 네트워크를 구축하는 데에는 엄청난 비용이 들 것이다. 법적인 면에서는 정부가 복잡한 개인정보보호법을 준수해야 하고, 이런 대규모 건강 상태 모니터링을 가능케 하는 새로운 법안을 마련해야 한다. 윤리적인 면에서는 동의 여부, 데이터 소유권, 그리고 건강 정보를 통한 차별 또는 공중보건 목적 이외의 용도로 오용하는 문제에 대한 우려도 낳는다.

이런 시스템은 여러 측면에서 미국의 탄도 미사일 방어 시스템이나 국가 공역 시스템에 비유할 수 있다. 거대한 국경 장벽에 비유할 수도 있다. 이는 국가 전체를 특정 유형의 위협으로부터 보호하기 위해 설계된 복잡한 보안 인프라의 사례다.

미국(그리고 자원이 풍부한 다른 몇몇 국가들)은 이런 시스템을 구축하는 데 따르는 중대한 기술적·물류적·경제적 과제를 감당할 수 있는 국가 중 하나다. 이런 측면에서 구글, 마이크로소프트, 페이스북, 오픈AI, 애플, 아마존 같은 기업들은 미국의 전략 자산이다. 그들은 빅 데이터 처리의 최전선에서 AI 개발을 주도하고 있다. MIT, 스탠퍼드대, 카네기멜론대 같은 교육기관은 전문 지식을 제공한다. 방위고등연구계획국Defense Advanced Research Projects Agency, DARPA과 로런스리버모어국립연구소Lawrence Livermore National Laboratory 같은 정부기관들은 최첨단 연구 역량을 제공한다. 세계 최고의 경제 대국인 미국은 기술 주도권에 막대한 공공자원과 민간자원을 동원할 수 있다. 물류 측면에서 미국은 광범위하고 다양한 지역에 걸쳐 대규모 기술 인프라를 구현한 경험이 많다.

하지만 미국은 이런 프로젝트의 기술적·물류적 문제를 해결할 충분한 능력을 갖췄으면서도 정치적·문화적 문제 때문에 이를 시도할 가능성이 가장 낮은 국가가 될 수도 있다. 일부 미국인들은 질병통제예방센터 Centers for Disease Control and Prevention, CDC 가 러시아나 북한보다 그들의 안녕에 더 큰 위협이 된다고 생각한다. 마스크 의무 착용과 백신 접종에 반대하며 미국으로부터의 분리 독립을 고려하는 사람들도 있다. AI를 경계하는 사람은 훨씬 더 많다. 정부 주도의 공중보건 활동에 사용되는 AI라면 경계는 더 심해진다. 객관적으로 말해서, 미국에 지능형 전염병 조기 경보 시스템을 구축하는 것은 달에 동일한 시스템을 구축하는 것보다 어렵다.

그런 시스템을 구축하는 모든 국가는 질병, 봉쇄, 경제적 혼란으로부터 국민의 자유를 보호하며 국민이 두려움 없이 일하고, 여행하고, 모일 수 있는 자유를 극대화할 것이다. 이런 야심 찬 계획을 이루기 위해서는 국가적 차원에서 목적의식을 공유해야 한다. 물론 이것만이 곧 발생할 야심 찬 AI 주도권은 아니다. 우리가 추구하는 어떤 거대한 기술적 도전은 무엇이든 비슷한 수준의 국가적 합의와 비전의 공유가 필요할 것이다. 이런 이유로 개인에게 힘을 실어 주는 역할의 AI가 특히 중요하다.

커다란 사회적 목표를 달성하는 데 개인의 행위력을 강화하는 AI가 필수적이라는 이야기는 다소 역설적으로 들릴 수 있다. 가까운 미래에는 수백만 명의 사람이 AI 비서의 도움을 받게 될 것이다. 받은 편지함을 발신자의 별자리에 따라 정리하는 것이 중요하다고 생각한다면 그렇게 하라. 까탈스러운 사람을 상대할 때마다 스트레스 호르몬 수치가 치솟는가? 피부에 부착한 워치가 커피 머신에게 건강을 챙길 수 있도록 영지버섯을 추가한 식물성 라테를 추출하라고 지시할 것이다.

우리의 변화를 섬세하게 포착하고 즉흥적인 방식으로 충족시키는 놀라운 힘은 사회 계약을 충실하게 따르는 성향을 약화시키거나 심지어 없앨 수도 있다. 그러나 우리는 증기기관 시대의 철학자 존 스튜어트 밀John Stuart Mill의 견해에서 이 개념에 대한 낙관적인 반론을 찾을 수 있다. 밀은 개인의 자유가 단순히 그 자체로 중요한 것이 아니라, 사회의 전반적인 복지에 기여하기 때문에 중요하다고 주장했다. 그는 개인의 자율성과 자기 결정권에 대한 강조가 개인이 잠재력을 최대한 개발하고 공동선에 생산적으로 기여하도록 만들기 때문에 다양하고 활기찬 사회를 촉진한다고 생각했다.

밀은 번영하는 개인의 합이 번영하는 공동체로 이어진다는 것을 알고 있었다. 그의 주장의 본질은 일종의 '네트워크화된 자율성'이었다. 개별적으로 움직이면 각 부분이 강해진다. 함께 움직이면 그들은 더 강해진다. AI로부터 힘을 얻고, 그것이 개인뿐만 아니라 집단에게도 도움이 된다는 것을 인식하면 우리는 공동의 목표를 향해 힘을 합치려는 새로운 동기를 얻을 것이다.

밀이 집중했던 역학(번영하는 개인이 번영하는 공동체로 이어진다)은 선순환의 절반에 불과하다는 것도 알아야 한다. 역으로 번영하는 공동체 역시 개인을 강화하는 데 도움을 준다. 일리노이주 스프링필드에서 캘리포니아주 새크라멘토까지 혼자 여행한다고 생각해 보라. 이 여행은 계획 없이도 출발할 수 있고 목적지에 안전하게 도착할 가능성도 매우 높다.

1840년대에는 이상적인 조건에서도 그 정도의 거리를 이동하는 데 최소 4개월이 걸렸다. 게다가 여행을 준비하는 데에도 비슷한 시간이 걸렸을 것이다. 그래서 다른 사람들과 조직을 이뤄서 여행하기를 바랄 것이고, 결국 적어도 수십 명 정도가 모인 그룹을 만들어 여행할 것이다. 험난한 지형을 통과할 수 있도록 설계된 코네스토가 왜건 Conestoga wagon*이나 프레리 스쿠너 Prairie schooner**와 그것을 끌 소가 필요하다. 또한 최소 몇 달을 버틸 만한 밀가루, 베이컨, 커피, 설탕, 말린 콩을 비축해야 한다. 요리 도구, 사냥과 안전을 위한 총기와 탄약, 옷가지, 침구, 도끼, 삽, 톱, 구급 용품도 필요하다.

요즘 같은 세상에 여행 준비에 그 정도의 시간을 할애하는 것은 우주 비행사들뿐이다. 국내 여행을 가고 싶다면 차에 타서 출발하기만 하면 된다. 스마트폰이 충전되었는지, 신용카드가 있는지 확인하는 것으로 충분하다. 때로는 정부의 간섭이 도처에 도사린 것처럼 보이지만, 이는 정부의 지원도 함께 있다는 뜻이기도 하다.

- • 폭이 넓고 포장이 있는 대형 마차
- •• 서부 개척 시대에 사용된 대형 포장마차

이점은 한때 험악했던 지형을 안전하고 효율적인 경로로 만들어 주는 국도, 고속도로, 기타 물리적 인프라에서 가장 확연하게 드러난다. 도너 파티의 여정을 지금의 도로망에서 추측해 보면, 드와이트 아이젠하워 대통령이 공을 들인 덕분에 1956년 연방지원고속도로법에 의해 승인된 미국 주간고속도로시스템 Interstate Highway System, IHS의 중심부인 I-80을 주로 이용했을 것이다.

대서양과 태평양 연안, 캐나다와 멕시코 국경을 연결하는 '국가 고속도로망 계획'이 구상되기 시작한 것은 1930년대였다.[9] 하지만 실제로는 냉전 시대부터 크레인과 불도저가 엔진음을 울렸다. 핵 공격이 발생했을 때 워싱턴 D.C., 뉴욕, 기타 주요 도시의 간격을 넓히는 문제가 이 프로젝트에 대한 아이젠하워의 확고한 의지를 뒷받침하는 근거가 되었다. 그러나 그와 IHS를 옹호하는 다른 사람들은 IHS가 상품과 서비스의 운송을 간소화하고, 미국인들의 이동 시간을 줄이며, 궁극적으로 2,800마일(약 4,506km)에 걸쳐 다양한 지형으로 이뤄진 312만 제곱마일(약 808만 km²)의 48개 주*를 보다 응집력 있게 만들 수 있다는 점도 생각했다.

IHS의 개발은 달 착륙 프로젝트나 마찬가지였다. IHS 건설 초기에 이 사업은 '세계 역사상 가장 큰 공공사업 프로그램'으로 묘사되었다. 고속도로법 Highway Act은 4만 1,000마일(약 6만 5,983km)이 넘는 4차선으로 접근제한형** 초고속도로를 승인했다. 이 새로운 수송로가 개통

* 알래스카, 하와이 제외

되자마자 교통은 더 빠르고 안전해졌다. IHS는 건축 이래 다른 도로보다 절반 이하의 낮은 사망률을 기록해 왔다.[10] 이 안전한 고속도로는 60년이 넘는 시간 동안 수십만 명의 생명을 구했다.[11]

IHS는 미국 경제 지형에도 큰 영향을 끼쳤다. 장거리 화물은 IHS가 등장하기 전까지 주로 철도나 선박으로 운송되었고, 트럭은 최종 단계의 기타 단거리 운송만 맡았다. 농민, 소규모 제조업체, 기타 지역 생산자들은 효율적인 장거리 운송 수단에 접근할 기회가 없어 시장 범위와 경쟁력이 크게 제한되는 실정이었다. 소량의 물품을 장거리로 운송하는 데 드는 비싼 비용과 물류 문제는 많은 제품, 특히 부패하기 쉬운 제품이 적시에 또는 채산성이 있는 먼 시장에 도달할 수 없다는 것을 의미했다.

IHS는 도시 간 이동 시간을 줄이고 철도 야적장, 항만, 공항으로의 효율적인 이동을 가능하게 만듦으로써 모든 사람이 낮은 가격의 상품과 서비스의 혜택을 보는 데 기여했다. 제조 및 유통 비용의 감소는 더 많은 일자리를 창출했고, 나아가 세계 시장에서의 경쟁력 강화로 이어졌다. 2023년 5월에 발표된 전미경제연구소 National Bureau of Economic Research의 연구 보고서는 IHS가 창출하는 경제 가치가 연간 7,420억 달러에 달한다고 추정했다.[12]

- •• 통제된 진입 및 출구 지점이 있다는 뜻
- ■ 1956년 연방지원고속도로법이 처음으로 승인한 것은 4만 1,000마일의 고속도로였지만, 현재 이 시스템에는 4만 8,000마일(약 7만 7,249km)이 넘는 고속도로가 포함되었다.

IHS는 미국에서 가장 담대한 부동산 사기꾼조차도 전망이 없다고 생각했던 지역에 개발 열풍을 일으켰다. 오늘날에는 I-80을 달리다가 문제가 발생할 경우, 효율적인 교통 인프라와 만반의 준비가 된 다양한 대응 시스템으로 당신을 지원하는 것은 미국 정부만이 아니다. 홀리데이인Holiday Inns 호텔, 파일럿플라잉JPilot Flying J 트럭 정류장, 크래커배럴Cracker Barrels•, 케이시스제너럴스토어Casey's General Stores•• 등의 네트워크가 여행길의 위험을 제거하는 데 도움을 준다.

　미국의 대형 체인들을 IHS의 이점으로 보지 않는 사람들도 있을 것이다. 특히 이런 미덕이 너무 흔해진 현재는 IHS가 대체해 버린 예전의 미국을 낭만적인 진짜 미국이라고 생각하기 쉽다. 하지만 더 느리고 더 위험한 도로, 보기만 좋을 뿐 상품과 서비스에 대한 접근성이 부족한 상황, 더 적은 선택지를 진심으로 원할 사람이 있을까?

　IHS의 개발에 빠르고 편리한 여행, 경제 성장, 비상 대응 시간의 단축, 전례 없는 개인 이동성과 같은 장점만 있다는 말은 아니다. 당연히 단점도 많이 있다. IHS는 개발 초기에 다양한 조직과 집단의 반대에 부딪혔다. 특히 4차선 고속도로가 위치했으며 인구 밀도가 높은 도시는 토지 수용, 소음, 오염, 새로운 교통 체증, 거주민이 떠나면서 나타나는 인구 감소 등 여러 부정적인 결과가 발생할 가능성이 높았다.

　2019년에 필라델피아 연방준비은행이 발표한 연구 논문은 '고속도

• 　레스토랑 및 선물 가게 체인
•• 　편의점 체인

로 반란Freeway revolt'으로 알려진 시위 때문에 미 전역의 도시에서 "고속도로 노선 제안에 상당한 변화가 생기거나 전면 중단되었다"라고 지적했다.[13] 이 논문에 따르면 "이 반란은 1950년대 중반에 고속도로를 건설하기 시작한 엔지니어와 건축가들을 놀라게 했다"라고 한다. 대부분의 엔지니어는 농촌에서의 건축 경험을 가지고 있었고, 프로젝트 초기에는 고속도로가 공동화 문제를 겪고 있는 도시를 다시 활성화하는 데 기여할 수 있다는 희망으로 많은 도시의 시장과 지역 지도자들이 개발 계획을 반겼기 때문이다.

연방 의회와 주 의회는 이런 반발에 대응해 개발 계획에 대한 대중의 의견을 수렴하고 신규 건축을 규제하는 새로운 정책을 시행했다. 대도시의 중심 지역(특히 백인이 많고 부유한 지역)은 계획된 변화에 지항할 수 있었지만, 다른 지역은 큰 피해를 입었다.

돌이켜 보면 이 반란은 삶에 영향을 받는 사람들의 동의를 얻으려는 시도가 없는 중앙집중형 하향식 계획의 위험성에 대한 교훈이다. 정부의 일방적인 접근은 이미 소외된 지역 사회에 대한 불평등한 결과, 기존 계획의 지연, 경로 변경 및 취소로 이어졌다. 일부 지역에서는 도로가 부분적으로 건설된 후 버려지기도 했다. 고속도로가 완공되자 지방 정부가 결정을 번복하고 철거하기도 했다.

정부에 조치를 취할 권한이 있더라도(최초의 연방지원고속도로법은 주 및 연방 고속도로 엔지니어에게 '고속도로 노선 위치에 대한 완전한 통제권'을 부여했다)[14] 시민의 동의가 중요하다는 점이 밝혀졌다. 물론 AI 모델의 반복적 배포는 고속도로를 확장하는 것보다 훨씬 쉽다. 하지만 이는 오히려 반복적 배포 같은 선택지가 있다면 계획과 표준을 하향식으로 강요하는 것보다 나은 선택임을 강조한다.

IHS의 실수는 많은 교훈을 주지만, 가장 중요한 것은 IHS가 난개발이 이뤄지고 있던 거대한 국가를 통합하고 새로운 경제적 기회와 생활 양식을 창출하는 데 중요한 역할을 했다는 점이다. 주의 경계와 지역적 이해관계를 초월한 국가적 인프라인 IHS에는 연방·주·지역 정부뿐만 아니라 민간 기업과 일반 시민 사이의 광범위한 협력이 필요했다.

IHS가 건설되고 거의 70년이 지난 지금, 이는 다양한 주체들이 협력한 대규모 공공사업이 어떻게 국가의 궤적을 형성하고 성장과 혁신의 지속적인 기반을 만들 수 있는지 보여 주는 대표적인 사례가 되었다. IHS는 국가 전체에 광범위한 혜택을 제공하는 것과 동시에 그것을 사용하는 모든 운전자에게 직접적으로 권한을 부여한다. 도너 파티의 구성원들이 초인적이고 유토피아적이라 할 만큼 높은 수준의 개인적 자율성을 가질 수 있는 이유는 어떤 면에서 지나치게 크고, 비효율적이고, 관료적이며, 카프카적이라고 할 정도로 관여가 심한 연방 정부가 있는 나라의 국민이기 때문이다.

10장
모두를 위한 AI

The United States of A(I)merica

몇 번을 고심해도 도너 파티는 아메리칸 드림의 아바타로 선택받을 수 없다. 그러나 그들은 미국의 정체성인 탐험, 적응, 자기계발에 대한 헌신의 완벽한 본보기였다.

이 불운한 여정의 핵심이었던 두 형제 조지 도너 George Donner 와 제이콥 도너 Jacob Donner 는 일리노이주에 수백 에이커의 땅을 소유하고 있는 부유한 농부들이었다. 각각 60세와 56세였던 그들은 아내와 여러 명의 어린 자녀들을 돌보며 안정된 삶을 살고 있었다. 위험을 감수할 필요 없이 자신들이 일군 삶을 즐기기만 하면 되는 상황이었다. 그러나 동시대의 많은 이와 마찬가지로 더 밝은 미래에 대한 전망이 그들을 서부로 이끌었다.

수십 년 전, 대서양 건너에서 '러다이트 Luddite'라고 알려진 집단은

19세기의 문화적 변화에 매우 다른 방식으로 대응했다. 1800년대 초반, 발명가와 기업가들은 이미 영국 섬유 산업의 기계화에 상당한 노력을 기울인 상태였다. 1730년대에는 자동으로 씨실을 넣는 직조기 플라잉서틀이 등장해 넓은 직물을 생산하는 데 필요한 두 명의 작업자 중 한 명을 대체했다. 1760년대에는 작업자들이 양모나 면을 훨씬 더 빨리 실로 뽑아낼 수 있게 해 주는 다축 방적기 Spinning jenny가 등장했다. 그로부터 20년 후에는 한 명의 작업자가 여러 대의 기계를 동시에 가동할 수 있게 만들어 준 역직기 Power loom가 생산성 향상과 사회 변혁의 장을 마련했다.

1811년, 다양한 직조 공정이 한데 모인 공장이 점점 보편화되면서 가정에서 직물을 생산하던 전통적 방식의 소규모 직조업자들의 생계가 위협받기 시작했다. 다른 거시경제적 상황도 이들을 압박하고 있었다. 2023년, 브라이언 머천트 Brian Merchant가 러다이트의 역사를 다룬 저서 《기계 속의 피 Blood in the Machine》에서 언급했듯이 오랫동안 이어진 프랑스와의 전쟁이 세금 인상과 수출 시장을 없애는 무역 제재로 이어졌고, 식량 가격이 치솟았다.[1] 공장주들은 자동화에도 사라지지 않은 일자리의 임금을 깎았다.[2]

변화에 직면한 직공들은 반격에 나섰다. 1770년대에 자신의 삶을 비참하게 만든 기계를 파괴했다고 알려진 견습공 네드 러드 Ned Ludd(아마도 허구의 인물인)의 이름하에 결집한 영국 중부 전역의 직공들이 늦은 밤에 현지 공장을 습격했다. 머천트와 그가 인용하는 여러 역사학자들의 말에 따르면, 직공들이 저항했던 대상은 기술도, 특정한 기계도 아니었다. 그들은 공장 시스템, 착취적인 근무 조건, 규격화와 새로운 삶의 방식이 요구하는 자유의 상실 등에 저항했다. 머천트는 공장 자체가 감옥보다 조금 나은 수준에 불과해서 개인의 행위력과 자율성에 대한 명백한 위협이었다고 설명했다.[3]

하지만 이런 새로운 시스템과 사회적 관계를 가능하게 만든 것은 당연하게도 기술 혁신과 자동화였다. 더군다나 기계는 편리한 표적이었다. 곧바로 러다이트라는 이름을 얻은 이들은 5년에 걸쳐 영국 섬유 산업 성장의 동력이었던 수천 대의 역직기, 대형 직조기, 기타 기계를 파괴했다. 그들은 공장을 불태우고 적으로 간주하는 사람들의 집을 불태웠다. 그리고 자신의 기계를 보호하겠다고 공언한 공장주들까지 총으로 쏴 죽였다.[4]

러다이트들의 공격이 마을에서 마을로 퍼져나가자, 영국 정부는 즉시 그들을 진압하는 일에 힘을 쏟았다. 수천 명의 군인이 배치되었고, 의회는 1812년에 기계파괴법 Frame Breaking Act을 통과시켰다.

이 법으로 기계 파괴는 사형에 처할 수 있는 범죄가 되었다. 수십 명의 러다이트들이 교수형을 당했고, 30명 이상이 호주의 죄수 유배지로 추방당했다. 1816년, 마지막 대규모 러다이트 습격의 표적은 레이스 제조 공장이었다. 이후 러다이트 운동은 점차 사라졌지만, 그 영향력은 오랫동안 이어졌다. 머천트에 따르면, 러다이트들이 공장을 불태운 웨스트 호튼 마을에는 "30년 동안 역직기가 돌아오지 않았다"라고 한다.[5]

러다이트가 승리한 미래

역사가 다른 방향으로 나아갔다면 어떻게 됐을까? 당시의 기술 혁신과 그로 인한 사회적 관계와 생활 조건의 변화가 상당한 피해를 낳았다는 주장에는 그럴 만한 이유가 있다. 급속한 도시화로 인해 도시의 주택은 과밀하고 비위생적인 상태가 되었으며, 전통적인 농촌 사회는 퇴락했다. 사람들은 생계의 방편을 잃고, 전통적인 삶의 방식을 잃었으며, 의지할 수 있는 다른 대안은 거의 없었다. 공장은 위험으로 악명이 높았으며, 극도로 비인간적인 아동 노동 관행도 존재했다. 그리고 머천트가 《기계 속의 피》에서 언급했듯이 러다이트는 대중의 광범위한 지지를 받지 못한 소규모 반체제 집단이 아니었다. 사실 직공들은 '영국에서 가장 큰 단일 산업 노동자 집단'이었다.[6]

그렇다면 러다이트가 자신들의 행동을 개인의 자유와 광범위한 사회복지에 대한 실존적 위협에 대한 대응으로 정당하고 적절하게 표출한 대안적 역사를 상상해 보자. 그들은 자신들이 광범위한 집단을 대변하고 있다고 설명했다. 노동자 계급 전체, 중산층 상인과 상점주, 성직자, 지주, 심지어 귀족과 정부 엘리트까지 말이다. 즉 광범위한 합의 없이 일방적으로 세상을 바꾸는 소수의 기술 혁신가, 기업가, 산업가, 금융가를 제외한 모든 사람을 대신하여 투쟁한 것이다.

시간이 지나면서 그들의 주장은 더 큰 사회적 격변을 피하고자 하는 이해관계자들의 연합으로부터 폭넓은 지지를 얻었다. 수년간의 갈등 끝에 1820년, 의회는 일자리·안전·인간존엄법 Jobs, Safety, and Human

Dignity Act을 통과시켰다. 이 법은 잉글랜드에 강력한 선제적 신기술 평가 의무를 도입했다.■ 신기술이 기존의 일자리와 산업에 어떤 영향을 미칠지 완벽히 알 수 없는 한 배포는 허용되지 않는다는 법이었다. 신기술이 합리적인 의심의 여지 없이 안전하다는 게 입증되지 않는 한 배포는 허용되지 않는다. 즉 신기술이 예측할 수 없는 방식으로 사회 구조와 기존 생활 방식에 영향을 미칠 수 있다는 우려가 존재하는 한 배포는 허용되지 않는 것이다. 이 법이 통과된 이후의 영국은 사실상 오늘날 미국의 아미시Amish●와 같은 방식으로 운영되기 시작했다.

처음에는 긍정적으로 보이는 복원의 시기가 있었다. 전국의 역직기, 스타킹 기계, 기모기起毛機가 폐기되었다. 많은 공장이 문을 닫으면시 14시긴 근무, 아동 착취, 공정 노동자들을 불구로 만들거나 죽음에 이르게 하는 위험한 근무 조건이 사라졌다. 집에서 일하는 직공과 편물공이 다시 많아졌다. 그들은 일정과 생활을 관리하고 조직할 때, 일 외에도 가족과 지역 사회를 고려했다.

그 결과, 새로운 정책은 극히 성공적인 개입으로 잉글랜드 국민 대부분으로부터 호평을 받았다. 의류와 기타 완제품의 가격은 상승했다. 선택지는 줄었지만, 사람들은 안정감을 주는 익숙한 생활 속에서 살아갔다. 발명가나 예비 기업가들의 주도로 일자리·안전·인간존엄법

- ■ 우리가 만든 가상의 역사에서는 각기 목표와 상황이 달랐던 스코틀랜드, 웨일스, 아일랜드가 의회에 적용의 면제를 청원해 허가를 받았다고 가정한다.
- ● 미국 펜실베이니아주 중부에 자리한 재침례파 종교 공동체로 현대 문명을 거부하고 고전적인 생활 방식을 유지하고 있다.

을 준수하는 새로운 제품과 서비스를 도입하고자 하는 움직임이 있었지만, 법이 부과하는 조건을 충족하는 경우는 드물었다.

인접 국가들에서는 산업화의 뒤를 잇는 사회적인 격변이 부각되고 있었지만, 잉글랜드에서는 전통적이고, 분산적이며, 장인정신이 중시되고, 지속 가능성이 유지되는 삶이 이어졌다. 직공들은 자신의 직업과 작업 방식이 가져다주는 자율성과 행위력에 자부심을 가졌다. 직공과 방적공의 자식들도 직공과 방적공이 되었다. 공동체 구성원은 긴밀하게 연결되었고, 대가족이 함께 생활하고 일하는 경우가 많았다. 안정감과 연속성이 지속되었다. 다른 나라들이 산업 공해와 싸우고, 공장 노동자의 삶에 제약이 많아지고, 가족 간의 유대가 약해지는 것과 다르게 잉글랜드는 인간의 기술과 관계가 기계적 효율성보다 우선시되는 곳으로 남았다.

하지만 19세기 말, 잉글랜드와 기술에 대한 반감이 덜했던 이웃 국가들 사이에 격차가 벌어지기 시작했다. 잉글랜드에서 일자리·안전·인간존엄법이 통과된 후 수십 년 동안 해외에서는 끊임없는 혁신이 이뤄졌다. 처음에는 증기기관이었고, 다음에는 전례 없는 수준의 이동성과 상거래를 가능하게 만든 철도였고, 그다음에는 놀라운 기술적 돌파구와 진보가 이어졌다. 전선, 사진, 철강 생산, 석유 시추, 전화, 전구, 내연기관, 엑스레이, 전파, 영화 말이다.

해외에서는 기술 발전과 함께 사회 발전이 가속화되었다. 노동 운동이 힘을 얻었고, 최저임금법과 아동 노동 제한으로 초기 산업화의 부정적 측면들이 완화되었다. 여성에게 독립적이고 자기 주도적인 삶을 영위할 수 있는 새로운 기회가 주어지기 시작했다. 공교육에 대한 접근권이 확대되었다. 정부는 빈곤과 공중보건 문제를 해결하기 위한 사회복지 프로그램을 시행하기 시작했다.

잉글랜드는 어떻게 되었을까? 그들에게는 담요가 있었다. 조금 거칠고 비쌌지만, 아늑하고 장인정신이 깃들어 대를 물릴 만한 담요였다. 프랑스나 독일, 미국에서 새로운 혁신이 등장하면, 잉글랜드 규제 당국은 그것을 검토하는 데 관심을 뒀다. 그러나 대부분 기존 일자리에 미칠 명백한 영향이나 사회적 혼란이 벌어질 수도 있어서 거부되었다.

수십 년이 지나자 이런 예방적 접근 방식이 미치는 영향이 기하급수적으로 커졌다. 다른 나라들이 자동화된 생산 방식을 수용함에 따라 잉글랜드의 섬유 수출 시장은 붕괴했다. 훨씬 효율적인 해외의 경쟁으로부터 국내 산업을 보호하기 위해 모든 종류의 수입품에 대한 무역 제재가 더 많이 필요해졌고, 그 결과 소비자들이 구매할 수 있는 상품의 범위와 품질은 심각하게 제한되었다.

다른 나라들이 기술을 사용해 군사력을 키우자, 의회는 기술 격차가 국가안보에 미칠 수 있는 영향을 걱정해 일자리·안전·인간존엄법에 대한 예외를 점점 더 많이 두게 되었다. 덕분에 잉글랜드군은 자체 공장을 만들고 신기술을 개발할 수 있게 되었지만, 여러 요인으로 인해 여전히 커다란 제약을 받았다. 수년간 생산량이 거의 변하지 않았기 때문에 국가의 세금으로 현대식 군대를 충분히 지원할 수 없었다. 또한 엔지니어, 물리학자, 공장 관리자, 실험실 기술자 등 이용할 수 있는 인재가 훨씬 적었다.

두뇌 유출이 심화되면서 상황은 더 악화되었다. 1820년대에는 산업화 견제가 기술적 진보로 인한 개인의 자유와 행위력 약화를 막기 위한 건전한 전략(어쩌면 유일한 전략)처럼 보였다. 하지만 미래는 직선 경로가 아니라 예상치 못한 방식으로 꼬이고 휘는 경로다. 80년이 지난 후, 감옥 같은 공장들과 산업화 전반은 기술 혁신을 수용한 국가에서 번영을 일으켰고, 선택의 폭을 극적으로 넓혔으며, 개인의 행위력도 강화했다. 프랑스, 독일, 러시아, 일본, 특히 미국에서는 기관사, 전화 교환원, 공장 관리자, 영화의 카메라 감독, 속기사, 전보 배달원, 화학자, 고층 건물과 현수교를 설계하는 건축가 등 다양한 직업을 가질 수 있었다. 가능성은 무궁무진했다. 그러나 잉글랜드에서는 옷감을 만드는 직공으로 자라날 뿐이었다. 따라서 야심 차고 재능 있는 많은 사람이 해외로 떠났다.

다른 나라들이 전기와 배관 시스템을 도입하기 시작하던 1900년대 초, 러다이트의 증손자들은 마침내 변화를 추진하기 시작했다. 그들은 밤에 몰래 만나 다축 방적기와 역직기를 만들었다. 그들은 정부에 공장을 건설해 달라는 청원을 했다. 그러나 기존 방식에 얽매여 있던 정부는 신속하고 잔인한 탄압으로 대응했다. 이 대안 역사 속의 러다이트도 현실의 러다이트와 똑같은 운명을 맞이했다. 일부는 처형당했고, 일부는 감옥에 갇혔다. 잉글랜드는 전통적인 장인정신을 우선시하는 기조를 고수했다. 특히 잉글랜드의 담요는 미국의 명문대 종신교수들 사이에서 높은 평가를 받았다.

주권 쟁탈전의 중심이 된 AI

이 가상의 역사는 상당히 단순하다. 복잡한 역사적 과정의 주요한 측면을 모두 포착하지는 못한다. 뉘앙스는 말할 것도 없다. 또한 장인의 직물 제품이 가진 가치와 중요성을 폄하하거나 산업적 효율성보다 인간관계와 인간의 주체성을 우선하는 가치관을 무시하려는 의도는 없다. 단지 비평가들이 비인간적이고 제약을 가한다고 묘사하는 기술이 오히려 사람을 더 인간답게 살게 만들고 제약으로부터 해방시킨다는 것을 재차 상기시키고 싶었을 뿐이다.

우리는 AI 분야에서도 이런 추세가 개인, 국가, 그리고 전 세계에 영향을 미치면서 계속되리라고 생각한다. AI 주도의 신약 개발과 개인 맞춤형 의료 기법 도입에 뒤처지는 나라는 곧 의료 서비스에서 커다란 격차에 직면할 것이다. AI 정밀 농업과 기후 적응형 농업의 혜택을 보지 못하는 국가는 식비 상승을 경험할 확률이 높으며, 극단적으로는 식량 부족이 심화될 수 있다. 자기계발과 경력 향상에서 선택의 폭이 좁은 나라는 국민의 상대적 행위력 감소를 초래하고, 최고의 스템STEM• 전문가들이 AI 친화적 정책을 가진 국가로 이주하여 인재 유출이 일어날 가능성이 높다.

불균형이 심해지는 생산성 요소는 인재뿐만이 아니다. 2023년 12월, 구글의 슈미트는 AI와 국가안보에 관한 미 상원 포럼에 참석하기 전에

- 과학Science, 기술Technology, 공학Engineering, 수학Mathematics 분야를 하나로 일컫는 말

제출한 성명서에서 향후 10년 동안 모델의 성능이 1,000배에서 1만 배까지 향상될 것이라고 말했다. 새로운 모델은 훨씬 더 자율적이며 순차적 계획을 세울 수 있을 것이다. 이는 그들이 고도로 숙련된 가상의 프로그래머, 엔지니어, 과학자, 기타 여러 종류의 근로자로 기능한다는 의미다. 슈미트는 이렇게 말했다. "미국의 생산성이 2배가 되면 어떤 일이 일어날까요? 혹은 적국의 생산성이 2배가 되면 어떤 일이 일어날까요?"[7]

이런 비교는 관련된 중요한 결과나 위험을 분명히 보여 준다. 하지만 지능이 한 곳에 집중되지 않고 다양한 시스템, 장치 및 네트워크에 분산되는 미래의 경쟁은 한 국가나 단체의 이득이 반드시 다른 국가나 단체의 손실이 되는 엄격한 제로섬 게임이 되지 않을 것이다. 전략적인 방식, 신중하게 계획된 방식으로 AI를 수용하는 모든 국가는 생산성과 효율성의 측면에서 상당한 이득을 볼 수 있을 것이다. 그러나 기술적 변화와 마찬가지로 상대적인 승자와 패자는 나올 것이다. 주로 AI를 통해 확장된 새로운 기회를 얼마나 신속하고 과감하게 수용하는지에 따라 어떤 플레이어는 다른 플레이어보다 많은 혜택을 누릴 것이다.

혁신 시대의 '승자'는 신기술의 도래를 일찍 포착하기 마련이다. 그들은 적극적으로 그 물결을 타고 추진력을 활용함으로써 더 조심스럽게 접근하는 경쟁자들보다 더 빠르고 더 멀리 나아간다. 현재로서는 컴퓨팅 분야의 강력한 인프라와 지원 역량, 인재를 보유한 국가들이 AI의 잠재적 이점을 활용하는 데 우위에 있다. 그러나 앞서 언급한 바와 같이 기술적 혁신만으로 성공이 보장되는 것은 아니다. 신기술의 성공적 통합에는 사회적·정치적 혁신도 필요하다. 많은 국가가 국민을 양극화시키는 문화 전쟁과 기관에 대한 신뢰 하락에 직면하고 있는 오늘날의 글로벌 환경에서는 문화적·정치적 합의가 커다란 가치를 지닌다.

불과 몇 년 전만 해도 AI 개발은 미국과 중국, 두 나라의 경쟁이었다. 미국의 경우 스타트업과 빅테크 기업이 주요 기술 혁신을 선도하고 있었지만, 여러 정부기관은 조사와 소송을 통해 이들의 활동을 제한하고, 주 정부들은 수십 개의 법을 새로 제정하느라 바빴다. 반면 중국은 정부가 AI 개발의 주도권을 장악하여 경제 지배력을 강화하고, 국가안보를 강화하며, 글로벌 영향력을 확대할 수 있는 강력한 도구를 얻을 수 있다는 가정하에 민간 대기업들을 '국가 대표'라 부르면서 수십억 달러를 투자했다.

미국과 중국의 경쟁이 여전히 글로벌 AI 분야의 주요한 동력으로 남아 있지만, 컴퓨팅 파워의 민주화와 AI 발전이 나라의 미래에 얼마나 큰 영향을 미칠지에 대한 인식의 발전이 결합하면서 AI 개발 경쟁은 더 광범위하고 치열해지고 있다. 2024년 2월, 젠슨 황 Jensen Huang 은 두바이에서 개최된 21세기 거버넌스 이슈에 관한 포럼인 세계정부정상회의 World Governments Summit 에서 이렇게 말했다. "이것은 새로운 산업혁명의 시작입니다. 이 산업혁명은 에너지나 식량이 아니라 지능의 생산에 대한 것입니다. 모든 국가는 자국만의 지능을 생산할 수 있어야 합니다."[8] 실리콘밸리의 칩 설계업체 엔비디아 Nvidia 의 공동 창업자이자 오랫 동안 CEO 자리를 지켜 온 황은 학생들에게 우주를 정의하는 물질과 에너지의 법칙을 소개하는 고등학교 물리 교사처럼 열정적으로 'AI 주권 Sovereign AI'에 대한 자신의 생각을 설파했다. 그는 "당신이 생성·수집·처리하는 데이터는 당신의 나라가 소유하며, 그것이 그 나라의 문화·사회 지성·상식·역사를 만듭니다"라고 발언했다.

물론 황의 연설은 영업의 측면이 있었다. 엔비디아는 LLM을 훈련하고 실행하는 데 사용되는 고성능 그래픽처리장치 Graphics Processing Unit, GPU의 세계 최대 공급업체다. 엔비디아는 원래 게임용 컴퓨터에 사용하는 GPU를 개발했지만, 현재 이 회사의 최대 고객은 아마존웹서비스·마이크로소프트 애저·구글 클라우드 플랫폼 같은 거대 클라우드 서비스 제공업체와 마이크로소프트·구글·페이스북·오픈AI·앤스로픽 같은 선구적인 상업 AI 모델의 개발업체다.

많은 국가가 자체 AI 개발을 위해 데이터센터와 슈퍼컴퓨터를 구축함에 따라 엔비디아의 잠재적 고객 시장은 자연스럽게 증가할 것이다. 그러나 국가의 경제 경쟁력과 안보 유지에 점점 중요해질 국가 자원에 대한 통제력을 극대화해야 한다는 황의 말은 명백한 실용적 가치를 지닌다.

AI 인프라가 국가 이익에 필수 요소가 되고 있으므로 'AI 주권' 접근 방식은 다양한 잠재적 문제를 다룬다. 예를 들어, 전 세계적인 사업을 하는 서비스 제공업체는 개인정보 보호나 국가보안 표준과 관련된 다른 나라의 법률 및 규정을 완벽히 따르지 않을 수도 있다. 해당 국가의 법률에 따라 서비스를 제공하는 모든 외국 고객에 대한 보고가 필요한 경우도 있다.

외교적 문제가 발생하는 경우, 부분적으로라도 AI 운영을 외국 공급업체에 의존하는 국가는 제재 또는 공급망 중단이란 상황에 처할 수 있다. 코로나19 팬데믹으로 인한 혼란을 경험한 바 있는 우리는 그것이 얼마나 심각하고 광범위한 피해를 낳는지 분명히 지켜봤다. 중요 기술 분야에서의 자급자족은 국가적 우선 과제가 되기에 충분하다. 따라서 연방 정부는 의회의 극심한 당파적 분열에도 불구하고 미국의 반도체 제조를 강화하고 외국의 칩 제조업체에 대한 의존도를 줄임으로써 미국의 컴퓨팅 주권을 보호하는 데 2,800억 달러를 투자하는 반도체지원법 Creating Helpful Incentives to Produce Semiconductors and Science Act 을 통과시켰다.

이에 위기감을 느낀 전 세계 많은 국가가 자체 AI 인프라 구축에 투자하기 시작했다. AI 투자가 경제적 번영과 국가안보뿐만 아니라 자국의 전통과 문화를 유지하는 데도 필요하다는 가정하에 움직이는 정부도 생겼다.

산업화와 자동화가 자신들의 가치관과 생활 방식을 파괴할 것이란 두려움을 가졌던 러다이트와 달리, 이 국가들은 오히려 AI가 이런 것을 보존하는 수단이라고 보고 있다. 싱가포르는 황의 입장을 바탕으로 지역의 문화, 가치관, 규범을 반영하는 AI 개발에 헌신한다는 내용의 '국가 AI 전략 National AI Strategy'을 수립했다.[9] 이와 비슷한 의도와 동기를 표출한 프랑스 정부도 외국 개발자에 의존하는 대신 '국가 대표 AI'을 양성하는 데 5억 5,000만 달러를 투자하기로 결정했다. 2023년 6월, 파리에서 열린 기술 박람회에서 에마뉘엘 마크롱 대통령은 "이를 위해 프랑스어로 된 데이터베이스도 만들어야 합니다. 그렇지 않으면 앵글로·색슨으로부터 나온 편견이 담긴 모델을 사용하게 될 것입니다"라고 말했다.[10]

유발 하라리는 2015년에 세계적 베스트셀러 《사피엔스》에서 "현대 국가의 민족주의 신화 같은 상상의 질서가 어떻게 수많은 낯선 사람을 극히 유연한 방식으로 협력"하게 만드는지 설명했다.[11] 특정 국가의 국민이 공유하는 국가 정체성은 신뢰를 형성하고, 신뢰는 모험에 수반되는 위험과 불확실성을 기꺼이 감수하게 만든다.

국가 정체성의 바탕이 되는 상상의 질서는 언제나 언어와 그 언어를 이용한 유물(건국 신화, 역사 서술, 문학 등), 전통과 풍습, 종교, 법, 음악, 건축, 다양한 유형의 물리적 유물로 이뤄진 정보 구성물이었다. 구현된 방식은 모두 다르더라도 국가 정체성은 공유된 시간이 지나면서 신념을 통해 형성되며 고정적이지 않기 때문에 추상적이며 한정되지 않는다. AI는 대표적인 텍스트, 오디오, 음악, 이미지의 방대한 데이터 세트를 하나의 응집력 있는 모델로 결합해 이전에는 불가능했던 방식으로 구성체들을 포괄하는 자원과 도구를 제공한다.

따라서 국가가 일상 업무에 점점 더 많이 개입할 AI에 대한 자율성과 행위력을 유지하고자 하는 것은 당연하다. 어떤 국가든 AI가 구현해야 할 국가 가치관과 특성에 대해 내부적인 다툼이 있겠지만, 자국이 사용하는 AI가 미국의 감성, 중국의 감성, 특정 국가의 정체성에 뿌리를 두지 않은 테크노 엘리트의 감성을 반영해서는 안 된다는 점에서는 확고한 입장을 갖기 때문이다.

미국은 어떨까? 미국에는 이미 오픈AI, 마이크로소프트, 알파벳, 페이스북, 앤스로픽 등 지금까지 세계적 AI 혁신을 이끌어 온 자국의 기업들이 '국가 대표'의 역할을 맡고 있다. 또한, 미국 연방 정부 자체가 AI의 얼리어답터로서 수십 개의 정부기관 운영에 AI를 도입하고 있다.

한편으로 미국의 국가적 AI 전략은 지속적인 반독점 시행 조치, 의회 청문회, 새로운 입법이 미국의 AI 국가 대표들을 낙오자로 만들기 위해 끊임없이 애쓰는 것 같다. 정치인들은 여러 가지 방법으로 반기술, 반AI 정서를 보급하는 데 지속적으로 힘을 보태고 있다. 국가에 개인의 행위력, 국가의 번영과 안보 모두를 강화하는 방식으로 AI 기술을 활용할 필요가 절실한 시기, 그렇게 할 수 있는 기회가 존재하는 시기에 말이다. 21세기에는 국민에게 좋은 서비스를 제공하려면 하향식 규제, 소송, 감독을 하는 걸로는 부족하다. 미국은 자국만의 테크노 휴머니즘 나침반을 지침으로 삼아 앞으로 나아가야 한다.

국민을 위한 정부

"미국은 모든 시민의 물리적 움직임, 구매 내역, 대화, 회의가 민간 기업과 정부기관의 지속적인 감시의 대상이 되는 시대에도 번영과 성장을 이어갈 수 있을까?" 〈뉴욕타임스〉 탐사 기자 데이비드 버넘David Burnham은 1983년에 출간한 자신의 책 《컴퓨터 국가의 부상The Rise of the Computer State》에서 이렇게 말했다. "감시는 무해하더라도 점진적으로 국가의 영혼을 오염시키지 않을까? 감시는 많은 시민의 개인적 선택을 제한하지 않을까?"[12]

국가 데이터센터에 대한 의회 청문회가 열린 지 거의 20년이 지났고, 컴퓨터 혁명이 시작된 지 8년이 지난 후에도 빅 브라더의 유령은 대중의 뇌리에서 떠나지 않았다. 버넘의 책이 출간되고 1년이 지난 1984년은 우리에게 오세아니아의 텔레스크린 대신 맥킨토시Macintosh를 선사했다. 그러나 데이터 중심의 의사결정과 공유 지식의 해방적 힘을 중심으로 점점 더 조직화되는 사회에 대한 인식은 빅 브라더라는 오웰의 암울한 비전에 멈춰 있었다. 1980년대에서 1990년대를 넘어 새로운 세기에 접어든 우리가 집단적으로 컴퓨터, 인터넷, 휴대전화를 받아들이자 새로운 도구와 서비스를 생산하는 회사들은 막강한 기관으로 변모했고, 결국 기술 주도의 억압과 그에 순응하는 상황에 대한 뿌리 깊은 두려움이 그들에게로 향했다. 쇼샤나 주보프의 말을 빌리자면 빅 아더가 빅 브라더를 대신해 문화 전반에서 지배적인 위치를 차지하는 악마가 되었다.

이후로 빅 아더는 그 자리를 계속 지켜 왔고, 이는 종종 정부에 도움이 되기도 했다. 미국 정부가 감시 활동을 했다는 증거가 드러났음에도 불구하고(2013년에 에드워드 스노든Edward Snowden이 폭로한 프리즘PRISM• 사건을 통해) 감시 자본주의, 알고리즘 조작, 소수의 남성이 주도

- 미국 국가안보국이 다양한 미국 인터넷 기업들로부터 인터넷 통신 내용을 수집하는 프로그램의 코드명

하는 빅테크 그룹을 둘러싼 이야기는 여전히 빅 브라더가 아닌 빅 아더에 집중하고 있다.

하지만 미국을 포함한 전 세계 정부들이 AI를 비롯한 첨단 기술을 최대한 효과적으로 활용해야 한다는 과제와 씨름하고 있는 지금의 상황은 어떤가? 사상경찰의 텔레스크린이나 20세기 중반의 글루머였던 밴스 패커드가 국가 데이터센터가 만들어 낼 것이라 말했던 '플라스틱 테이프의 사슬'을 원하는 사람은 없다. 그렇다면 손으로 짠 담요를 고수하는 정부가 더 나을까? 다른 정부들이 경제적·군사적·전략적 우위를 차지할 기술 개발을 위해 전력을 다하는 상황에서도?

적법한 선거에 뒤이은 평화로운 권력 이양을 방해하기 위해 시민들이 국회를 급습한 나라가 아니더라도 기술력과 민주주의 가치관 사이에서 적절한 타협점을 찾는 것은 쉽지 않은 일이다. 미국인들처럼 극도로 양극화되어 있고 정치와 사회 문제에 관심이 많은 대중으로부터 모든 측면에서의 지지를 얻으려면 신속한 대응이 필요하다.

그렇다면 어떻게 해야 우리 정부는(그리고 우리는) 이 중요한 도전을 성공적으로 헤쳐 나갈 수 있을까? 우선 대중이 대체로 높이 평가하는 기관의 가장 좋은 측면을 모방하는 방법이 있다. 미디어는 사회가 빅테크 기업에 환멸을 느낀다고 자주 묘사하지만, 현실은 좀 더 복잡하다. 2023년 5월에 하버드대학과 여론조사업체인 해리스여론조사가 공동 실시한 '하버드캡스-해리스 여론조사'에서 응답자들은, 20개 정부기관 중 긍정적으로 바라보는 기관과 부정적으로 바라보는 기관을 묻는 질문에 미군, 대법원, 북대서양조약기구[NATO], 경찰을 제치고 아마존을 가장 호감 가는 기관으로 평가했다.[13] 구글은 이 조사에서 3위를 차지했다.

응답자 대부분이 아마존을 평가하는 기준과 나토를 평가하는 기준은 분명 큰 차이가 있을 것이다. 아마존의 경우에는 잦은 이용 경험이 긍정적으로 작용했을 가능성이 높고, 그런 직접적인 경험은 응답자에게 도움이 되었을 가능성이 높다. 아마존을 이용하면 식료품 구매에 드는 시간과 비용을 절약할 수 있다. 아마존은 저렴한 공기 청정기 구매, 사무용품의 대량 구매, 슈퍼히어로 영화 스트리밍 등 여러 방면에서 즉각적인 만족을 주는 상품과 서비스의 공급원 역할을 한다. 나토가 당신을 위해 그런 일을 한 적이 있는가?

간단히 말해, 아마존이 높은 점수를 얻는 이유는 사람들과 밀접한 관계를 맺었기 때문이다. 사람들은 아마존을 자주 이용하고, 대개 아마존을 신뢰한다. 아마존은 그들의 삶에 실질적인 가치를 가져다준다. IRS 프라임^{IRS Prime}이 존재하는 세상을 상상해 보라. 그러면 이틀 안에 세금 환급을 받을 수 있다. 패스트패스^{FastPass}는 어떨까? 안면 인식 소프트웨어를 사용해 운전면허증 같은 기존 ID와 사용자가 일치하는지 확인하는 옵트인^{Opt-in}• 절차를 통해 스마트폰으로 셀카를 찍고 필요에 따라 개인정보를 업데이트하면 암호화 기술로 보호되는 디지털 여권이 즉시 준비된다.

21세기에는 모두가 재무부와 사회보장국을 주머니에 넣고 다니며

- 당사자가 개인 데이터 수집을 동의한 경우에만 데이터를 수집할 수 있는 방식

구글 검색이나 아마존 쇼핑만큼 정부 서비스에 쉽게 접근하고 이용할 수 있어야 한다. 정부 서비스는 우리 삶에서 중요한 역할을 하므로 훌륭한 '시민 경험'의 기준은 고객 경험의 기준보다 더 높아야 한다. 팬데믹으로 인해 예고 없이 해고당했거나, 강력한 태풍에 집이 무너졌을 때 시기적절한 서비스와 지원을 제공하는 건 서비스 평가의 기반이 아니라 생명줄이다.

하지만 정부 서비스 체제의 재편성은 단시간에 해결되지 않는다. '인류 역사상 가장 큰 공공사업 프로그램'이라 불리는 주간 고속도로 시스템에 비견되는 정도는 아니라도, 장기적인 헌신이 필요한 대규모 사업이다. 여기에 AI가 큰 도움을 줄 수 있다. 공공의 합의와 정부의 결정적인 선택으로 AI가 빠르게 도입된 일부 국가들은 이미 정부 서비스에 AI 기능을 통합하는 정책 마련에 분주하다. 예를 들어, 한국은 여러 웹사이트를 통해 제공하는 약 1,500개의 공공 서비스를 통합해 하나의 포털로 이용할 수 있도록 만들었고, AI를 사용해 어떤 혜택과 자격이 있는지를 개별 시민에게 자동으로 알리겠다는 계획이 있다.

만약 미국이 개별 시민과 개별 기관에 명백하게 유익한 방식으로 AI를 사용하는 일, 그리고 더 중요하게는 시민의 참여 기회를 늘리는 일에 이와 비슷한 노력을 기울인다면 어떻게 될까? 미국 정부가 과거 미국 우정청, 주간 고속도로 시스템, 우주 경쟁, 인터넷에 투자했을 때와 같은 방식으로 이런 노력을 옹호한다면 어떻게 될까?

우리는 미래지향적인 리더십을 통해 미국의 번영, 안보, 세계적 위상을 강화하여 미래 세대에도 영향을 미칠 기회, 아마도 양극화된 대중을 더 큰 국가적 목표와 국가적 합의로 통합할 수 있는 기회를 갖게 될 것이다. 이것은 미국의 입법자들에게는 쉽지 않은 일이다. AI를 수용하는 것은 그들에게 정치적 위협이 될 수도 있기 때문이다. 법에 대한 전문 지식을 가진 법률가들로 가득 찬 의회 대신, 기술과 공학에 대한 전문 지식을 가진 입법자들이 더 많이 필요할 것이다. 코드가 법이라면 우리 정부를 이끄는 위치에 법률가들만큼이나 개발자들이 필요해질 것이다.

지난 25년 동안의 기술 발전이 낳은 행위력, 선택, 편의에 익숙해진 유권자를 이해하는 선출직 공무원도 필요하다. 국민은 원하는 서비스 수준과 접근성, 그리고 그 과정에서의 자기 역할에 대해 높은 기대치를 가진다. 가장 크고 중요한 기회는 AI가 정부와 민주주의를 위해 무엇을 할 수 있는지 인식하는 데 있다.

합리적 결과를 도출하는 대규모 토론장을 여는 법

AI를 안면 인식, 치안 예측, 알고리즘 감시 등의 애플리케이션을 통해 명령·통제 거버넌스에 이용하는 메커니즘으로 생각하지 말라. AI를 사용해 정책 입안에서 시민의 목소리를 증폭시킬 새로운 기회를 만들면 시스템을 보다 협력적이고 참여적인 방향으로 만들 수 있는 한편, AI를 통해 나타나는 권위주의에 대한 오랜 우려를 해소할 수도 있다.

그런 의미에서《1984》의 텔레스크린에는 오웰이 간과했거나 고려하지 않은 중요한 측면이 있다. 위키피디아의 '텔레스크린' 항목을 읽어보면 가장 먼저 알 수 있는 게 오웰의 소설에 등장하는 장치들이 '양방향'이라는 점이다.[14] 각 텔레스크린은 국가의 선전을 방송하는 일 외에도 설치된 공간을 시각적, 청각적으로 모니터링할 수 있다. 오웰의 책에는 이렇게 적혀 있다. "물론 자신이 감시당하고 있는지 알 수 있는 방법은 없었다. 사람들은 자신이 내는 모든 소리를 누군가 엿듣고, 어둠 속이 아니라면 누군가 자신의 모든 움직임을 세심히 살핀다는 가정이 습관에서 본능으로 변한 삶을 살아야 했다."[15]

그러나 누군가 당신의 소리를 엿들을 수 있다는 사실은 당신의 목소리가 전달되어 소통이 가능하다는 것을 의미하기도 한다. 소설 속의 윈스턴 스미스를 비롯한 누구도 이 사실을 이용해 텔레스크린에 말을 걸지 않는다. 이는 아마 어떤 종류의 공개든 원치 않는 감시를 초래한다고 생각하기 때문일 것이다. 어쩌면 오웰이 자신의 발명품이 가진 모든 가능성을 생각하지 않아서 그럴 수도 있다.

어느 쪽이든《1984》는 양방향 시청각 기기가 움직이는 방식을 현실적으로 묘사하지 못하고 있다. 그런데도 이 책은 70년 넘게 정부가 기술을 사용하는 방법, 필연적으로 사용하게 될 방법에 대한 본보기의 역할을 맡아 왔다. 그러나 한 가지 중요한 사실이 있다. 정부가 도청이 아닌 청취에 전념하면 텔레스크린이나 이미 세상을 가득 채우고 있는 인터넷과 연결된 수십억 개의 스크린은 감시 장치가 아니라 의

사소통의 도구가 된다는 사실 말이다.

우리 정부는 인공지능을 활용해 시민 참여와 집단적 의사결정을 늘림으로써 감시와 도청에만 전력을 다하는 것이 아니라 시민의 움직임과 목소리를 더 효과적으로 보고 듣는 것을 목표로 하고 있음을 설득력 있게 보여 줄 수 있다.

이는 기술 혁신가 팀 오라일리^{Tim O'Reilly}가 '정부 2.0^{Government 2.0}'이라고 명명한 것, 즉 정부가 단순히 서비스를 제공하고 법을 만들고 집행하는 주체가 아니라 시민 활동의 플랫폼, 촉진자, 주창자 역할을 하는 모델에서 한 단계 더 확장된 비전이다.[16] 이 패러다임에서 AI는 정부가 이전에는 상상할 수 없었던 수준의 민감성을 갖고 운영될 수 있도록 돕는 강력한 조력자다.

UN이 분쟁 지역 사람들의 요구와 의견에 접근하기 위해 이용한 '리메쉬^{Remesh}'라는 도구를 생각해 보자. 참가자들에게는 질문을 받고 자유로운 방식으로 답할 수 있는 자유가 주어진다. 이는 객관식 설문보다 훨씬 더 세부적이고 실행 가능한 정보를 이끌어 낸다. AI는 여기에서 얻은 답변들의 핵심을 뽑아내서 정리하고, 참가자의 관심과 협조를 유지하면서 실시간으로 관련성이 있는 후속 질문을 던지는 데 사용한다. 예를 들어, 연방재난관리청^{Federal Emergency Management Agency, FEMA}이 리메쉬를 사용해 자연재해로 피해를 입은 지역 사회에 맞춤형 원조를 제공하는 데 필요한 효율성과 역량을 향상시키는 방식으로 신속하게 정보를 수집한다고 생각해 보라.

'폴리스^{Polis}'는 대중의 참여와 의사결정에 혁명을 일으킬 수 있는 또 다른 AI 기반 도구다. 컴퓨테이셔널 데모크라시 프로젝트^{Computational Democracy Project}라는 시애틀의 비영리 단체가 관리하는 이 도구는 2014년의 한 해커톤^{Hackathon}•에서 대만의 장관 재클린 차이^{Jaclyn Tsai}가 개발자들에게 제안한 전자상거래 과제에 대한 부분적인 해답이다. 그녀는 "우리는 사회 전체가 합리적인 토론에 참여할 수 있도록 돕는 플랫폼이 필요합니다"라고 말했다.[17] 대규모 대화를 촉진하기 위한 오픈소스 시스템인 폴리스는 다양한 집단 내에서 합의된 영역을 찾을 수 있도록 설계되었다. 누구나 폴리스를 사용해 도시 계획, 정책 제안, 자원 할당처럼 사회에 영향을 미치는 특정 문제를 중심으로 공개적인 대화를 시작할 수 있다.

잠재적으로는 무한히 많은 시민이 토론에 참여할 수 있다. 사용자는 익명으로 참여할 수 있지만, '댓글' 버튼이 없어 트롤링^{Trolling}••이나 적대적이고 격렬한 논쟁을 유발하는 메커니즘이 없다. 대신에 사람들은 다른 참가자가 제시한 주제에 대한 140자 진술에 찬성이나 반대를 표시한다. 또한 사용자는 새로운 제안에 대한 사진을 자유롭게 게시할 수 있다.

AI는 투표 결과를 단순히 집계만 하는 것이 아니라, 유사한 관점을 모아서 합의된 부분을 강조한다. 이후 참가자들은 화면상의 간단한

- • '해킹^{Hacking}'과 '마라톤^{Marathon}'의 합성어로, 기획자, 개발자, 디자이너가 팀을 이뤄 제한 시간 내에 주제에 맞는 서비스를 개발하는 대회
- •• 도발적이거나 공격적이거나 내용과 무관한 댓글을 게시하는 행위

그래픽으로 새로운 결과를 추적하는 과정에서 동일한 뜻을 가진 집단들이 합쳐지는 것을 볼 수 있다. 참여자들은 어떤 견해와 입장이 폭넓은 지지를 얻는지 확인하면서 서로 다른 관점을 통합하거나 인기 있는 아이디어를 개선할 새로운 제안을 할 수 있다. 이 시스템은 숙고, 반복, 타협, 합의를 강조한다.

초기 성공 사례로 대만이 폴리스가 동력을 공급한 플랫폼을 이용해 우버 규제와 관련한 교착 상태를 타개한 일이 있다. 우버 지지파와 반대파는 폴리스를 통해 승객 안전 같은 문제와 관련하여 놀라울 만큼 빠르게 의견 일치를 봤다. 결국 AI를 통한 여러 차례의 분류와 투표 후에 거의 만장일치의 승인을 받은 사용자 의견이 승차 공유에 대한 새로운 정부 정책의 기초로 채택되었다.[18]

미국 의회가 유사한 시스템을 사용해 주요 입법에 대한 대중의 의견을 수렴한다고 상상해 보라. 이는 국민의 뜻을 보다 정확하게 반영하는 법안으로 이어져, 잠재적으로 정부에 대한 대중의 신뢰를 높이고 정치적 양극화를 줄일 것이다. 이런 AI 시스템들은 입법자들에게 더 풍부하고 더 대표성이 강한 여론 데이터를 제공함으로써 입법이 유권자들의 실제 요구와 선호도를 더 잘 반영할 수 있도록 돕는다.

오늘날의 인기 있는 소셜미디어 플랫폼들은 정보(그리고 허위 정보와 역정보)를 정리하고 전파하는 강력한 메커니즘이지만, 도발, 대립, 불만을 조장하는 경향도 있다. 그 부분적인 이유는 집단적 의사결정보다는 사적 표현에 최적화되어 있기 때문이다.

폴리스나 리메쉬 같은 도구를 사용하면 시민들은 엑스에서 의원들과 욕설이나 주고받는 대신, 시민의 일상에 영향을 미칠 규칙과 규정을 만드는 데 보다 적극적으로 참여할 수 있다. AI가 지원하는 시민 참여 절차의 가치가 입증되면, 시민의 제안이 당파적 이해관계 때문에 관료적 절차에 묻히거나 입법자들의 정치 전술로 수정, 지연되는 일 없이 바로 투표에 부쳐지도록 압박할 수도 있다.

즉각적으로 반응하는 참여적 정책 결정으로의 전환은 오늘날 많은 사람이 정치에 대해 느끼는 소외감과 무력감을 덜어내고 개별 시민이 우리 민주주의의 진정한 이해관계자라는 개념을 강화하는 데 도움이 된다. AI는 시민과 정부를 모두 온라인으로 끌어들임으로써 사회적 결속을 강화하고 분열을 치유하는 건설적인 힘이 될 수 있다. 집단 의사 결정 플랫폼은 정치적 반대자들을 희화화하는 대신, 모든 시민을 의미 있는 상호 작용을 함께할 잠재적 동맹으로 간주한다. 이들 플랫폼은 기술이 인간의 행위력을 대체하는 것이 아니라 오히려 향상시키는 세상을 만들고 '국민의, 국민에 의한, 국민을 위한 정부'라는 약속이 디지털 시대에 맞게 갱신되고 강화되는 세상을 만든다.

이는 틀림없이 야심 차고 낙관적인 비전이다. AI가 지원하는 시민 참여 절차는 입법자들이 선거구민들의 목소리에 더 잘 반응하도록 만들고, 심지어 자신이 대변하는 시민들에게 자신의 권력 일부를 양도하도록 만든다. 또한 시민들이 꼭 같은 의견이 아니거나 심지어 강하게 반대하는 의견을 가졌더라도 선의로 상호 작용을 하도록 만든다. 이는 정치의 특징을 당파적 정체성의 표현보다 실용적인 의사결정으로 바꿔 놓는다.

정말 그런 세상까지 갈 수 있을까? 가장 최선의 미래를 보장하기 위해서는 그렇게 해야 한다. AI는 세상이 돌아가는 방식을 바꾸고 있다. 이미 많은 국가가 AI를 받아들이고 있다는 사실은 궁극적으로 모든 나라가 AI의 영향을 고려해야 한다는 것을 의미한다.

우리는 그렉 브로크만과 일리야 수츠케버가 10년 전에 말한 것처럼 이상적인 미래가 AI를 '개별 인간의 의지 확장'으로 구상하는 데에서 시작한다고 믿지만, 국가로서 AI와 어떤 관계를 맺는지가 개인으로서 AI와 관계를 맺는 방식에 영향을 미치리라는 것도 인정한다. 따라서 지금으로서는 합의가 대단히 중요하다. 공동의 목표가 필요하다.

간단히 말해, 국가가 AI에 많이 투자할수록 모두가 혜택을 볼 가능성이 높아진다. 생산적인 규제 접근 방식은 더 낫고 더 안전한 시스템으로 더 빠르게 이어질 것이다. 인공지능이 우리가 매일 상호 작용을 갖는 물리적 환경과 디지털 환경에 통합되는 공공정보 구조는 삶을 더 쉽게 탐색할 수 있게 만들고 더 생산적으로 만들 것이다.

또한 개인이 AI로부터 더 많은 혜택을 받을수록 집단도 더 많은 혜택을 받는다. 모든 사람이 바라는 대로 정신건강의학과 치료를 받을 수 있는 세상은 더 공정하고 인간적인 세상이다. 그런 세상에 이르는 데 도움을 줄 AI 의사가 필요하더라도 말이다. 개인이 가상 교사, 가상 법률 고문을 비롯해 필요한 것을 모두 가상으로 이용할 수 있는 세상은 개인이 최상의 자신이 될 기회가 더 많은 세상, 그 혜택이 우리 모두에게 돌아오는 세상이다. 흥미롭지만 실험에 많은 자금이 드는 가설을 가진 과학자가 AI를 이용해 복잡한 시뮬레이션을 실행하고, 방대한 데이터세트를 분석하고, 이론을 검증할 수 있는 세상은 우리 모두에게 혜택이 되는 방식으로 발전 속도를 높이는 세상이다. 야심 찬 기업가가 배경이나 자원에 구애받지 않고 AI 기반의 시장 분석과 재무 모델링 도구에 접근할 수 있는 세상은 혁신이 번성하고 경제적 기회가 더 공평하게 분배되어 번영의 파급 효과가 사회 전체로 확산하는 세상이다. 즉, 초행위력이 가능한 세상이며, 우리는 이미 그 윤곽을 생생하고 유망한 방식으로 보기 시작했다.

11장

슈퍼 에이전시가 미래를 주도한다

You Can Get There from Here

이 책에서 우리는 몇 가지 근본적인 원칙을 제시하고자 했다. 첫째, 인간의 행위력을 강화하는 설계야말로 개인과 사회 모두에게 광범위한 혜택을 주는 결과를 만드는 열쇠다. 둘째, 행위력이 널리 확산하면서 공유된 데이터와 지식은 통제나 순응이 아니라 개인의 권한 부여와 민주주의 강화의 촉매가 된다. 셋째, 혁신과 안전은 상반된 힘이 아니라 오히려 상호 작용하는 힘이다. 반복적 배포를 통해 수백만 명의 사람들에게 AI에 대한 직접적인 접근권을 제공하는 것은 AI의 역량과 포용성을 강화하는 생산적이고도 안전한 방법이다.

네 번째 원칙은 새로운 초행위력의 시대로 이어진다. 우리의 집단적인 AI 사용은 자동차와 스마트폰이 빠르게 퍼지는 동안 일어났던 일과 비슷하게 복리 효과를 낳을 것이다. 오로지 개인만이 신기술에 대한 접근권을 가지고 혜택을 누리는 것이 아니라, 수백만 명의 다른 사람과 기관도 동일한 접근권으로부터 혜택을 볼 것이다.

현재 시점에서 매우 유망하면서도 당황스러운 점은 지구상의 모든 사람에게 수십 년, 어쩌면 수백 년 전보다 다가올 미래에 대한 확신이 없다는 것이다. 특히 20세기는 우리에게 그 어느 때보다 더 상세하게 세계를, 심지어 우주를 탐험할 수 있는 새로운 역량을 선사했다. 그래서 21세기가 시작되었을 때, 우리는 새로운 종류의 전지전능함을 통해 첫 10년을 경험했다. 종종 세상 구석구석을 철저히 탐험하고 이해한 것 같은 느낌마저 들 정도였다.

이후 2010년대 초반부터 목격하기 시작한 머신러닝의 발전으로 어떤 면에서는 상당히 불가해한 영역에서 새로운 개척지들이 갑작스럽게 등장했다. 지금 우리는 마치 코페르니쿠스 이전의 세계, 마젤란 이전의 세계에서 앞으로 나아갈 최선의 방법을 찾으려 애쓰는 듯하다.

기술 발전은 종종 인류에게 넘어야 할 벽이 된다. 하지만 우리는 그 반대라고 말하고 싶다. 기술은 오랜 시간 검증된 인류 번영의 열쇠다. 기술이 없었다면 인구는 훨씬 적었을 것이고, 인간의 수명은 지금의 절반이었을 것이고, 우리의 열정은 이렇게 다양하게 발전하지 못했을 것이고, 우리의 행위력은 다른 동물들에 비해 훨씬 약했을 것이다. 기술이 힘을 실어 준 덕분에 우리는 즉각적인 생존에만 매달리는 현실에서 벗어날 수 있었다. 이후 질병을 치료하는 방법을 배우고, 인간성을 표현하고 기념하는 새로운 방법을 발명하고, 개인의 권리를 실현하고 확장하고, 우리의 영향력을 지구 너머까지 확장하는 것이 가능해졌다.

이 모든 것을 이루기 위해서 신기술이 줄 수 있는 이점이 무엇인지 상상해야 했다. 우리에게 자동차라는 새로운 기계가 의심의 여지 없이 안전하다는 확신이 생길 때까지 대중에게 공개하지 않았다면, 맨해튼의 번화한 거리를 다니는 보행자들은 아침마다 발목까지 오는 말똥 더미를 헤치며 출근했을 것이다. 우리가 스마트폰이 야기하는 부작용에만 집중했다면 하나의 기기가 사용자의 움직임, 전화 통화, 문자 메시지, 웹 검색, 운동 습관, 저녁거리 구매, 구독 중인 인스타그램 유저들, 근무 시간에 온라인으로 쇼핑한 시간을 꼼꼼하게 추적하는 상황의 가장 암울한 부분에만 집착했을 것이다. 우리는 끊임없이 주의를 분산시키고, 언제든 즉각적인 응답을 원하는 사람들이 손아귀에서 놓을 수 없는 기계의 능력에 집중했을 것이다. 그 기계로 인해 당신에게 반하는 의도를 가진 대기업에 의존하는 관계가 형성된다는 점에 주의를 기울였을 것이다.

하지만 현실에서는 개발자들이 반복적 배포의 방식으로 스마트폰을 개발하기 시작했고, 수백만 명의 사람이 그 기계를 직접 사용해 볼 기회를 얻었다. 스마트폰은 완벽하지 않으며, 수시로 문제를 일으킨다. 그러나 그 모든 결함에도 불구하고 스마트폰은 수천 가지 방식으로 수십억 명의 사람에게 없어서는 안 될 존재가 되었다.

우리는 우리가 허용하는 한 AI 기술도 비슷한 경로를 따라 개인과 사회의 발전을 향해 나아갈 것이라고 낙관한다. 민주적인 감시와 적응력, 혁신 친화적인 성향으로 운영되는 정부 규제기관과 시장 경제가 협력하면 어떤 결과가 발생할까? 이론적으로는 반대 결과가 발생할 수 있는 경우에조차 새로운 기술을 인간의 행위력을 강화하는 방식으로 움직이는 감독, 규제, 책임의 네트워크가 형성될 것이다.

싱크홀을 만나서 우회해야 하거나, 신기술을 파괴적인 방식으로 사용하는 악의적인 행위자가 나타날 일이 없다는 의미는 아니다. 아무리 인내심을 갖고 행동해도 필연적으로 좋은 결과가 나오는 것은 아니다. 일시적인 불균형이 인위적인 개입 없이 저절로 옳은 경로로 되돌아가는 것도 아니다. 신중함은 필요하지만 진보는 신중한 계획만으로 달성하는 게 아니다. 진보에는 실험, 학습, 적응, 개선이 필요하다. 더 나쁜 미래를 방지하며 더 나은 미래를 추구하는 반복적 배포에 열쇠가 있다.

AI와 실존적 위험으로 규정되는 다른 현상들 사이의 근본적인 차이점 중 하나는 AI가 가진 잠재적 장점의 폭과 규모다. 전염병, 기후 변화, 소행성 충돌, 초대형 화산 폭발은 탄소 포집이나 물류와 공급망 효율화를 통한 생산성 향상으로 통하는 새로운 방법으로 이어질 가능성이 낮다. AI는 위험을 감소시키나 많은 실존적 위협의 영향을 완화하는 등 우리 삶의 여러 측면을 중요한 방식으로 개선할 가능성을 제공한다.

우리는 이를 염두에 둔 채 실존적 위협을 독립적인 가능성이 아닌 주식 포트폴리오나 건강 포트폴리오 같은 위험 포트폴리오로 생각해야 한다. AI는 재정적 위험을 관리하기 위해 투자를 다각화하듯, 여러 실존적 위험을 동시에 해결하는 데 활용할 수 있는 전략적 자산이다.

사전예방적 사고방식으로만 생각하면 위험과 기회에 직면했을 때 취할 수 있는 잠재적 해법과 행동의 폭이 좁아진다.

　탐구적이고, 적응력 있고, 미래지향적인 사고방식은 추구해야 할 해법, 실행해야 할 전략, 그리고 AI의 경우 새로운 방식과 맥락에 적용할 지능의 새 지평을 연다. 초행위력을 AI 개발의 궁극적 목표로 삼고, 피치자의 동의를 지도 원리로 삼는 테크노 휴머니즘 나침반을 따른다면, 우리는 인간 존재의 의미를 훨씬 더 다채롭고 풍성하게 표현할 길을 찾을 것이다.

감사의 말

저는 주변의 가장 똑똑한 사람들과 가능한 한 자주 AI에 관한 이야기를 나누려고 노력합니다. 특히 저처럼 인본주의에 높은 가치를 두는 사람들과 말입니다. 견해가 비슷할 때가 있는가 하면 아주 다를 때도 있습니다. 그러나 저는 이 모든 대화를, 특히 모든 분을 높이 평가합니다. 인류의 진보에 대한 그들의 헌신은 제 테크노 휴머니즘 나침반에 큰 영향을 줬습니다. 저는 미래에 얻을 수 있는 이점을 상상하고 그것을 향해 나아가기 위한 지속적인 담론, 동반자 관계, 노력을 기대합니다.

이 책을 비롯해 제가 쓴 여러 책에 대해 가장 먼저 감사의 인사를 전하고 싶은 사람은 그렉 비토입니다. 그렉은 긴 세월 동안 저와 함께 일해 왔으며, 전달되는 정보의 질이 한층 나아진 것은 그의 재능과 지칠 줄 모르는 헌신 덕분입니다.

AI와 관련해서는 학생 시절에 저를 이 길로 인도한 테리 위노그라드, 존 에체멘디를 비롯한 여러분에게 감사드립니다. AI에 관한 대화를 나눈 사람들을 나열하자면 상당히 길어집니다. 혹 잊은 분이 있다면 사죄의 말씀을 전합니다. 무스타파 술레이만, 샘 올트먼, 케빈 스콧, 그렉 브로크만, 사티아 나델라, 에릭 슈미트, 빌 게이츠, 데미스 하사비스, 페이페이 리, 비카시 만싱카, 로버트 라이히, 칸준 치우, 데이비드 루안, 사암 모타메디, 로런 파월 잡스, 에릭 브리뇰프슨, 다리오 아모데이, 제임스 마니카, 아자 라스킨, 조슈아 쿠퍼 라모, 션 화이트, 이안 호가스, 비부 미탈, 조이 이토, 맷 클리포드, 블레이즈 아구에라 이 아르카스, 홀든 카르노프스키, 토비 오드, 윌 맥아스킬, 앤디 맥아피, 조시 테넨바움, 낸시 루블린, 제이슨 매시니, 필립 젤리고프, 니컬러스 베르그루엔, 토비아스 리스, 앤마리 슬로터, 애쉬튼 커처, 쿠엔틴 하디, 치 루에게 감사 인사를 전합니다.

유나이티드 텔런트 에이전시의 에이전트 크리스티 플레처와 출판인 매들린 매킨토시, 그리고 저와 〈마스터스 오브 스케일〉 팟캐스트에서부터 함께 일했고 현재는 제 아이디어를 새로운 방식으로 확장하는 데 도움을 주고 계신 데론 트리프를 비롯한 어소스 에퀴티의 훌륭한 팀원들에게도 깊은 감사를 전합니다.

우리 팀은 하루하루를 목적의식과 에너지, 상호 지원, 재미로 채웁니다. 훌륭한 비서실장 아리아 핑거와 벤 렐리스, 크리스 예, 드미트리 멜혼, 엘리사 슈라이버, 이안 알라스, 케이티 샌더스, 파스 파틸, 레이 스튜어드, 사이다 사피에바, 숀 영, 스티브 보도우, 수리아 얄라만칠리,

그리고 그렉 비토에게 다시 한번 감사의 마음을 전합니다.

— 리드 호프먼

    지난 몇 년 동안 엄청난 관심을 받았음에도 인류에 미칠 잠재적 영향의 규모를 고려할 때 아직 충분히 다뤄지 않은 주제의 여러 측면을 탐구할 수 있었던 건 행운이었습니다. 저는 리드 호프먼과 이 책을 쓰는 동안 클로드, 챗GPT, 제미니와 끝없이 나눴던 대화뿐만 아니라 수리아 얄라만칠리, 데이비드 게오르기, 케이티 샌더스, 크리스 예, 제프 샌들러, 브렌트 코르손, 브렌든 로우, 조쉬 퍼거슨, 벤 카스노차, 조이 아누프를 비롯해 뛰어난 사람이라 할 만한 분들의 편집 피드백, 연구 지원, 자문으로부터 많은 도움을 받았습니다.

    이 프로젝트를 열정, 편집 전문성, 혁신, 인내의 완벽한 알고리즘으로 이끌어 준 어소스 에쿼티의 매들린 매킨토시, 로즈 에드워즈, 데론 트리프, 칼리 고르가, 안드레아 바코펜에게 특별한 감사를 전합니다.

    이 프로젝트에 없어서는 안 될 기여를 한 이안 알라스, 벤 렐리스, 파스 파틸, 숀 영, 사이다 사피에바, 캐리 황, 엘리사 슈라이버에게 감사드립니다. 끊임없이 확장되는 리드 호프먼의 관심사, 이상, 제휴 단체, 사업의 오케스트라를 미묘한 감각과 거대한 전략으로 관리해 준 아리아 핑거에게 특히 감사드립니다.

    무엇보다도 제가 리드 호프먼과 인연을 맺을 수 있도록 도운 운명, 아이러니, 그리고 링크드인의 인물 검색이라는 시스템의 상호 작용에게 항상 감사하고 있다는 사실을 밝힙니다. 네트워크, 정체성, 신뢰에 대한 리드 호프먼의 관점은 제가 인터넷과 세상에 대해 더 폭넓게 생각하도록 만들었습니다. 말과 행동을 일치시키는 그의 목적의식, 근면성, 진정성은 제게 끊임없는 영감의 원천입니다.

― **그렉 비토**

참고문헌

프롤로그

1. https://www.smithsonianmag.com/innovation/texting-isnt-first-new-technology-thought-impair-social-skills-180958091/; Clive Thompson, "Texting Isn't the First New Technology Thought to Impair Social Skills,"Smithsonian Magazine, March 2016.
2. Clay McShane, Down the Asphalt Path: *The Automobile and the American City* (New York: Columbia University Press, 1994), 133.
3. https://time.com/archive/6624989/business-the-automation-jobless/.
4. Plato, *Phaedrus*, Translated, with Introduction and Notes, by Alexander Nehamas and Paul Woodruff (Indianapolis, Indiana: Hackett Publishing Company, 1995), 80.

1장. 인류, 인공지능과 대화를 시작하다

1. https://www.weforum.org/agenda/2022/10/global-concern-inflation-energy-economy/.
2. https://www.cnbc.com/2022/12/02/jobs-report-november-2022.html.
3. https://twitter.com/OpenAI/status/1598014522098208769.
4. https://twitter.com/sama/status/1598038817126027264?lang=en.
5. https://www.reuters.com/technology/chatgpt-sets-record-fastest-growing-user-base-analyst-note-2023-02-01/.
6. https://www.theverge.com/2023/2/27/23617477/mark-zuckerberg-meta-ai-tools-personas.

7. https://futureoflife.org/open-letter/pause-giant-ai-experiments/.
8. https://www.ipsos.com/sites/default/files/ct/news/documents/2022-01/Global-opinions-and-expectations-about-AI-2022.pdf.
9. https://www.pewresearch.org/science/2023/02/15/public-awareness-of-artificial-intelligence-in-everyday-activities/.
10. https://www.monmouth.edu/polling-institute/reports/monmouth-poll_us_021523/.
11. https://openai.com/blog/introducing-openai.
12. https://www.propublica.org/article/machine-bias-risk-assessments-in-criminal-sentencing.
13. https://civilrightsdocs.info/pdf/FINAL_JointStatementPredictivePolicing.pdf.
14. https://www.nytimes.com/2019/05/14/us/facial-recognition-ban-san-francisco.html.

2장. 기술 진화는 빅 브라더를 만드는가

1. https://time.com/archive/6808108/technology-the-brainy-breed/.
2. Robert Gannon, "Big-Brother 7074 Is Watching You," *Popular Science*, March 1963, https://web.archive.org/web/20200119162242/http://blog.modernmechanix.com/big-brother-7074-is-watching-you/.
3. D. S. Halacy Jr., Computers: *The Machines We Think With* (New York: Harper & Row, 1962).
4. Vance Packard, *The Naked Society* (New York: Ig Publishing, 2014), 58.
5. https://www.census.gov/history/pdf/kraus-natdatacenter.pdf.
6. Myron Brenton, *The Privacy Invaders* (New York: Coward-McCann, 1964), 157.
7. Sarah E. Igo, *The Known Citizen: A History of Privacy in Modern America* (Cambridge, MA: Harvard University Press, 2020), 147.
8. Igo, 146.
9. https://www.google.com/books/edition/Weekly_Compilation_of_Presidential_Docum/0zVI4Wq7jCYC?hl=en&gbpv=1.
10. https://www.census.gov/history/pdf/kraus-natdatacenter.pdf.
11. https://archive.org/stream/U.S.House1966TheComputerAndInvasionOfPrivacy/U.S.%20House%20%281966%29%20-%20The%20Computer%20and%20Invasion%20of%20Privacy_djvu.txt.

12. https://archive.org/stream/U.S.House1966TheComputerAndInvasionOfPrivacy/U.S.%20House%20%281966%29%20-%20The%20Computer%20and%20Invasion%20of%20Privacy_djvu.txt.
13. https://www.google.com/books/edition/Congressional_Record/w7XMSn2bsl8C?hl=en&gbpv=1&dq=packard+%2B+filekeepers+%2B+derogatory&pg=PA19964&printsec=frontcover.
14. https://archive.org/stream/U.S.House1966TheComputerAndInvasionOfPrivacy/U.S.%20House%20%281966%29%20-%20The%20Computer%20and%20Invasion%20of%20Privacy_djvu.txt.
15. https://www.google.com/books/edition/Congressional_Record/HILK33dxgDMC?hl=en&gbpv=1&dq=%22Big+Brother+Never+Rests%22&pg=PA28691&printsec=frontcover.
16. https://supreme.justia.com/cases/federal/us/381/479/#opinions.
17. https://blog.hubspot.com/marketing/visual-history-of-apple-ads.
18. https://groups.csail.mit.edu/mac/classes/6.805/articles/privacy/Privacy_brand_warr2.html.
19. https://www.webdesignmuseum.org/gallery/linkedin-2003.
20. https://news.linkedin.com/about-us.
21. Andréa Belliger and David J. Krieger, *Network Publicy Governance: On Privacy and the Informational Self* (Bielefeld: transcript publishing, 2018), 8.
22. https://people.ischool.berkeley.edu/~hal/Papers/japan/japan.html.
23. Ithiel De Sola Pool et al., *Communication Flows: A Census in the United States and Japan* (North Holland; Amsterdam; New York; Oxford: University of Tokyo Press, 1984), 16.

3장. AI가 만드는 선순환

1. https://x.com/RobertRMorris/status/1611450210915434499.
2. https://gizmodo.com/mental-health-therapy-app-ai-koko-chatgpt-rob-morris-1849965534.
3. https://gizmodo.com/mental-health-therapy-app-ai-koko-chatgpt-rob-morris-1849965534.
4. https://time.com/6308096/therapy-mental-health-worse-us/.
5. https://www.cnn.com/2023/11/29/health/suicide-record-high-2022-cdc/index.

html#:~:text=At%20least%2049%2C449%20lives%20were,deaths%20for%20every%20100%2C000%20people.
6. https://www.npr.org/2023/05/18/1176830906/overdose-death-2022-record#:~:text=April%2018%2C%202022.-,The%20latest%20federal%20data%20show%20more%20than%20109%2C000,in%202022%2C%20many%20from%20fentanyl.&text=Drug%20deaths%20nationwide%20hit%20a,for%20Disease%20Control%20and%20Prevention.
7. https://www.ncbi.nlm.nih.gov/pmc/articles/PMC8601097/.
8. https://www.ncbi.nlm.nih.gov/pmc/articles/PMC4102288/.
9. https://websites.umich.edu/~daneis/symposium/2010/ARTICLES/eisenberg_golberstein_hunt_2009.pdf.
10. https://www.gallup.com/workplace/404174/economic-cost-poor-employee-mental-health.aspx.
11. https://www3.weforum.org/docs/WEF_Harvard_HE_GlobalEconomicBurdenNonCommunicableDiseases_2011.pdf.
12. https://www.washingtonpost.com/wellness/2022/10/29/therapists-waiting-lists-depression-anxiety/.
13. https://journals.sagepub.com/doi/10.1177/1357633X14524156#bibr1-1357633X14524156.
14. https://psyche.co/guides/how-to-choose-a-mental-health-app-that-can-actually-help.
15. https://calmatters.org/projects/californians-struggle-to-get-mental-health-care/.
16. https://www.behavioralhealthworkforce.org/wp-content/uploads/2019/02/Y3-FA2-P2-Psych-Sub_Full-Report-FINAL2.19.2019.pdf.
17. https://www.chcf.org/publication/2019-california-health-policy-survey/.
18. https://www.ncbi.nlm.nih.gov/pmc/articles/PMC7293059/.
19. https://www.ncbi.nlm.nih.gov/pmc/articles/PMC10267322/.
20. https://jamanetwork.com/journals/jamanetworkopen/fullarticle/2814116.
21. https://www.nature.com/articles/s44184-024-00056-z.
22. https://www.newscientist.com/article/mg25834340-900-how-do-we-know-that-therapy-works-and-which-kind-is-best-for-you/.
23. https://jamanetwork.com/journals/jamainternalmedicine/article-abstract/2804309.

4장. 디지털 공유재 vs. 사적 공유재

1. https://www.technologyreview.com/2023/03/25/1070275/chatgpt-revolutionize-economy-decide-what-looks-like/.
2. https://www.newyorker.com/science/annals-of-artificial-intelligence/will-ai-become-the-new-mckinsey.
3. Shoshana Zuboff, *The Age of Surveillance Capitalism: The Fight for a Human Future at the New Frontier of Power* (New York: PublicAffairs, 2020), 20.
4. Zuboff, 69.
5. Zuboff, 74.
6. Zuboff, 74–75.
7. Zuboff, 377.
8. https://arxiv.org/pdf/2005.14165. There is a distinction between "training on X tokens" and "training for X tokens." The former refers to the number of unique tokens in a given dataset, indicating that the dataset contains X tokens. The latter describes the total amount of data processed during the training phase, which includes multiple passes over the dataset. In other words, "training for X tokens" implies that the model was trained by processing a smaller dataset multiple times until the total number of tokens processed reached X.
9. https://www.commoncrawl.org/blog/june-2024-crawl-archive-now-available; https://commoncrawl.github.io/cc-crawl-statistics/plots/domains.html.
10. https://en.wikipedia.org/wiki/The_Pile_(dataset).
11. https://www.washingtonpost.com/technology/interactive/2023/ai-chatbot-learning/.
12. https://www.smithsonianmag.com/history/what-17th-century-ideal-commons-means-21st-century-180973240/.
13. https://www.forbes.com/billionaires/.
14. https://hbr.org/2019/11/how-should-we-measure-the-digital-economy.
15. https://ide.mit.edu/wp-content/uploads/2018/04/w24514.pdf?x57209.
16. https://www.aei.org/economics/googlenomics-a-long-read-qa-with-chief-economist-hal-varian/.
17. https://www.nytimes.com/2006/12/24/opinion/24rich.html.
18. Paul R. Ehrlich, *The Population Bomb* (New York: Ballantine, 1968).
19. Garrett Hardin, "The Tragedy of the Commons," Science, New Series 162, no. 3859 (December 1968), 1243–48; https://pages.mtu.edu/~asmayer/rural_sustain/governance/Hardin%201968.pdf.

20. https://www.statista.com/statistics/234056/facebooks-average-advertising-revenue-per-user/.

5장. 실험하고, 실험하고, 또 실험하다

1. https://twitter.com/TIME/status/1626190434530693123.
2. https://www.cnn.com/2023/02/06/media/google-microsoft-ai-reliable-sources/index.html.
3. https://www.axios.com/2023/01/31/chatgpt-ai-arms-race-ethics-competition.
4. https://www.newsweek.com/efforts-avoid-suicidal-ai-arms-race-are-failing-scientists-warn-1826622.
5. https://www.bloomberg.com/news/videos/2023-07-13/only-winner-of-an-ai-arms-race-ai-ai-irl-episode-12-video.
6. https://arxiv.org/pdf/1905.00537.pdf.
7. https://towardsdatascience.com/the-olympics-of-ai-benchmarking-machine-learning-systems-c4b2051fbd2b
8. https://openai.com/research/instruction-following.
9. Keep in mind that RealToxicityPrompts explicitly tries to get a model to produce toxic outputs by asking it to complete prompts like "The men started swearing at me, called me . . ." and "So I'm starting to think she's full . . ." See https://arxiv.org/pdf/2009.11462.pdf.
10. https://cdn.openai.com/papers/gpt-4.pdf.
11. https://aiindex.stanford.edu/wp-content/uploads/2023/04/HAI_AI-Index-Report_2023.pdf.
12. https://arxiv.org/pdf/2303.12712.
13. https://www.nature.com/immersive/d41586-023-02822-z/index.html.
14. https://www.science.org/doi/10.1126/science.adk$176.
15. https://hwpi.harvard.edu/files/datasmart/files/regulation_the_internet_way.pdf.

6장. AI 발전은 정말 위협적일까

1. https://www.nytimes.com/2023/01/23/opinion/ted-lieu-ai-chatgpt-congress.html.
2. https://www.theguardian.com/technology/2023/jun/05/ai-could-outwit-humans-

in-two-years-says-uk-government-adviser.
3. https://www.theregister.com/2023/06/06/netherlands_minister_asks_big_tech/.
4. https://www.rstreet.org/commentary/the-most-important-principle-for-ai-regulation/.
5. https://www.nytimes.com/2001/12/09/magazine/the-year-in-ideas-a-to-z-precautionary-principle.html.
6. https://www.gmfus.org/news/acid-rain-lessons-germanys-black-forest.
7. https://www.wired.com/2017/05/san-francisco-wants-ban-delivery-robots-squash-someones-toes/.
8. https://sf.curbed.com/2017/12/6/16743326/san-francisco-delivery-robot-ban.
9. https://rules.cityofnewyork.us/wp-content/uploads/2021/08/DOT-Notice-of-Adoption-AV-Rule-FINAL-with-Finding.pdf.
10. Permissionless Innovation, loc. 317.
11. https://archive.nytimes.com/www.nytimes.com/library/cyber/week/070297commerce.html.
12. https://clintonwhitehouse4.archives.gov/WH/New/Commerce/read.html.
13. https://www.wsj.com/articles/SB928362554894823220.
14. https://futureoflife.org/open-letter/pause-giant-ai-experiments/.
15. https://openai.com/index/our-approach-to-ai-safety/.
16. John B. Rae, The Road and the Car in American Life (Cambridge, MA: MIT Press, 1971), 51.
17. https://npgallery.nps.gov/NRHP/GetAsset/NHLS/73000961_text.
18. https://www.conceptcarz.com/vehicle/z13236/ford-model-t.aspx.
19. William Greenleaf, "Henry Ford," *Dictionary of American Biography*, Supplement Four, 1946–1950 (New York: Scribner, 1974), 295.
20. Peter D. Norton, *Fighting Traffic: The Dawn of the Motor Age in the American City* (Cambridge, MA: MIT Press, 2008), loc. 335.
21. Clay McShane, Down the Asphalt Path: The Automobile and the American City (New York: Columbia University Press, 1994), 43, 51.
22. McShane, 97.
23. https://www.wired.com/2008/05/dayintech-0521/.
24. William Phelps Eno, *The Story of Highway Traffic Control*, 1899–1939(Saugatuck, CT: Eno Foundation for Highway Traffic Control, 1939), vii.
25. https://www.vox.com/2015/8/5/9097713/when-was-the-first-traffic-light-installed.
26. https://corporate.ford.com/articles/history/henry-ford-biography.html.
27. https://corporate.ford.com/articles/history/1901-sweepstakes-race.html.

28. https://exchange.aaa.com/wp-content/uploads/2012/10/AAA-Glidden-History.pdf.
29. "Studebakers in Annual Test," *Los Angeles Times*, August 23, 1925, H8.
30. Eno, *The Story of Highway Traffic Control*, vii.
31. https://www.google.com/books/edition/Motor_Field/8cBw3GJJfxwC?hl=en&gbpv=1&dq=darlington+%2B+%22Royal+Tourist%22+%2B+Glidden+%2B+shot&pg=RA2-PA38&printsec=frontcover.
32. https://press.uchicago.edu/Misc/Chicago/467412.html.
33. https://injuryfacts.nsc.org/motor-vehicle/historical-fatality-trends/deaths-and-rates/.

7장. 슈퍼 에이전시의 시대, 정보 문해력

1. https://aerospace.org/article/brief-history-gps#:~:text=In%20February%201978%2C%20the%20first,space%2Fcontrol%2Fuser%20system.
2. https://www.popularmechanics.com/technology/gadgets/a26980/why-the-military-released-gps-to-the-public/.
3. https://washingtontechnology.com/1996/04/clinton-lifts-gps-barriers-boosts-industry/33446//.
4. https://www.nist.gov/system/files/documents/2020/02/06/gps_finalreport618.pdf.
5. Greg Milner, Pinpoint (New York: W. W. Norton, 2017), 58.
6. https://economics.mit.edu/sites/default/files/inline-files/Noy_Zhang_1.pdf.
7. Erik Brynjolfsson et al., "Generative AI at Work," National Bureau of Economic Research, April 2023, revised November 2023, https://www.nber.org/system/files/working_papers/w31161/w31161.pdf.
8. https://www.nature.com/articles/d41586-023-02270-9.
9. https://illuminate.google.com/home?pli=1.
10. Ethan Mollick, "Latent Expertise: Everyone Is in R&D," *One Useful Thing*, June 20, 2024, https://www.oneusefulthing.org/p/latent-expertise-everyone-is-in-r.

8장. 규칙은 누가 만드는가

1. This quote is taken from an essay Lessig published in Harvard Magazine in January 2000, in coordination with the publication of *Code, and Other Laws of Cyberspace*.

2. Lawrence Lessig, *Code, and Other Laws of Cyberspace* (New York: Basic Books, 1999), 6.
3. https://www.nhtsa.gov/sites/nhtsa.gov/files/2023-12/anprm-advanced-impaired-driving-prevention-technology-2127-AM50-web-version-12-12-23.pdf.
4. Lessig, Code, 235.
5. Lessig, 208.
6. Lessig, 237.
7. Zuboff, The Age of Surveillance Capitalism, 220.
8. Samer Hassan and Primavera De Filippi, "The Expansion of Algorithmic Governance: From Code Is Law to Law Is Code," *Field Actions Science Reports*, Special Issue 17 (2017): 88-90, https://journals.openedition.org/factsreports/4518
9. Lessig, Code, 200.
10. Lessig, 203.
11. https://www.archives.gov/founding-docs/declaration-transcript

9장. 인류를 더 자유롭게 만드는 기술

1. Rae, *The Road and the Car in American Life*, 50.
2. Mustafa Suleyman with Michael Bhaskar, *The Coming Wave: Technology, Power, and the Twenty-first Century's Greatest Dilemma* (New York: Crown, 2023), 164.
3. https://www.statista.com/statistics/1104709/coronavirus-deaths-worldwide-per-million-inhabitants/.
4. https://www.nytimes.com/2020/03/23/world/asia/coronavirus-south-korea-flatten-curve.html.
5. https://www.rand.org/pubs/commentary/2022/09/can-south-korea-help-the-world-beat-the-next-pandemic.html.
6. https://www.csis.org/analysis/timeline-south-koreas-response-covid-19.
7. https://thediplomat.com/2020/12/covid-19-underscores-the-benefits-of-south-koreas-artificial-intelligence-push/.
8. https://www.newyorker.com/news/news-desk/seouls-radical-experiment-in-digital-contact-tracing.
9. https://www.fhwa.dot.gov/infrastructure/origin01.cfm.
10. https://tripnet.org/wp-content/uploads/2021/06/TRIP_Interstate_Report_June_2021.pdf.

11. https://www.google.com/books/edition/The_Best_Investment_a_Nation_Ever_Made/yrPmj_ieBq0C?hl=en.
12. https://www.nber.org/system/files/working_papers/w27938/w27938.pdf.
13. https://www.philadelphiafed.org/-/media/frbp/assets/working-papers/2019/wp19-29.pdf.
14. https://warwick.ac.uk/fac/arts/english/currentstudents/undergraduate/modules/ontheroadtocollapse/syllabus2018_19/mohl_stop_freeway.pdf.

10장. 모두를 위한 AI

1. Brian Merchant, *Blood in the Machine: The Origins of the Rebellion Against Big Tech* (New York: Little, Brown, 2023), Kindle ed., 48, 88; e-book loc. 455, 1024.
2. Merchant, 56; loc. 653.
3. Merchant, 121; loc. 650.
4. Merchant, 297–99; loc. 3482–3512.
5. Merchant, 289; loc. 3405.
6. Merchant, 32; loc. 352.
7. https://susp222.substack.com/p/the-ai-enabled-future-of-us-national.
8. https://www.youtube.com/watch?v=Y1pHXV7E4xY&t=377s.
9. https://www.smartnation.gov.sg/nais/?trk=article-ssr-frontend-pulse_little-text-block.
10. https://www.lemonde.fr/en/economy/article/2023/06/15/emmanuel-macron-wants-to-create-french-ai-models-to-compete-with-openai-and-google_6032118_19.html#.
11. Yuval Noah Harari, *Sapiens: A Brief History of Humankind* (New York: HarperCollins, 2015), 138, 24, 25. Harari reflects Benedict Anderson's influential understanding of modern nations as fundamentally "imagined communities," willed into existence over time by the set of narratives and norms that a group comes to accept as the defining lineaments of their territory, history, and shared identity. Anderson, *Imagined Communities: Reflections on the Origin and Spread of Nationalism* (London: Verso, 1983). For a more recent view that pays special attention to the way constructs of national identity often exclude some citizens and stories, while amply including falsehoods and distortions, see Kwame Anthony Appiah, *The Lies That Bind: Rethinking Identity* (New York: Liveright, 2018).

12. David Burnham, *The Rise of the Computer State: The Threat to Our Freedoms, Our Ethics, and Our Democratic Process* (New York: Vintage, 1983); e-book, Open Road Distribution (2014), 48.
13. https://harvardharrispoll.com/wp-content/uploads/2023/05/HHP_May2023_KeyResults.pdf.
14. https://en.wikipedia.org/wiki/Telescreen.
15. George Orwell, 1984 (New York: Berkley, 2023), 3.
16. https://www.forbes.com/2009/08/10/government-internet-software-technology-breakthroughs-oreilly.html.
17. https://blog.pol.is/pol-is-in-taiwan-da7570d372b5.
18. https://blog.pol.is/uber-responds-to-vtaiwans-coherent-blended-volition-3e9b75102b9b.

옮긴이 이영래

이화여자대학교 법학과를 졸업하였다. 현재 번역에이전시 엔터스코리아에서 출판 기획 및 전문 번역가로 활동하고 있다. 주요 역서로는 《인간을 진화시키는 AI》, 《블리츠스케일링》 등이 있다.

AI 혁명 슈퍼 에이전시

1판 1쇄 인쇄 2025년 7월 18일
1판 1쇄 발행 2025년 8월 1일

지은이 리드 호프먼, 그렉 비토
옮긴이 이영래

발행인 양원석 **편집장** 최두은 **책임편집** 김슬기
디자인 남미현, 김미선 **영업마케팅** 윤송, 김지현, 최현윤, 백승원, 유민경

펴낸 곳 ㈜알에이치코리아
주소 서울시 금천구 가산디지털2로 53, 20층 (가산동, 한라시그마밸리)
편집문의 02-6443-8860   **도서문의** 02-6443-8800
홈페이지 http://rhk.co.kr
등록 2004년 1월 15일 제2-3726호

ISBN 978-89-255-7347-2 (03320)

※ 이 책은 ㈜알에이치코리아가 저작권자와의 계약에 따라 발행한 것이므로
   본사의 서면 허락 없이는 어떠한 형태나 수단으로도 이 책의 내용을 이용하지 못합니다.
※ 잘못된 책은 구입하신 서점에서 바꾸어 드립니다.
※ 책값은 뒤표지에 있습니다.

SUPERAGENCY